El cine documental

Spanish Language and Culture through Documentary Film

El cine documental

Spanish Language and Culture through Documentary Film

Tammy Jandrey Hertel and Stasie Harrington

focus an imprint of
Hackett Publishing Company, Inc.
Indianapolis/Cambridge

A Focus book

Focus an imprint of
Hackett Publishing Company

22 21 20 19   2 3 4 5 6 7

For further information, please address
    Hackett Publishing Company, Inc.
    P.O. Box 44937
    Indianapolis, Indiana 46244-0937

    www.hackettpublishing.com

Cover design by Deborah Wilkes and Elizabeth L. Wilson
Interior design by Mireidys Garcia and Elizabeth L. Wilson
Composition by Integrated Composition Systems, Inc.
Electronic workbook (grammar explanations and auto-correcting practice activities)
    authored by Kallie Abreu González
Cover art © saiko3p/Shutterstock

Library of Congress Cataloging-in-Publication Data

Names: Harrington, Stasie C., author. | Hertel, Tammy, author.
Title: El cine documental : Spanish language and culture through documentary film /
    Stasie Harrington and Tammy Hertel.
Description: Indianapolis, Indiana : Focus, [2016] | In Spanish and English.
Identifiers: LCCN 2016008620 | ISBN 9781585108251 (pbk.)
Subjects: LCSH: Spanish language—Textbooks for foreign speakers—English.
Classification: LCC PC4129.E5 .H365 2016 | DDC 468.2/421—dc23
LC record available at https://lccn.loc.gov/2016008620

The paper used in this publication meets the minimum requirements of American
National Standard for Information Sciences—Permanence of Paper for
Printed Library Materials, ANSI Z39.48–1984.

∞

Quiero agradecerles a mis estudiantes, quienes han servido como conejillos de indias durante la redacción de este libro de texto. Sus sugerencias y observaciones han mejorado la calidad del libro. También les doy las gracias a Jay, Reese y Sonia, a quienes les dedico el libro. Aprecio su apoyo, paciencia y amor. ¡Por fin está terminado este proyecto! —TJH

Quiero dar las gracias tanto a los estudiantes en mis aulas como a los instructores con los cuales colaboro semestre tras semestre por vuestra curiosidad intelectual y por compartir conmigo vuestras perspectivas, pasiones y sueños. Y, sobre todo, doy las gracias a Manuel, Diego y Marc por haber soportado cada paso de este largo proyecto; vuestra comprensión no tiene precio. —SH

Índice de contenidos

	Tema	Película documental	Estructuras gramaticales
Capítulo 1 **p. 1**	El medio ambiente	*América Latina y el Caribe: Riqueza viva* p. 8	Los sustantivos y los adjetivos: Género y número p. 6 El presente de indicativo p. 12 **Ser/estar/haber** p. 20 Las comparaciones p. 23
Capítulo 2 **p. 31**	Los deportes	*Rumbo a las grandes ligas / Road to the Big Leagues* p. 36	Los posesivos (adjetivos y pronombres) p. 35 El pretérito p. 39 El imperfecto p. 44 La narración en el pasado: Un contraste entre los usos del pretérito y del imperfecto p. 48
Capítulo 3 **p. 55**	La globalización	*¿Por qué quebró McDonald's en Bolivia? / Fast Food off the Shelf* p. 61	El futuro y el condicional* p. 59 Los pronombres de objeto directo e indirecto p. 65 Los verbos como **gustar** p. 70 Los mandatos informales y formales p. 74
Capítulo 4 **p. 81**	La pobreza, la esperanza y los sueños	*La mina del diablo / The Devil's Miner* p. 87	El modo subjuntivo p. 85 El presente de subjuntivo: Voluntad e influencia p. 90 El presente de subjuntivo: Cuestionar o negar la realidad p. 95 El presente de subjuntivo: Reacciones emocionales y opiniones p. 98

---

*   En el cuaderno electrónico, también se incluye una explicación de las cláusulas con **si**.

---

* En el cuaderno electrónico, también se incluye una explicación del futuro perfecto.
† En el cuaderno electrónico, también se incluye una explicación del condicional perfecto.

To the Student

Welcome to *El cine documental*, a textbook for intermediate and advanced language learners that uses Spanish-language documentary films to explore cultural themes from around the Spanish-speaking world, while at the same time providing you with the vocabulary and grammar needed to communicate accurately and appropriately in Spanish. You will improve your listening, speaking, reading, and writing skills as you also become informed about these important cultural topics: the environment, sports, globalization, poverty/hopes/dreams, immigration, human rights, war and peace, and feminism. By viewing the films, then reading, writing, and conversing about the issues treated in them, and by studying related vocabulary and grammatical structures in context, you will improve your cultural and linguistic competence, preparing you to communicate intelligently and appropriately with members of the target cultures about important global issues.

Textbook Chapter Organization

The eight textbook chapters are systematically organized to provide scaffolding for you as you continue to develop your linguistic skills (i.e., listening, speaking, reading, writing) and translingual and transcultural competence in Spanish. Each chapter follows the same organization and includes five main sections: *Ver, Leer, Escuchar, Escribir,* and *Expandir.*

Activities in the *Ver* section include:

An introduction to the chapter theme and to the featured documentary film via pre-viewing activities that provide cultural background information, activate your background knowledge, and prepare you linguistically. Specific tasks include the following.

* **Acerquémonos al tema:** Thought-provoking information and questions related to the chapter theme and to the film's content.

* **Diario:** A journal-writing activity that activates your background knowledge related to the chapter theme.

* **Vocabulario:** A vocabulary section focusing on words and expressions related to the chapter theme and to the film. The vocabulary list is followed by a series of practice activities that begin with a focus on comprehension and end with more open-ended production of the new words.

* **Repasar y expandir: Estructura 1:** A grammar section (the first of four) with contextualized, meaningful, and communicative tasks that includes examples either directly drawn from the documentary film or thematically related to the chapter theme.

* **Investiguemos:** Guided online research on specific cultural topics, serving to provide you with background knowledge about the topics and issues treated in the film, thus aiding your comprehension.

Post-viewing activities that help you comprehend the content of the film, accurately express your own viewpoints, and analyze and think critically about the cultural issues and perspectives present in the film. Specific tasks include the following.

* **¿Qué aprendiste?:** An activity that checks your comprehension of the film in the form of open-ended questions, tables, true/false questions, etc.

- **Citas:** Thought-provoking quotes from the film provided as a springboard for critical analysis and discussion.

- **Vamos más al fondo:** An analytical discussion activity that requires you to dig deeper into the cultural content related to the film and the chapter theme, as well as to identify and dialogue with perspectives both specifically presented and notably absent in the film.

- **Repasar y expandir: Estructura 2:** The second grammar section of the chapter. The final activity for this second grammar section is always an open-ended **Diario** entry that asks you to use the focused grammatical structure in your reaction to the content of the film.

Activities in the *Leer* section include:

A pre-reading section that prepares you to interact with an authentic text that is related to and expands upon the cultural content of the chapter's documentary film, followed by post-reading comprehension and discussion tasks. Reading selections represent a variety of genres: blog posts, newspaper articles, poetry, and short stories.

- **Introducción:** An introduction to the reading, along with questions aimed at activating your background knowledge.

- **Vocabulario:** Carefully selected vocabulary from the reading and a follow-up fill-in-the-blank practice activity.

- **¿Entendiste?** and **¿Qué opinas tú?:** A post-reading section that includes a comprehension-check activity (true/false, multiple choice, chronological sequencing, etc.) and discussion questions that require you to further analyze the content of the reading and to connect it with the content of the film and the chapter theme.

- **Repasar y expandir: Estructura 3:** The third grammar section of the chapter that includes contextualized, communicative tasks that use examples and themes from the reading.

Activities in the *Escuchar* section include:

Perspectivas en tu comunidad: Video interviews about the chapter theme that you conduct with native Spanish speakers from the local community, providing you with practice comprehending and interacting with native speakers, along with additional cultural information and viewpoints. You can share your interviews with classmates via a course webpage, as well as express and record your own cultural perspectives, using the same questions posed to the native speakers.

Canción: A contemporary song related to the chapter theme.

- **Antes de escuchar:** An introduction to the song and the artist, followed by questions that activate your background knowledge and ask you to make predictions about the song's content.

- **Después de escuchar:** Comprehension questions and activities related to the song's content and discussion questions that lead you to connect that content to the chapter's film and reading.

- **Te toca a ti:** A creative, open-ended follow-up activity related to the song. Examples from various chapters include writing an original song, researching political activism of the song's artists, and sharing a memory, hope, or dream such as the one expressed in the song.

Activities in the *Escribir* section include:

Repasar y expandir: Estructura 4: The fourth grammar section of the chapter that includes contextualized examples either directly drawn from the documentary film or thematically related to the chapter theme.

Herramientas para la escritura: Specific writing strategies and/or vocabulary directly related to the subsequent writing assignment.

Escritura como proceso: A detailed, process-oriented writing assignment with a real-world purpose and audience. You are guided from the early planning stages of writing, through rough drafts, editing, and peer editing. Topics focus on the chapter theme.

Activities in the *Expandir* section include:

Presentación: Oral group presentations for which you research additional topics related to the chapter theme.

Debate: A debate related to the chapter theme.

Diario: Síntesis: A writing activity in which you synthesize the cultural information you learned from the various authentic sources (film, reading, song, interviews) and class discussions and presentations in the form of a journal entry.

Objetivos: An end-of-chapter checklist of learning objectives ("can-do" statements) to help you self-assess your learning.

Online materials

Online ancillary materials include:

* Links to available sources for all eight documentary films.

* An electronic workbook with detailed grammatical explanations for each grammar topic (four per chapter) and auto-correcting practice activities which also incorporate additional vocabulary exposure. Note that 🖳 indicates a digital version of the activity is included in the online workbook. Learn more about the online workbook at www.hackettpublishing.com/el-cine-documental-workbook-info.

* A list of additional films related to the theme of each chapter.

CAPÍTULO 1

EL MEDIO AMBIENTE

NOTA: *Recuerda leer ahora la lista en la página 29 de lo que debes ser capaz de hacer al terminar este capítulo. ¿Vas a poder decir «Sí, puedo». para todos los objetivos? ¡Claro que sí!*

PELÍCULA DOCUMENTAL:
América Latina y el Caribe: Riqueza viva (2012)

ESTRUCTURAS GRAMATICALES:
Los sustantivos y los adjetivos: Género y número;
El presente de indicativo; **Ser/estar/haber**; Las comparaciones

LECTURA:
«El Lago Atitlán y los monos araña» por Alfonso Polvorinos

CANCIÓN:
«Moving» por Macaco

HERRAMIENTAS PARA LA ESCRITURA:
Vocabulario para describir lugares y paisajes

ESCRITURA:
Una entrada para un blog sobre el ecoturismo

VER

Antes de ver

A. Acerquémonos al tema. Este capítulo trata del medio ambiente. Verás *América Latina y el Caribe: Riqueza Viva*, un documental coproducido por National Geographic y el Banco Interamericano de Desarrollo (BID). Junto con impactantes imágenes, el filme narra cinco historias que muestran por qué América Latina y el Caribe se consideran una superpotencia en biodiversidad.

A continuación, hay imágenes y contenido específicos que corresponden a las cinco historias del documental. Para cada letra (A–E), determina a qué historia (1–5) pertenece. Escribe la letra correspondiente en los espacios en blanco.

> **OJO:** Se indican **en negrita** las nuevas palabras de vocabulario de este capítulo.

_____ 1. Cómo áreas **protegidas** crean prosperidad
_____ 2. Cómo la **biodiversidad** estimula nuevos **negocios**
_____ 3. Cómo las culturas tradicionales **aumentan** la **seguridad alimentaria**
_____ 4. Cómo la **pesca** puede prosperar en el futuro
_____ 5. Cómo la **biodiversidad** sigue siendo el corazón de nuestro planeta **urbanizado**

A. Manta, Ecuador es la capital **atunera** del Pacífico oriental. Captura más de 200.000 toneladas y genera 700 millones de dólares anuales. Los **pescadores** artesanales también capturan 40.000 toneladas al año. Es un gran **negocio**, por lo cual hay que pensar en la **sostenibilidad**.

B. La quinua, originaria de los Andes, ha sido **cultivada** por más de 3.000 años. Es un ejemplo del **capital** natural **cultivado sosteniblemente** por milenios. Esta planta, pariente de vegetales como la espinaca, produce unas semillas sin gluten y contiene una proteína completa como la carne.

C. El futuro de nuestro **planeta** depende de la creación de ciudades **sostenibles** y de reconocer el valor crítico de la **biodiversidad**, incluso en la **jungla de concreto**. Un ejemplo brillante es Río de Janeiro.

D. Cada año más de un millón y medio de turistas visitan Costa Rica, generando casi dos mil millones de dólares en **ingresos**. Y uno de los destinos preferidos es el área de conservación Guanacaste, un **bosque** de 160.000 hectáreas donde **habitan** más de 350.000 **especies**.

E. Los consumidores piden productos certificados y **cultivos sostenibles** y uno de los líderes en este frente es Natura, una compañía brasileña fabricante de cosméticos, que está certificada en **sostenibilidad**. Sus **ganancias** superaron los 5.500 millones de dólares en 2011 y el corazón y el alma de su negocio se encuentran en **Amazonia**.

B. Diario: ¿Qué sabes? Antes de ver la película de este capítulo, toma un momento para reflexionar sobre lo que ya sabes sobre la biodiversidad y la sostenibilidad (*sustainability*).

---

biodiversidad.
> 1. *f.* Variedad de especies animales y vegetales en su medio ambiente.
> *Real Academia Española © Todos los derechos reservados*

---

1. ¿Por qué es tan importante la biodiversidad? Y, ¿cuáles son los beneficios que nos proporciona la biodiversidad?

2. ¿Qué se entiende por sostenibilidad?

3. Seis de los diez países con mayor biodiversidad del mundo se encuentran en América Latina y el Caribe. ¿Sabes cuáles son?

4. ¿Cuál de las cinco historias del documental que se mencionaron en la actividad anterior te interesa más y por qué?

VOCABULARIO[1]

la agricultura; el (la) agricultor(a); agrícola	agriculture; farmer, farmworker; farming (*adj.*)
el alimento; alimentario/a (alimentar)	food; food (*adj.*) (to feed)
la Amazonia; amazónico/a	Amazonia; Amazon/Amazonian
el atún; atunero/a	tuna; tuna (*adj.*)
el aumento (aumentar)	increase (to increase)
el beneficio; beneficioso/a (beneficiar[se])	profit; beneficial, useful to (to benefit, to profit)
el bienestar	well-being
la biodiversidad	biodiversity
el bosque (tropical)	(rain)forest
el capital	capital, resources
el clima; el cambio climático	climate; climate change
la conservación (conservar)	conservation (to conserve)
el consumo; el (la) consumidor(a) (consumir)	consumption; consumer (to consume)
la contaminación (acústica, ambiental, atmosférica)	(noise, environmental, atmospheric) pollution, contamination
la cosecha (cosechar)	harvest (to harvest)
cuidadoso/a (cuidar)	careful, cautious (to take care of)
el cultivo (cultivar)	farming (to farm; to grow/cultivate)
el desarrollo (desarrollar)	development (to develop)
el empleo; el (la) empleado/a	work (*n.*); worker
el equilibrio	balance
la especie	species
la exportación (exportar)	exportation, export (to export)
el (la) fabricante (fabricar)	manufacturer (to manufacture)
la ganancia	profit
habitar	to live
el (la) indígena; indígena (*m. y f.*)	native, indigenous person; native, indigenous
los ingresos	revenue, income
la inundación (inundar)	flood; flooding (to flood)
la jungla (de concreto)	(concrete) jungle
el[2] mar; marino/a	sea, ocean; marine (*adj.*)
el medio ambiente	environment
la montaña	mountain
la naturaleza	nature
el negocio	business
la pesca / la pesquería; el (la) pescador(a) / el (la) pesquero/a; pesquero/a / pescador(a)	fishing (*n.*); fisher, fisherman/woman; fishing (*adj.*)
el planeta	planet
la población	population
poner en riesgo	to endanger; to put at risk
la preservación (preservar)	preservation (to preserve)

---

1 En el **Glosario**, al final del libro (p. 233), encontrarás una lista de las abreviaturas que se encuentran en las listas de **Vocabulario** de los capítulos.

2 *Mar* puede ser femenino en algunas zonas y en textos poéticos.

prestar atención (a)	to pay attention (to)
proteger (protegido/a)	to protect (protected)
reciclar	to recycle
el recurso (natural)	(natural) resource
reducir	to reduce
(re)utilizar	to (re)use
la riqueza	wealth, abundance
salvar	to save
la seguridad	safety
la selva	rainforest, jungle
sembrar (semillas)	to sow/spread (seeds)
la sierra	(mountain) range
la sostenibilidad; sostenible(mente) (sostener)	sustainability; sustainable (sustainably) (to support; to sustain; to maintain)
la supervivencia	survival
sustentable(mente) (sustentar)	sustainable (sustainably) (to support; to sustain; to maintain)
la tormenta	storm
el turismo; turístico/a	tourism; tourist (*adj.*)
urbanizado/a (urbanizar[se])	developed, built-up (to urbanize; to develop)

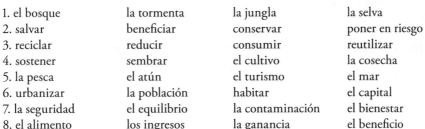

Practiquemos el vocabulario

A. ASOCIACIONES. Selecciona la palabra o frase que **no** está relacionada con las otras. Luego explica qué tienen en común las otras palabras.

1. el bosque	la tormenta	la jungla	la selva
2. salvar	beneficiar	conservar	poner en riesgo
3. reciclar	reducir	consumir	reutilizar
4. sostener	sembrar	el cultivo	la cosecha
5. la pesca	el atún	el turismo	el mar
6. urbanizar	la población	habitar	el capital
7. la seguridad	el equilibrio	la contaminación	el bienestar
8. el alimento	los ingresos	la ganancia	el beneficio

B. ¡FIRMA AQUÍ! Busca compañeros/as que contesten **sí** a las siguientes preguntas. Deben firmar al lado de la pregunta. Las palabras de vocabulario se indican **en negrita**.

1. ¿Sinceramente te preocupas por el **medio ambiente**? _____

2. ¿Te gusta realizar actividades al aire libre y estar en contacto con la **naturaleza**? _____

3. ¿Es la **agricultura** una importante fuente (*source*) de **empleo** e **ingresos** en tu estado natal (*home state*)? _____

4. ¿Puedes nombrar un ejemplo de alguna especie de ave (*bird*), planta, insecto y mamífero de la **Amazonia**? _____

5. ¿**Prestas** mucha **atención a** las acciones de las organizaciones ecologistas en tu comunidad local? _____

6. ¿Crees que la **biodiversidad** es vital para la **supervivencia** de los seres humanos? _____

7. ¿Sabes cuántos **planetas** hay en el sistema solar y cómo se llaman? _____

8. ¿Prefieres escalar una **montaña** real en lugar de practicar la escalada en roca artificial? _____

9. ¿Sabes en qué año ganaron el exvicepresidente de EE. UU. Al Gore y el Panel Intergubernamental de las Naciones Unidas sobre el **Cambio Climático** (IPCC) el Premio Nobel de la Paz por su trabajo sobre el tema del calentamiento global? _____

10. ¿Eres un(a) **consumidor(a)** responsable a la hora de comprar productos? O sea, ¿optas por **consumir** bienes o servicios producidos por empresas que actúan de manera responsable y ética, teniendo en cuenta valores ecológicos, de justicia social y solidaridad? _____

C. ¿Lógico o ilógico? Escribe cinco oraciones, utilizando el vocabulario de esta lección. Algunas oraciones deben ser lógicas y otras ilógicas. Luego comparte tus oraciones con un(a) compañero/a de clase, quien debe decidir cuáles son ilógicas.

Modelos

- Una manera de **proteger** el **medio ambiente** es hacerse miembro de una organización de activismo. (lógico)

- La **sostenibilidad** se refiere al consumo de los recursos naturales para ganancias económicas. (ilógico)

Repasar y expandir: Estructura 1

Los sustantivos y los adjetivos: Género y número

Ya sabes que en español, a diferencia del inglés, todos los sustantivos tienen **género** (**masculino** o **femenino**) y **número** (**singular** o **plural**). También sabes que los adjetivos deben tener el mismo género y número que el sustantivo al que se refieren, y que esto se llama **concordancia**. Consulta el cuaderno electrónico para ver una explicación más detallada sobre los sustantivos, los adjetivos y la importancia de la concordancia entre ellos y para completar unas actividades de práctica. Luego, practica la concordancia con las actividades que siguen.

A. Análisis. En cada una de las siguientes citas del documental hay por lo menos un sustantivo que está modificado por uno o más adjetivos.

Paso 1. Pon un círculo alrededor de los **sustantivos** y subraya los **adjetivos**.

Modelo

«Daniel Janzen es un reconocido biólogo».

1. «La biodiversidad brinda un servicio realmente fundamental; su valor es simplemente extraordinario».

2. «Estas son cinco historias de la región; historias latinoamericanas con un mensaje global».

3. «Tengo una mejor calidad de vida que mis padres lamentablemente no pudieron tener».

4. «Cuando uno piensa en la Amazonia piensa en una gran selva... ».

5. «La quinua era considerada un alimento indígena».

6. «Y muchos agricultores andinos garantizan la promesa de un nuevo negocio combinando el conocimiento tradicional con el capital natural».

7. «[La biodiversidad] [e]s un tesoro abundante pero frágil».

8. «Estamos en una etapa donde las nuevas generaciones tienen una mentalidad diferente... ».

9. «Suelo decir que Río tiene tres grandes pulmones verdes que tienen una importancia fundamental para la población».

10. «Es casi instintiva en el ser humano la necesidad de preservar para futuras generaciones».

Paso 2. Ahora clasifica todos los sustantivos y adjetivos que encontraste en el **Paso 1** según las siguientes categorías.

SMS = sustantivo masculino y singular   AMS = adjetivo masculino y singular
SMP = sustantivo masculino y plural   AMP = adjetivo masculino y plural
SFS = sustantivo femenino y singular   AFS = adjetivo femenino y singular
SFP = sustantivo femenino y plural   AFP = adjetivo femenino y plural
                                            AS o AP = adjetivo que tiene una sola forma para masculino y femenino (AS = singular y AP = plural)
                                            AI = adjetivo invariable (no tiene ni género ni número)

Modelo
reconocido biólogo = AMS + SMS

B. ¿Conoces los parques nacionales de EE. UU.? Completa cada descripción con la forma correcta de los adjetivos dados entre paréntesis y luego decide cuál de los siguientes parques se describe.

el Parque Nacional Acadia   el Parque Nacional Badlands
el Parque Nacional de los Glaciares   el Parque Nacional del Gran Cañón
el Parque Nacional Haleakala   el Parque Nacional Redwood
el Parque Nacional Yosemite

Modelo
Se encuentra en Maine y el área incluye montañas, una costa _____**oceánica**_____, bosques y lagos. Además de la Isla Monte Desierto, el parque incluye la _____**mayor**_____ parte de la Isla de lo Alto (Isle au Haut), que es una _____**pequeña**_____ isla al sudoeste de la Isla Monte Desierto. (**oceánico, mayor, pequeño**) **Es el Parque Nacional Acadia.**

1. Uno de los parques más _____ del país, este parque localizado en el estado de Arizona es conocido por un canal de casi dos kilómetros (1,30 millas) de profundidad. Es verdaderamente una de las maravillas _____ del mundo. (**antiguo, natural**)

2. Situado en el norte del estado de California, los visitantes de este parque nacional pueden disfrutar de los _____ árboles y de fauna y flora _____. **(enorme, indígena)**

3. Su nombre literalmente significa «parque de las _____ tierras». Se encuentra al suroeste del estado de Dakota del Sur y tiene un clima _____ con temperaturas que oscilan entre –40 grados Farenheit en pleno invierno a 116 grados en el calor del verano. **(malo, extremo)**

4. El _____ paisaje (*landscape*) fue creado por el movimiento de _____ glaciares que excavaron valles a través de los picos (*peaks*) _____. Este parque del estado de Montana también cuenta con uno de los caminos de montaña para paseos en coche más _____ del mundo: Going-to-the-Sun, de 80 kilómetros (50 millas) de largo. **(inspirador, inmenso, montañoso, espectacular)**

5. A unos 320 kilómetros (200 millas) al este de San Francisco, California, este parque es mundialmente famoso por sus _____ cascadas (*waterfalls*). Y muchas de sus atracciones naturales aparecen en las fotografías del _____ fotógrafo _____ Ansel Adams. **(impresionante, famoso, estadounidense)**

6. Ubicado en la isla de Maui en el estado de Hawái, es uno de los lugares más _____ que visitar. El punto más alto, el Pu'u 'Ula'ula, ofrece a los visitantes un panorama _____ y un lugar en el que pueden disfrutar de _____ puestas de sol (*sunsets*). **(encantador, magnífico, precioso)**

C. ADIVINA. Usando las descripciones de los parques naturales de la actividad anterior como modelo, escribe una descripción de 2 o 3 oraciones de un lugar natural (parque, bosque, playa, montaña, etc.) que conoces bien. Vas a leer tu descripción a la clase, así que incluye muchos adjetivos y buenas pistas (*clues*) para ayudarles a tus compañeros/as de clase a adivinar qué lugar es, pero recuerda <u>no nombrar directamente el lugar</u>.

El filme

FICHA TÉCNICA

Título: *América Latina y el Caribe: Riqueza viva*

Año: 2012

Duración: 25 minutos

Equipo de filmación: National Geographic

Financiamiento: Banco Interamericano de Desarrollo (BID)

SOBRE EL FILME

Filmado por National Geographic y financiado por del Banco Interamericano de Desarrollo (BID), *América Latina y el Caribe: Riqueza viva* presenta ejemplos sostenibles de conservación de la biodiversidad relacionados al desarrollo turístico, producción agrícola, pesca, creación de empleo y protección medioambiental. A través de las cinco historias que retrata, nos muestra cómo es posible mantener un equilibrio entre el desarrollo y la conservación del medio ambiente y los recursos naturales que heredarán las futuras generaciones.

INVESTIGUEMOS. Para estar preparado/a para ver la película, busca información sobre los temas que siguen. Tu instructor(a) te pedirá que compartas lo que aprendas con la clase.

1. El Área de Conservación Guanacaste (ACG), Sitio Patrimonio de la Humanidad (Costa Rica)

2. Instituto Nacional de Biodiversidad (INBio) (Costa Rica)

3. Natura Cosméticos, S.A. (Brasil)

4. La quinua y la seguridad alimentaria

5. La pesca sostenible

6. La urbanización sostenible

Después de ver

A. ¿QUÉ APRENDISTE? Después de ver el documental, decide si las siguientes oraciones son ciertas o falsas. Si son falsas, corrígelas.

C / F   1. Según el documental, el mayor capital de América Latina y el Caribe es la naturaleza.

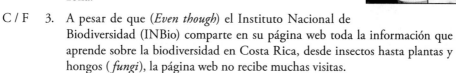

C / F   2. La Península Papagayo, un centro turístico de lujo en Costa Rica, es un ejemplo de un desarrollo turístico sostenible que ofrece oportunidades económicas para la zona.

C / F   3. A pesar de que (*Even though*) el Instituto Nacional de Biodiversidad (INBio) comparte en su página web toda la información que aprende sobre la biodiversidad en Costa Rica, desde insectos hasta plantas y hongos (*fungi*), la página web no recibe muchas visitas.

C / F   4. Son los consumidores los que también impulsan la innovación, al pedir productos certificados y cultivos sostenibles.

C / F   5. Natura, la compañía brasileña fabricante de cosméticos, no solo paga a los agricultures locales por su cosecha sostenible sino también les da una parte de las ganancias de la empresa.

C / F   6. En los Andes, el negocio de la quinua les está dando más poder a las comunidades indígenas porque los hombres se están convirtiendo en propietarios y participando en programas de microcrédito.

C / F   7. Muchos pescadores artesanales de Manta, Ecuador, no quieren usar nuevas tecnologías como los anzuelos circulares y los espineles con monofilamento.

Los anzuelos (*fish hooks*) circulares

Los espineles (*trawl-lines or bait-lines*) con monofilamento (*a single untwisted synthetic filament, such as nylon*)

C / F   8.   La creación de parques públicos en Río de Janeiro muestra el lado democrático de la naturaleza, o sea, que todas las personas pueden disfrutar de la naturaleza.

B. CITAS

PASO 1. La siguiente tabla contiene citas generales sobre la biodiversidad en América Latina y el Caribe y citas específicas relacionadas con las cinco historias del documental. Completa las citas con las cifras que faltan.

TEMA	CITAS
La biodiversidad en América Latina y el Caribe	MODELO «Desde Chile hasta México y Barbados, en América Latina y el Caribe habitan 33% de los mamíferos del planeta, 35% de los reptiles, ___43%___ de las aves, 50% de los anfibios y casi 50% de los bosques tropicales». 1. «América Latina y el Caribe representan el 16% de la masa continental del planeta pero contienen _____% de su biodiversidad. Esta singular dotación (*endowment*) de capital natural es la ventaja competitiva de la región».
Historia #1: Cómo áreas protegidas crean prosperidad Un equilibrio entre desarrollo y biodiversidad	2. «Costa Rica ha aprendido ya varias lecciones a lo largo de su historia. La primera es que no solamente basta con proteger, como ha hecho Costa Rica (con) casi _____% de su territorio, sino que también es necesario generar instrumentos que estimulen a la economía a moverse en esa dirección». 3. «Costa Rica cubre apenas 0,03% de la superficie del planeta pero contiene cerca de _____% de la biodiversidad mundial. Lo mismo que EE. UU. y Canadá juntos». 4. «América Latina y el Caribe generan US $_____ millones al año por turismo».

Historia #2: Cómo la biodiversidad estimula nuevos negocios Biodiversidad como plataforma para la innovación	5. «INBio cataloga todo, desde insectos hasta plantas y hongos. Trabajando con la industria privada, están explorando aplicaciones comerciales y compartiendo su valiosa información en la red. Y el mundo está prestando atención. Con más de 22.500 visitas al día. Más de _____ millones al año». 6. «Cuando uno piensa en la Amazonia, piensa en una gran selva, pero hay casi _____ millones de personas allí. Aquí es donde la gente busca trabajo y el término que utilizamos es 'socio-biodiversidad'».
Historia #3: Cómo las culturas tradicionales aumentan la seguridad alimentaria La biodiversidad es una responsabilidad colectiva	7. «Las exportaciones de quinua orgánica valen entre 40–60% más que las ventas en mercados locales. Desde el 2001, los ingresos de los productores de quinua han aumentado de US $135/año a US $_____/año». 8. «En algunas regiones productoras de quinua, la malnutrición ha bajado del 70 al _____% y los hombres que se habían ido a la ciudad están volviendo a casa». 9. «La quinua beneficia a los consumidores, productores y a la seguridad alimentaria. La agricultura es la mayor fuente de ingreso para los _____ millones de agricultores de la región. Y muchos agricultores andinos garantizan la promesa de un nuevo negocio combinando el conocimiento tradicional con el capital natural».
Historia #4: Cómo la pesca puede prosperar en el futuro Pan para hoy y pan para mañana	10. «El modelo de desarrollo que se ha impuesto en América Latina es un modelo extractivo. El _____% de este planeta es océano y más de la mitad de la población del mundo vive en las zonas costeras y depende del océano para su bienestar». 11. «En América Latina y el Caribe la pesca genera más de US $7.000 millones al año y da empleo a más de _____ millones de personas».
Historia #5: Cómo la biodiversidad sigue siendo el corazón de nuestro planeta urbanizado Somos parte de la biodiversidad	12. «América Latina y el Caribe están creciendo. Su población aumentará entre 6–7 millones de personas cada año. Para el 2030, el producto bruto regional podría duplicarse, la clase media podría ampliarse a más de _____ millones de personas, el consumo de agua aumentaría 25% y la demanda energética podría aumentar 50%».

PASO 2. En grupos pequeños, reaccionen a las citas que acaban de completar. ¿Les sorprenden las cifras? ¿Les gustaría aprender más sobre alguno(s) de los temas en particular? ¿Cuál(es) y por qué?

C. VAMOS MÁS AL FONDO. En grupos pequeños, conversen sobre los conceptos culturales que se ilustran en la película, respondiendo a las siguientes preguntas.

1. Si pudieran hacerle una pregunta a una de las personas del documental, ¿qué preguntarían y a quién? Expliquen.

2. ¿Cuál de las cinco historias del documental les interesa más y por qué?

3. ¿Están Uds. de acuerdo con lo que el documental dice sobre la importancia de las comunidades locales, o sea, que la sostenibilidad no es viable si las comunidades (los beneficiarios) no se sienten implicados en el proyecto? Dicho de otra manera, ¿tiene que responder el proyecto de sostenibilidad a las necesidades y expectativas reales de los receptores para que tenga éxito?

4. Al hablar sobre Natura, la compañía brasileña, el documental afirma que los consumidores «impulsan la innovación» al querer comprar «productos certificados y cultivos sostenibles». ¿Son Uds. unos de estos compradores a quienes se refiere el documental? ¿Por qué sí o no?

5. Hoy en día, hay muchos proyectos e iniciativas en EE. UU. para mejorar la calidad de vida de los ciudadanos. Dos ejemplos son: *Neighborland* —donde los ciudadanos pueden expresar cualquier idea que tengan sobre cómo mejorar la calidad de vida donde viven, por ejemplo, crear carriles exclusivos para ciclistas, plantar más árboles en las aceras, etc.; y *KaBOOM!* —una asociación que anima a todos los ciudadanos a crear espacios de juego para que los niños en todo el país tengan acceso a parques cercanos para jugar y disfrutar del aire libre.

Pensando en la comunidad donde viven ahora mismo, ¿cuál de estos dos proyectos les interesa más y por qué? ¿Conocen otras organizaciones o iniciativas que estén trabajando ahora mismo en su comunidad?

Repasar y expandir: Estructura 2

EL PRESENTE DE INDICATIVO

En español, usamos el presente de indicativo para hablar de acciones actuales, habituales y futuras. Consulta el cuaderno electrónico para repasar tanto la formación del presente de indicativo como sus usos y para completar actividades de práctica. Luego, practica el presente de indicativo con las actividades que siguen.

A. Análisis. Lee las siguientes citas del filme. <u>Subraya</u> cada **verbo del presente de indicativo** y pon un (círculo) alrededor del **sujeto** de cada verbo.

> **OJO:** Recuerda que a veces el sujeto del verbo (**yo, tú, nosotros**, etc.) no se escribe.

Modelo

(Toda esta riqueza natural) <u>sostiene</u> a toda la humanidad.

1. «La biodiversidad es la suma total de todos los seres vivos, incluidos tú y yo, y la interacción entre nosotros».

2. «Cada año, más de un millón y medio de turistas visitan Costa Rica, generando casi dos mil millones de dólares en ingresos».

3. «Ya no podemos cercar (*enclose*; *fence*) la naturaleza y llamarlo preservación porque la creación de empleo también es preservación».

4. «Los consumidores también impulsan la innovación».

5. «... si las prácticas de negocios no son sostenibles, no van a durar mucho...».

6. «Estamos en una etapa donde las nuevas generaciones tienen una mentalidad diferente y estamos cada vez más convencidos de que la destrucción del pasado no puede seguir adelante porque nos vamos a quedar sin nada».

7. «El futuro de nuestro planeta depende de la creación de ciudades sostenibles y en reconocer el valor crítico de la biodiversidad, incluso en la jungla de concreto».

8. «Suelo decir que Río [de Janeiro] tiene tres grandes pulmones verdes que tienen una importancia fundamental para la población. Y estos parques son tan esenciales para la supervivencia de la ciudad como cualquier otro servicio público».

9. «Y la gente de América Latina y el Caribe está lista para liderar el camino hacia un futuro sostenible».

B. Investiguemos y luego opinemos. Discutan las siguientes declaraciones sobre el medio ambiente, expresando sus opiniones y pidiendo las de sus compañeros/as de clase. Recuerden usar el presente de indicativo y empleen las expresiones de la tabla para expresar y pedir opiniones. Deben estar listos/as para compartir sus opiniones con toda la clase.

> **OJO:** Recuerda usar el presente de subjuntivo después de **Yo <u>no</u> creo (pienso, considero) que...** y **No me parece que...**

PARA EXPRESAR UNA OPINIÓN	PARA PEDIR UNA OPINIÓN
Yo (no) creo (pienso, considero) que... (No) Me parece que... Yo opino que... Desde mi perspectiva (punto de vista),...	¿Cuál es tu/su opinión sobre este tema? ¿Qué piensas tú / piensan Uds.? ¿Cuál es tu/su punto de vista al respecto? ¿Estás/Están de acuerdo o no con eso? ¿Cuál es tu/su perspectiva al respecto?

1. Aunque nuestro modelo energético actual se basa principalmente en la quema (*burning*) de combustibles fósiles como el carbón y el petróleo, debemos cambiarlo urgentemente a uno basado en las energías renovables y virtualmente interminables (hidroeléctrica, eólica, solar) que se obtienen de fuentes naturales.

La energía hidroeléctrica   La energía eólica (los molinos de viento)   La energía solar

2. A las grandes empresas e industrias no les importa conservar el medio ambiente; lo único que les interesa son las ganancias.

3. Todos los países ricos necesitan dar prioridad a la conservación del medio ambiente mundial y dejar de solo pensar en sus intereses personales.

4. Los países del mundo pueden establecer políticas para enfrentar problemas medioambientales —como la contaminación del agua, la deforestación, la extinción de especies, el efecto invernadero, la disminución de la capa de ozono, las emisiones tóxicas, los gases contaminantes, las lluvias ácidas y la generación de residuos peligrosos— sin perjudicar los sectores económicos.

C. DIARIO: UNA REACCIÓN. Escribe una reacción a *América Latina y el Caribe: Riqueza viva*. ¿Qué aprendiste? ¿Qué te sorprendió? ¿Te gustó? ¿Por qué sí o no? ¿Qué preguntas tienes? Revisa con cuidado todos los verbos en el presente de indicativo para asegurar que los conjugaste y los usaste correctamente.

LEER

Antes de leer

INTRODUCCIÓN

Vas a leer la entrada «El Lago Atitlán y los monos araña» del blog *Ecoturismo* escrito por Alfonso Polvorinos. El blog, que se publica en la página web del periódico español *El País*, se enfoca en el ecoturismo en España y más de cincuenta países de los cinco continentes del mundo. La entrada que sigue trata del Lago Atitlán, un bello lago cráter rodeado de tres volcanes de las tierras altas del sudoeste de Guatemala. Antes de leer la entrada, considera las siguientes preguntas.

- ¿Qué es el ecoturismo? ¿Cómo se diferencia del turismo «normal»?

- ¿Cuál es el propósito de un blog? ¿Cuál es su público meta, o sea, para quiénes escribe el autor? ¿Qué características tiene un blog?

- ¿Qué sabes sobre Guatemala? ¿Has oído hablar del Lago Atitlán? ¿Has visto un mono araña, en otro país o en un zoológico? ¿Qué información esperas aprender de la entrada del blog?

NOTA: *La actividad de gramática de la p. 20 incluye una breve biografía del autor de este blog, Alfonso Polvorinos.*

VOCABULARIO

la amenaza	threat
la cascada	waterfall
escaso/a	scarce, rare
la hoja	leaf
maduro/a	mature, ripe (*fruit*)
la mariposa	butterfly
el milagro	miracle
el mono araña	spider monkey
el mono aullador (congo o saraguato)	howler monkey
la ofrenda	offering
la orilla	shore
el paisaje	landscape
la postal	postcard
el pueblo	town
el puerto	port
el recorrido	route; journey, tour
la red	net
repleto/a (de)	filled (with)
el sendero	path, trail
el volcán	volcano

Practiquemos el vocabulario

Llena los espacios en blanco con el vocabulario que mejor complete cada oración. Conjuga el verbo y cambia la forma de la palabra según el contexto.

1. No comas esa manzana, que no está _____.

2. Los pescadores estaban pescando con una _____ desde la _____ porque hacía demasiado viento para ir en lancha.

3. Caminábamos por un _____ del bosque cuando de repente vimos una refrescante _____ y decidimos nadar en su agua fría.

4. Una bella _____ azul y blanca volaba por el aire hasta que encontró un sitio para descansar, encima de la _____ de un enorme árbol.

5. El _____ de la región era increíble. Había altas montañas verdes, árboles majestuosos y un _____ activo del cual salía lava roja brillante.

6. San Juan es un _____ pequeño, pero durante su fiesta patronal está _____ de gente de todo el mundo.

7. Cuando visite el Lago Atitlán, me gustaría hacer un _____ por Santiago Atitlán, porque he oído que es una ciudad muy interesante.

8. Cuando viajo, siempre compro _____ para mandárselas a mis amigos.

«El Lago Atitlán y los monos araña»

por Alfonso Polvorinos

El **paisaje** del Lago Atitlán, en el altiplano de Guatemala, ya justifica por sí solo el viaje. Un lago enorme, de 130 kilómetros cuadrados, situado a 1.500 metros de altitud que cuenta con tres **volcanes** de forma cónica perfecta y tapizados de selva que emergen de las **orillas** de sus aguas azules. Una **postal** en toda regla.

En las **orillas** del lago se asientan 14 **pueblos** mayas. Siempre es un placer caminar por las calles adoquinadas[a] de estas poblaciones donde la vida indígena bulle,[b] como es el caso de Santiago. Desde su **puerto** donde los pescadores ponen a punto sus **redes** o las embarcaciones llegan a **puerto** con la pesca del día, hasta la iglesia, **repleta** de curiosos santones. Maximón es el más querido en la zona y también el más curioso de todos. Su **milagro**: se fuma los cigarros sin tregua mientras haya limosnas y **ofrendas** que dejar frente a él. Pero esto es una simpática anécdota que algún día contaré, de momento os dejo con la foto de *Maximón*.

NOTA: *Maximón, conocido también como San Simón, es una deidad precolombina venerada en varias formas por los indígenas mayas de las tierras altas de unos **pueblos** de Guatemala, incluyendo Santiago Atitlán. Para ganar su favor, le traen **ofrendas** como los cigarros, los cigarrillos y el alcohol.*

El motivo de hoy es conocer a uno de los animales por excelencia de la selva centroamericana: el **mono araña** (*Ateles geoffroyi*), mucho más grácil[c] y **escaso** que el **mono aullador** (**congo o saraguato**), otro de los

---

a   *cobblestone*
b   *bustles*
c   *graceful, slender*

primates que se observan —y sobre todo escuchan— en el espesor de la selva guatemalteca. El **mono araña** es un mono que se caracteriza por el cuerpo delgado y por la longitud de sus extremidades, y especialmente la de su cola prensil, que utiliza como quinta extremidad. Es un mono esbelto y muy ágil. También muy huidizo[d] por lo que a su reducido número de ejemplares se une su carácter «escurridizo»[d] para observar en libertad. Tienen un área de campeo mayor que los grupos sociales del **mono aullador**, de forma que pasan el día en los árboles casi sin parar de moverse en busca de su alimento favorito, los frutos **maduros**. A diferencia del **mono aullador**, que come **hojas**, el **mono araña** ha especializado su dieta en los frutos **maduros**, de forma que debe recorrer distancias más largas. Su gran **amenaza** es uno de los males extendidos para la fauna mundial, la fragmentación de su hábitat.

En Panajachel, muy cerca de Sololá, junto al lago existe la Reserva Natural Atitlán, dedicada a la reproducción y estudio del **mono araña**. Esta reserva, situada en la selva, cuenta además con una serie de **senderos** para este precioso bosque tropical con la ayuda de puentes colgantes.[e] Una pequeña pero muy estética **cascada** también tiene su sitio en el **recorrido**. Son **recorridos** autoguiados[f] como los que hay en otras instalaciones de la reserva dedicadas a las **mariposas** y otra fauna del lago: mapaches, tejones,[g] etc. La Reserva cuenta también con hotel ecoturístico en la antigua Hacienda de San Buenaventura y camping.

NOTA: *Sololá es la capital del departamento del mismo nombre, donde se encuentra el Lago Atitlán. Panajachel es el pueblo de la región más visitado por los turistas, y también es el hogar de una comunidad de expatriados que provienen de una gran variedad de países del mundo. Además de las actividades mencionadas en la entrada del blog, la Reserva Natural Atitlán también ofrece canopy ("ziplining"), un mariposario y una pequeña playa para nadar. Se puede explorar el sitio web de la reserva para aprender más y para ver más fotos:* http://www.atitlan reserva.com

---

d   *elusive (due to shyness)*
e   **puentes**... *hanging bridges*
f   *self-guided*
g   **mapaches**... *raccoons, coatimundis*

Después de leer

A. ¿ENTENDISTE? Escoge la respuesta que mejor complete cada oración.

1. Mucha gente de este grupo indígena vive alrededor del Lago Atitlán:
    a. maya   b. azteca   c. inca   d. olmeca

2. La Reserva Natural Atitlán **no** tiene:
    a. puentes colgantes   b. animales   c. recorridos guiados   d. una cascada

3. El alimento principal de los monos araña son:
    a. las hojas   b. los frutos maduros   c. las mariposas   d. los insectos

4. Los monos araña **no** son:
    a. tímidos   b. gordos   c. ágiles   d. difíciles de ver

5. El peligro más grave a que se enfrentan los monos araña es:
    a. el mono aullador   b. un volcán activo   c. la deforestación   d. el mapache

6. Maximón es:
    a. un dios maya   b. un líder indígena   c. un pueblo del lago   d. un mono famoso

B. ¿QUÉ OPINAS TÚ?

PASO 1. Contesta las siguientes preguntas sobre la entrada del blog.

1. ¿Te gustaría visitar el Lago Atitlán? ¿Qué actividad turística mencionada en el blog te interesa más y por qué?

2. ¿Qué opinas de la práctica de darle ofrendas de cigarros y alcohol a Maximón? Si viajaras al Lago Atitlán, ¿te gustaría visitar a Maximón?

3. ¿Conoces otros lugares, en EE. UU. o en otro país, donde la gente hace ecoturismo?

4. ¿Incluye el autor del blog una descripción completa del Lago Atitlán y los monos araña? ¿Qué pregunta(s) te gustaría hacerle?

PASO 2. Comparte tus respuestas con tus compañeros/as de clase y juntos/as analicen de manera más profunda los temas y los puntos de vista tratados en la lectura.

Repasar y expandir: Estructura 3

SER/ESTAR/HABER

Es importante poder distinguir entre los verbos **ser** y **estar**, que en inglés significan *to be*, y usarlos correctamente. Consulta el cuaderno electrónico para ver una explicación detallada de estos verbos, junto con el verbo **haber**, y cómo se usan y para completar actividades de práctica. Luego, puedes hacer más práctica con las siguientes actividades, que se enfocan en el contenido del blog que acabas de leer.

A. UN BLOGGER Y ECOTURISTA. Completa la siguiente biografía de Alfonso Polvorinos, el autor de «El Lago Atitlán y los monos araña» con el verbo correcto (**ser, estar** o **haber**) según el contexto.

Polvorinos (**es / está**)[1] biólogo, especializado en zoología y botánica. (**Es / Está**)[2] de España y practica el ecoturismo. Actualmente tiene tres blogs y (**está / hay**)[3] muchas entradas que describen sus viajes alrededor del mundo. Puesto que Alfonso también (**es / está**)[4] periodista y fotógrafo, (**están / hay**)[5] fotos en cada entrada que complementan y enriquecen sus palabras escritas. Al leer sus blogs, los lectores pueden conocer lugares nuevos que (**son / están**)[6] cerca (en su propio país) o lejos de ellos, ya que incluye entradas sobre destinos en más de cincuenta países de los cinco continentes. (**Está / Hay**)[7] más información sobre sus blogs en Facebook (facebook.com /elecoturista) y Twitter (twitter.com/ecoturista), y los lectores que (**son / están**)[8] entusiasmados con el contenido de los blogs y/o tienen preguntas pueden ponerse en contacto con Alfonso a través de su dirección de correo electrónico: apolvorinos@elecoturista.com.

B. COMPLETAR. Lee las siguientes frases sobre la entrada «El Lago Atitlán y los monos araña» y complétalas. Primero, escribe la forma correcta de **ser, estar** o **haber** en el espacio en blanco y luego termina cada frase con información que aprendiste de la lectura.

> MODELO
>
> El Lago Atitlán ___está___ en Guatemala... **y es muy grande**.

1. _____ tres volcanes...

2. Los 14 pueblos maya en las orillas del lago _____ llenos de...

3. De todos los santones, Maximón _____...

4. En la selva guatemalteca _____ una especie de primate que se llama...

5. La Reserva Natural Atitlán _____ en Panajachel y...

6. Dentro de la reserva _____ lugares que explorar y ver como, por ejemplo...

C. ¿DOS MUNDOS APARTE? En grupos pequeños, contemplen los siguientes escenarios ilustrados en las fotos y pregúntense lo siguiente: ¿Cómo son los lugares urbanos? ¿Y los rurales? ¿Cómo se caracterizan? Luego, escriban <u>cinco</u> oraciones descriptivas para cada foto. Asegúrense de emplear correctamente los sustantivos y los adjetivos (comprobando su género y número), los verbos en el presente de indicativo y **ser, estar** y **haber**.

> MODELO
> En las grandes ciudades de EE. UU. siempre hay gente por las calles.

ESCUCHAR

PERSPECTIVAS EN TU COMUNIDAD

PASO 1. Entrevista a hispanohablantes de tu comunidad para poder conocer mejor sus perspectivas culturales y personales sobre el tema del medio ambiente. A continuación, hay preguntas que puedes adaptar y/o usar como punto de partida para las entrevistas. Se recomienda hacer una entrevista en video para luego poder compartirla con la clase.

1. En tu opinión, ¿cuáles son los problemas medioambientales que más les importan a las personas de tu país natal? ¿Y cuáles te importan a ti, personalmente, y por qué?

2. ¿Cómo defines tú 'la sostenibilidad'? ¿Y qué se está haciendo en tu país natal para conservar los recursos naturales?

PASO 2. Reflexiona sobre lo que has aprendido al hacer las entrevistas y graba un video en el cual compartas tus perspectivas respecto al medio ambiente. El video debe durar 1–2 minutos.

Canción: «Moving» por Macaco

ANTES DE ESCUCHAR

«Moving» fue el primer single de *Puerto Presente* (2009), el quinto álbum de Macaco, un grupo catalán de reggae (de Barcelona, España). Para crear «Moving», Macaco colaboró con National Geographic y varios artistas como el actor Javier Bardem y los músicos Juanes, Juan Luis Guerra y Rosario Flores, y la canción sirvió como la canción oficial para el Día de la Tierra 2009. ¿Conoces otras canciones, en inglés o en español, que tengan un mensaje ecologista? ¿Cuál crees que será el significado del título «Moving»?

DESPUÉS DE ESCUCHAR

A. ANÁLISIS DE LA CANCIÓN. En grupos pequeños, contesten las preguntas que siguen sobre la canción que acaban de escuchar.

1. ¿Cuál es el mensaje principal de la canción?

2. ¿Cuál es el tono de la canción? ¿Es apropiado este tono, o sea, ayuda a transmitir las ideas de la canción?

3. Comenten las siguientes declaraciones y cómo se relacionan con el mensaje principal y/o el título de la canción.

    a. «Una gota junto a otra hace oleajes, luego mares... océanos / Murmullos se unen forman gritos, juntos somos evolución».

    b. «Nunca una ley fue tan simple y clara: acción, reacción, repercusión».

    c. (Hablando de la «Mamá Tierra»): «Su palabra es nuestra palabra, su «quejío» (**quejido** *moan/groan*) nuestra voz».

    d. «Volver al origen no es retroceder (*step back*), quizás sea andar hacia el saber».

4. ¿Es eficaz la mezcla de idiomas (inglés y español)? ¿Por qué sí o no?

B. TE TOCA A TI: A ACTUAR... La canción «Moving» nos habla de cómo la gente está actuando para juntos/as realizar un sueño común. ¿Qué hace la gente de tu universidad y/o comunidad local para mejorar la vida para todos? Investiga a fondo una organización estudiantil en el campus o una organización comunitaria para informarte sobre su misión y sus campañas. Luego, escoge una de las campañas y prepara una breve descripción de sus objetivos y los pasos específicos que la organización planea y/o necesita tomar para conseguirlos.

ESCRIBIR

Repasar y expandir: Estructura 4

LAS COMPARACIONES

Cuando comparamos, usamos palabras y expresiones para indicar que dos cosas son diferentes o equivalentes y también para destacar algo o alguien de lo demás (en el caso de los superlativos). Consulta el cuaderno electrónico para ver una explicación de las comparaciones y para completar actividades de práctica. Luego, practica las comparaciones con las actividades que siguen.

A. ANÁLISIS. Lee las siguientes oraciones del documental que contienen ejemplos de palabras comparativas. Subraya cada **palabra o expresión de comparación** en cada oración y luego escribe **D** si la palabra/expresión compara dos cosas diferentes, **E** si compara dos cosas equivalentes y **S** si es un superlativo.

MODELO

«Las exportaciones de quinua orgánica valen entre un 40–60% <u>más que</u> las ventas en mercados locales». **D**

1. «La biodiversidad de América Latina y el Caribe es una de las más ricas del planeta».

2. «Nosotros tratamos de tener un equilibrio también tanto con la comunidad como con la naturaleza».

3. «Tengo una mejor calidad de vida que mis padres lamentablemente no pudieron tener».

4. «Y estos parques son tan esenciales para la supervivencia de la ciudad como cualquier otro servicio público».

5. «Costa Rica cubre apenas 0,03% de la superficie del planeta pero contiene cerca de 4% de la biodiversidad mundial. Lo mismo que EE. UU. y Canadá juntos».

6. «Uno de nuestros sueños es ser capaces de replicar en la Amazonia, utilizando la biodiversidad como una plataforma para la innovación, las mismas condiciones que fueron creadas para Silicon Valley en los EE. UU., o la industria farmacéutica en Boston».

7. «La agricultura es la mayor fuente de ingreso para los 36 millones de agricultores de la región».

8. «Una cuarta parte del país [Costa Rica] son áreas silvestres. Todas ellas se suman como un cultivo, que vale más que las cosechas del café, el banano y el ganado (*livestock*) juntas».

9. «América Latina y el Caribe tienen abundantes recursos, pero el mayor capital es el de nuestra naturaleza».

Figura 1. Densidad de especies de vertebrados y plantas para países centroamericanos y dos países megadiversos (# de especies/1.000 km^2) (países colocados de menor a mayor extensión territorial).

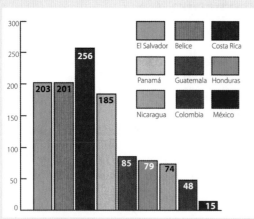

Tabla 1. Número de áreas silvestres protegidas (ASP) en cada país y porcentaje del territorio nacional que representan.

País	# DE ASP REPORTADAS	% DEL TERRITORIO NACIONAL (TERRESTRE)
Belice	94	26,0
Guatemala	161	30,0
Honduras	97	19,7
El Salvador	136	4,3
Panamá	65	34,0
Costa Rica	166	26,0
Nicaragua	76	18,0

B. CENTROAMÉRICA EN CIFRAS. Empleando la información de los gráficos (**Figura 1** y **Tabla 1**), completa el siguiente resumen con palabras de comparación.

Como región, Centroamérica figura entre los primeros lugares del mundo en cuanto a número de especies, si se compara con algunos de los grandes países megadiversos como Australia, Brasil, Colombia, Indonesia y México. Como se ve en la **Figura 1**, Costa Rica es el país con la _____[1] densidad de especies de la región centroamericana, seguido por El Salvador y Belice. Y, todos los países centroamericanos tienen _____[2] densidad de especies _____[3] algunos países megadiversos de Latinoamérica, como es el caso de México y Colombia. México, el país de mayor extensión territorial, tiene _____[4] densidad de especies que todos los otros países.

Respecto a los avances de Centroamérica en establecer áreas silvestres protegidas (ASP), en las últimas tres décadas del siglo XX, la región pasó de tener 20 áreas protegidas a _____[5] de 600. Ahora en Centroamérica hay cerca de 795 áreas silvestres protegidas (ASP). El Salvador es el país que se unió más tardíamente a este esfuerzo (en la década de 1980). Y, como se ve en la **Tabla 1**, aunque El Salvador tiene _____[6] áreas silvestres protegidas (136 en total), el porcentaje de territorio nacional de este país (4,3) es _____[7] que el de Panamá (34,0) con solo 65 ASP. Costa Rica, el país con el _____[8] número de ASP, tiene _____[9] cobertura (*coverage*) territorial protegida (26%) como Belice, pero con casi el doble número de áreas protegidas.

C. ¿QUÉ HACES TÚ PARA CONSERVAR LOS RECURSOS NATURALES?
Trabajen en grupos pequeños para hablar de las prácticas ecológicas que realizan Uds. y luego hacer comparaciones.

PASO 1. Indiquen la frecuencia con que hacen las siguientes cosas. Para el **#8**, escriban otra actividad que se puede hacer para cuidar el planeta.

5=siempre   4=con frecuencia   3=a veces
2=de vez en cuando   1=nunca

1. ¿Reciclas el papel, el aluminio, el plástico, etc.?   5 4 3 2 1

2. ¿Llevas tus propias bolsas a las tiendas?   5 4 3 2 1

3. ¿Te duchas rápido para no gastar mucha agua?   5 4 3 2 1

4. ¿Apagas las luces al salir de un cuarto?   5 4 3 2 1

5. ¿Caminas, andas en bicicleta o usas transporte público cuando es posible?   5 4 3 2 1

6. ¿Compras productos usados o los que no dañan el medio ambiente?   5 4 3 2 1

7. ¿Compras comida orgánica o local?   5 4 3 2 1

8. _____   5 4 3 2 1

PASO 2. Hablen en el grupo sobre sus respuestas para el **Paso 1** y hagan unas comparaciones sobre sus prácticas ecológicas usando expresiones como **más/menos que, tan / tanto/a/os/as como,** etc.

MODELO
Tú reciclas tanto como yo. Sara es la más ecológica del grupo.

Herramientas para la escritura

VOCABULARIO PARA DESCRIBIR LUGARES Y PAISAJES

SUSTANTIVOS
el acantilado: the cliff
la acera: sidewalk
la aldea: village
el (la) aldeano/a: the villager
la arena: sand
el arroyo: brook, stream
la calidez: warmth
el callejón: small street
la caminata: hike, outing
la carretera: highway
el casco / el centro: center of a city
la colina: hill
la encrucijada: crossroads, intersection
el entorno: surroundings
la fachada: façade, front of a building
el letrero: road sign
la llanura: plain
la parada: stop
el paseo: walk, ride
las periferias: outskirts
el pico: peak
el recorrido: route, trip
la ubicación: location
la urbe: large city

ADJETIVOS
ancho/a: wide
antiguo/a: ancient
árido/a: arid
atestado/a: crowded

bullicioso/a: bustling
cálido/a: warm
cosmopolita (*adj., m. y f.*): cosmopolitan
desarrollado/a: developed
empinado/a: steep
enorme: huge
estrecho/a: narrow
fresco/a: cool
llamativo/a: striking
lujoso/a: luxurious
moderno/a: modern
pequeño/a: small
ruidoso/a: noisy
rural: rural
tranquilo/a: calm
urbano/a: urban

PREPOSICIONES PARA UBICAR (*LOCATE*)
a la derecha/izquierda de: to the right/left of
a lo largo de: along
al final de: at the end of
al lado de: beside
al norte/sur/este/oeste de: to the north/south/east/west of
al otro lado de: on the other side of
al principio de: at the beginning of
alrededor de: around
arriba de: above
cerca de: near
debajo de: under, below
delante de: in front of, ahead of

dentro de: inside of
en lo alto de: at/on the top of
fuera de: outside, out of
lejos de: far from

VERBOS
atravesar: to cross
bordear: to go along the edge of; to border

embarcar: to board
localizarse: to be located
pasear / dar un paseo: to go for a walk or stroll
recorrer: to cover (*a distance*)
rodear: to surround
ubicarse: to be located

Escritura como proceso

UNA ENTRADA PARA UN BLOG SOBRE EL ECOTURISMO

Ahora tendrás la oportunidad de escribir una entrada para un blog de ecoturismo en español para hispanohablantes o que viven en los EE. UU. o que vienen aquí de visita. Puesto que vas a tener que describir el lugar en mucho detalle, debes o escoger un lugar que conoces muy bien o investigar a fondo un lugar que te interesa mucho y al cual algún día planeas visitar.

PASO 1. Determina qué lugar vas a describir. Considera lo siguiente y haz un bosquejo.

1.   <u>Tu público lector: Personas que practican el ecoturismo.</u> ¿Qué tipos de preguntas tendrán estas personas sobre un lugar potencial de practicar el ecoturismo? Intenta anticipar sus preguntas para así poder abordarlas (*address them*) en tu descripción.

2.   <u>La selección de información para la descripción.</u> Ahora piensa en las características más destacadas del lugar y cómo puedes usarlas como punto de partida para tu descripción.

    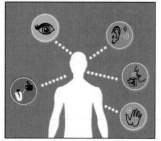

    - Destaca los detalles que hagan que el lugar sea único, memorable, especial y/o ideal para practicar ecoturismo.

    - Menciona las atracciones y las actividades más atrayentes para tu público lector (recuerda no dar demasiada información; la idea es estimular su interés para que vayan al lugar ellos).

    Es esencial incluir **rasgos visuales** (la apariencia del lugar, su tamaño, sus colores, etc.), pero también piensa en <u>cómo este lugar te hace sentir</u>. Puedes enriquecer tu descripción al incluir otros sentidos como **rasgos auditivos** (los sonidos que se oyen), **rasgos táctiles** (las texturas y las sensaciones que provocan), **rasgos olfativos** (los olores) y **rasgos gustativos** (los sabores). <u>Piensa en cómo puedes captar en palabras todas estas sensaciones</u>.

3.   <u>La selección de imágenes para acompañar la descripción.</u> Incluye una o dos fotos que complementen tus palabras escritas.

PASO 2. Organiza tus ideas del **Paso 1** para escribir un borrador. La entrada para el blog sobre el ecoturismo, de entre 225–275 palabras, debe escribirse a máquina, a doble espacio. Luego revisa tu borrador, usando la siguiente lista de verificación como guía.

Contenido

☐ ¿Tengo un título que capta el interés del público lector y refleja algo de la descripción que he escrito?

☐ ¿Describo varios sentidos, no solo lo visual del lugar?

☐ ¿He incluido suficientes (y no demasiados) detalles en mi descripción del lugar para un público lector que no lo conoce?

☐ ¿Es apropiado el tono para lo que describo?

Organización

☐ ¿Hay una clara organización de los elementos de la descripción (desde lo más general a lo más específico, por ejemplo)?

☐ ¿Hay transiciones claras?

☐ ¿Es eficaz la división y organización de ideas en párrafos? ¿Hay párrafos que deban dividirse o reorganizarse? ¿Hay alguna frase/oración o frases/oraciones dentro de algún párrafo que deba(n) ser eliminada(s) y/o elaborada(s)?

Vocabulario/Gramática

☐ ¿He utilizado un vocabulario variado y descriptivo (de **Herramientas para la escritura**) y he evitado palabras básicas como **bueno, malo** y **cosas**? ¿También he verificado que no hay traducciones literales?

☐ ¿He usado correctamente las estructuras estudiadas en este capítulo (el género y número de los sustantivos y los adjetivos, el presente de indicativo, **ser/estar/haber**, y las comparaciones)?

☐ ¿Hay concordancia entre los sustantivos y sus modificadores (f./m./sing./pl.) y entre los verbos y los sujetos?

☐ ¿He revisado la ortografía y la puntuación?

Paso 3. Revisión en colaboración: Intercambia tu borrador con el de otro/a estudiante y utiliza la hoja que te ha dado tu instructor(a) para ayudar a tu compañero/a a mejorar su trabajo escrito. Él/Ella hará lo mismo con el tuyo.

Paso 4. Lee con cuidado los comentarios y sugerencias de tu compañero/a y revisa tu trabajo, incorporando las correcciones y los cambios necesarios. Entrégale a tu instructor(a) tu trabajo corregido.

EXPANDIR

A. PRESENTACIÓN. Como el tema del medio ambiente conlleva muchas áreas, este capítulo no puede abarcar todas las cuestiones pertinentes. Para informarse de otros datos sobre el medio ambiente, van a trabajar en equipos para investigar uno de los siguientes temas para luego presentárselo a sus compañeros/as de clase.

- Los efectos del cambio climático en los países hispanohablantes
- Las leyes medioambientales en un país hispanohablante
- Una especie en peligro de extinción que habita un país hispanohablante
- Un parque nacional u otro destino natural del mundo hispano
- Un problema ecológico de un país hispano

Un quetzal: una especie en peligro de extinción

B. DEBATE. Trabajarán en equipo para preparar la defensa de una de las posturas que siguen. No se olviden de anticipar los argumentos del otro lado para poder refutarlos.

POSTURA 1. La producción de los organismos genéticamente modificados (OGMs) es un avance natural que aumenta la productividad y minimiza el uso de plaguicidas y fertilizantes y, como consecuencia, alivia el problema del hambre en el mundo y beneficia al medio ambiente.

POSTURA 2. Los alimentos transgénicos u organismos genéticamente modificados (OGMs) son un peligro para la salud humana y para el medio ambiente debido a su resistencia a los herbicidas, además de los cambios genéticos a las plantas que tienen consecuencias negativas en la cadena alimentaria local y global.

C. DIARIO: SÍNTESIS. Reflexiona sobre todo lo que has aprendido a lo largo de este capítulo (filme, lectura, canción, entrevistas, presentaciones y actividades) sobre el medio ambiente. Si pudieras conversar con un(a) amigo/a que supiera poco sobre temas relacionados con el medio ambiente en el mundo hispano, ¿qué le dirías? ¿Y cómo responderías si esa persona te hiciera la siguiente pregunta: «¿Y qué puedo hacer yo para conservar el medio ambiente?»?

OBJETIVOS: CAPÍTULO 1

ACABO DE TERMINAR ESTE CAPÍTULO Y <u>PUEDO</u>:

☐ explicar en mis propias palabras la información cultural que he aprendido sobre los temas principales de este capítulo (el medio ambiente, la biodiversidad, la sostenibilidad, el ecoturismo) a través del análisis de estadísticas, de ver el documental *América Latina y el Caribe: Riqueza viva* y de hacer otras actividades.

☐ hablar sobre los temas principales de este capítulo

    ☐ empleando vocabulario apropiado.

    ☐ usando de manera correcta la concordancia entre los sustantivos y los adjetivos, el presente de indicativo, **ser/estar/haber** y expresiones para comparar.

☐ demostrar mi habilidad de utilizar vocabulario descriptivo para escribir una entrada para un blog sobre el ecoturismo.

CAPÍTULO 2

LOS DEPORTES

NOTA: *Recuerda leer ahora la lista en la página 54 de lo que debes ser capaz de hacer al terminar este capítulo. ¿Vas a poder decir «Sí, puedo». para todos los objetivos? ¡Claro que sí!*

PELÍCULA DOCUMENTAL:
Rumbo a las grandes ligas / Road to the Big Leagues (2008)

ESTRUCTURAS GRAMATICALES:
Los posesivos (adjetivos y pronombres); El pretérito; El imperfecto;
La narración en el pasado: Un contraste entre los usos del pretérito
y del imperfecto

LECTURA:
El artículo «Dopaje» por UNESCO

CANCIÓN:
«Waka Waka (Esto es África)» por Shakira

HERRAMIENTAS PARA LA ESCRITURA:
Conectores discursivos de causa y consecuencia

ESCRITURA:
Una narración de un evento memorable del pasado

VER

Antes de ver

A. ACERQUÉMONOS AL TEMA. Este capítulo trata de los deportes. Verás *Rumbo a las grandes ligas*, un documental filmado en la República Dominicana. La película se enfoca en los niños y jóvenes dominicanos que esperan mejorar sus vidas jugando al béisbol en EE. UU. Ya sabrás que en el mundo hispano también es muy popular el fútbol. Además, se practican y se miran otros deportes como el básquetbol (también conocido como el baloncesto), el voleibol, la natación, el atletismo, el tenis y el golf. Antes de empezar a trabajar con el contenido específico del documental, comenta las siguientes preguntas con tus compañeros/as de clase.

1. ¿Qué deportes te gusta practicar? ¿Por qué te gustan? ¿Con qué frecuencia los practicas? ¿Juegas para un equipo de tu universidad? Si no practicas ningún deporte, ¿por qué no?

2. ¿Qué deportes te gusta mirar? ¿Cuáles son tus equipos favoritos? ¿Asistes a los partidos de los equipos de tu universidad?

3. ¿Por qué practica deportes la gente? O sea, ¿cuáles son los beneficios de hacer deporte?

4. ¿Por qué a la gente le gusta mirar deporte en vivo y por televisión?

B. DIARIO: ¿QUÉ SABES? Antes de ver la película documental de este capítulo, toma un momento para reflexionar sobre lo que ya sabes sobre la República Dominicana y los deportes en el mundo hispano.

1. ¿Qué sabes de la República Dominicana (geografía, clima, historia, lugares, deportes, fiestas, etc.)?

2. ¿Qué sabes de los deportes en Latinoamérica y España? ¿Cuáles son los más populares y por qué?

3. ¿Qué sabes del béisbol en la República Dominicana? ¿Por qué será tan popular este deporte?

4. ¿Qué sabes de los peloteros dominicanos que juegan en EE. UU.? ¿Puedes nombrar a algunos de los jugadores más famosos y los equipos para los que juegan?

VOCABULARIO

el (la) aficionado/a	fan, enthusiast
el ánimo; animado/a (animar)	encouragement; in high spirits, lively (to encourage)
anotar	to score
el apoyo (apoyar)	support (to support)
apurarse	to hurry
el (la) árbitro/a	umpire, referee
asistir (a)	to attend; to go (to) (*an event*)
el (la) atleta	athlete
el bate (batear)	bat (to bat)
el (la) beisbolista	baseball player
el boleto	ticket (*for an event*)
el campeón, la campeona; el campeonato	winner; championship, tournament
el campo de golf; el campo de fútbol	golf course; soccer field
la cancha de tenis	tennis court
la carrera	career
la chispa	spark
la competición; el deporte de competición	competition; competitive sport
competitivo/a	competitive
darle (a la pelota)	to hit (the ball)
de lujo	luxury (*adj.*)
el (la) deportista	athlete, sportsman/sportswoman
disfrutar (de)	to enjoy
emocionado/a	excited
el empate (empatar)	tie (*score*) (to tie [*a score*])
el (la) entrenador(a) (entrenar)	coach (to train, to practice)
el equipo	team, equipment
exigente	demanding
explotar	to exploit
el (la) fanático/a	fan, enthusiast
la firma (firmar)	signature (to sign)
el (la) ganador(a) (ganar)	winner (to win)
el gimnasio	gym
golpear	to hit
la gorra (de béisbol)	(baseball) cap
la habilidad	ability
la herida; el (la) herido/a (herir)	wound, injury; wounded, injured (*person*) (to wound, to injure)
el jonrón	home run
el (la) jugador(a) (jugar)	player (to play)
el (la) lanzador(a) (lanzar)	thrower, pitcher (*baseball*) (to throw)
lastimar(se)	to hurt (*reflex.*); to get hurt
llevarse bien (mal)	to get along well (poorly)
lograr	to accomplish, achieve
mantenerse en forma	to keep fit
marcar	to score
la mentira (mentir)	lie (to lie, to not tell the truth)
merecer	to deserve

la meta	goal, objective
la muñeca	doll
la oferta	offer
el oro	gold
el (la) pelotero/a	baseball player
la pérdida; perdedor(a) (perder)	loss; losing (*adj.*) (to lose)
el (la) pícher	pitcher (*sports*)
portarse (bien)	to behave (well)
la presión	pressure
salir bien/mal	to go well/badly
suceder	to happen
la superestrella	superstar
el talento; talentoso/a	talent; talented
tirar	to throw
trabajar fuerte	to work hard
el uniforme	uniform
zurdo/a	left-handed

> **NOTA:** *Muchas palabras relacionadas con el béisbol son anglicismos, o sea, son expresiones de inglés empleados en español. Unos ejemplos que oirás en el documental son:* **out**, **safe**, **home run**, **tryout** *y* **pitcher***.*

Practiquemos el vocabulario

A. EMPAREJAR. Empareja cada palabra de vocabulario de la primera columna con la frase de la segunda columna que le corresponda.

1. _____ la meta
2. _____ portarse bien
3. _____ exigente
4. _____ el (la) aficionado/a
5. _____ apurarse
6. _____ zurdo/a
7. _____ tirar
8. _____ el (la) entrenador(a)
9. _____ suceder
10. _____ golpear

a. darse prisa, ir rápido
b. persona que prepara a atletas para un deporte
c. darle (a la pelota)
d. que usa preferentemente la mano izquierda
e. merecer
f. lanzar (*p. ej.*, una pelota)
g. tener éxito
h. actuar de una manera correcta
i. con expectativas altas, que pide mucho
j. pasar, tener lugar
k. persona que admira a un(a) deportista o equipo
l. algo que se quiere lograr

B. ¡A DIBUJAR! Vas a trabajar en equipo para dibujar y adivinar las palabras de vocabulario. Cada estudiante del grupo recibirá una hojita de papel con una palabra de vocabulario y la dibujará para su grupo. El primer grupo que termine con todas las palabras gana.

C. Una entrevista

Paso 1. Escoge cinco palabras de vocabulario que todavía no hayas aprendido, y luego escribe cinco preguntas para un(a) compañero/a de clase, incorporando el vocabulario.

Modelo

¿Con qué frecuencia vas al **gimnasio** de la universidad?

Paso 2. Entrevista a un(a) compañero/a de clase. Él/Ella también te hará preguntas a ti. Cuando terminen, su instructor(a) les pedirá que compartan algo que los/las dos tienen en común.

Modelo

Los dos no vamos nunca al **gimnasio**.

Repasar y expandir: Estructura 1

Los posesivos (adjetivos y pronombres)

Los posesivos pueden ser adjetivos (*p. ej.*, Es **mi** raqueta.) o pronombres (*p. ej.*, **La mía** es blanca.), y en todo caso tiene que haber concordancia de género (femenino/masculino) y número (singular/plural) entre el posesivo y el sustantivo que modifica o que sustituye. Consulta el cuaderno electrónico para ver una explicación de los posesivos y para completar actividades de práctica. Luego, practica los posesivos con las actividades que siguen.

A. ¿De quién es? Diego y Sonia, dos hermanos, practican muchos deportes y dejan su equipo en el coche de su padre. Su padre está limpiando su coche y les pregunta de quién es cada objeto. Llena los espacios con la forma correcta de cada posesivo.

Padre: ¿De quién es esta raqueta de tenis? ¿Es _____[1] (*yours*), Diego?

Diego: No, papá, no es _____[2] (*mine*). Creo que es de Sonia.

Sonia: No, no es _____[3] (*mine*). Es de mamá.

Padre: Entonces me imagino que estas pelotas de tenis también son _____[4] (*hers*), ¿no?

Sonia: Sí, son _____[5] (*hers*). Pero ese bate es _____[6] (*mine*).

Padre: ¿Y esos zapatos de tenis?

Sonia: Son _____[7] (*mine*) también.

Padre: Diego, esas son _____[8] (*your*) botas de fútbol, ¿verdad?

Diego: Sí, son _____[9] (*mine*).

Padre: Pues, bien. Ahora que tenemos todo identificado, pongan todas estas cosas en _____[10] (*your: pl.*) dormitorios, ¡no las quiero ver otra vez en _____[11] (*my*) coche! ¿Entienden?

B. Objetos. Todos traerán a clase un objeto relacionado con su deporte o pasatiempo favorito. Su instructor(a) pondrá todos los objetos en frente de la clase para que se puedan ver. En grupos pequeños, háganse preguntas usando los posesivos para determinar qué trajeron todos. Luego, conversen sobre sus deportes e intereses favoritos.

Modelo

—¿Es tuyo el bate?

—No, no es mío.

—¿Son tuyas las pelotas de tenis?

—Sí, son mías. Me gusta mucho jugar al tenis.

—A mí también me gusta el tenis. ¿Juegas para el equipo de la universidad? (...)

C. ¿Quién es?

Paso 1. Escribe cinco oraciones sobre un(a) deportista famoso/a, utilizando con cuidado los pronombres y adjetivos posesivos. La primera oración debe ser muy general, y la última debe ser más específica. No escribas el nombre de la persona.

Modelo

1. Su estado natal es Michigan.

2. Sus padres son sus entrenadores.

3. Un interés suyo es la moda.

4. Unos títulos suyos incluyen el Abierto de Australia y Wimbledon.

5. Su hermana mayor también es estrella de tenis.

(Respuesta: Serena Williams)

Paso 2. En grupos pequeños, cada estudiante lee sus oraciones, pausando después de cada una para que sus compañeros/as adivinen quién es.

El filme

FICHA TÉCNICA

Título: *Rumbo a las grandes ligas / Road to the Big Leagues*

Año: 2008

Duración: 53 minutos

Director: Jared Goodman

Distribuidora: IndiePix Films

SOBRE EL FILME

El documental retrata los esfuerzos de unos jóvenes dominicanos para lograr el sueño de ser beisbolista profesional para un equipo de las grandes ligas de Estados Unidos. Ha ganado premios en el Independent Film Festival Boston 2007, el Los Angeles Latino International Film Festival 2007 y el New York Latino International Film Festival 2007.

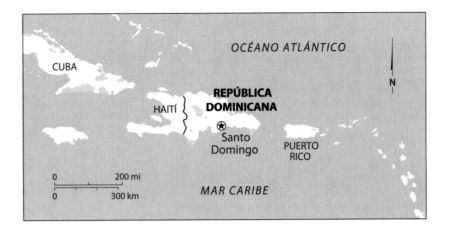

INVESTIGUEMOS. Para estar preparado/a para ver la película, busca información sobre los temas que siguen. Tu instructor(a) te pedirá que compartas lo que aprendas con la clase.

1. David Ortiz
2. Vladimir Guerrero
3. Las academias de béisbol en la República Dominicana
4. El juego de vitilla
5. La edad a la que fichan a los mejores jugadores dominicanos para jugar en las grandes ligas

David Ortiz

Vladimir Guerrero

Después de ver

A. ¿QUÉ APRENDISTE? Después de ver el documental, contesta las preguntas que siguen.

1. Comenta las imágenes de la República Dominicana que se ven a lo largo de la película. ¿Qué diferencias notas entre este país y Estados Unidos? ¿Y semejanzas?

2. Comenta la escena cuando Vladimir Gómez nos muestra su casa, su familia y su dormitorio. ¿Qué objetos nos muestra él en su dormitorio y qué nos revelan sobre su vida? ¿Cómo es la casa, la familia y el cuarto?

3. ¿Cómo es la escuela de Vladimir?

4. ¿Cuáles son tus impresiones de las Academias, en particular la Academia a la que asiste Juan Cabrera?

5. ¿Qué impresión te hace Machepa? ¿Te parece un buen entrenador?

6. Comenta el rol que desempeña Vladimir Guerrero en su comunidad. ¿Cómo lo ven los jóvenes?

7. ¿Por qué tenía Miguel Mercedes dos actas de nacimiento? ¿Qué le pasó?

B. CITAS. Reacciona a las siguientes citas que provienen del documental. ¿Te sorprende lo que dice la cita? ¿Te enoja? ¿Te entristece? ¿Te hace (son)reír? Explica tu reacción.

1. «Siempre se vivía peleando conmigo porque cada vez que le compraban una muñeca yo le quitaba la cabeza a la muñeca y le cortaba el cabello y ya teníamos una pelota en la casa».

2. «A ser un jugador de béisbol, ese es mi futuro. Me gusta, para que, poder ayudar a mi familia. Tengo mucha familia necesitada y deseo ayudarla».

3. «Yo no le aconsejo a ningún niño que deje la escuela para, para jugar, para dedicarse directamente a jugar pelota. Yo diría que el estudio combate a la ignorancia».

4. «Aquí [en la Academia] está la mina de peloteros. Tú encuentras bastante oro por debajo de esta mina, y la plata y la cosa, entonces todo lo que quieres es producir más, y más, y más, y más. La mina nunca se acaba. Nunca se acaba. Entonces lo que tú quieres es explotarla. Explotarla, explotarla, explotarla».

5. «De cada cien jugadores van a llegar cinco».

6. «Nosotros tenemos un proceso de investigación, y todavía, al momento actual, 35, 38 por ciento de todos los documentos que se presentan para firmar un contrato presentan algún tipo de irregularidad».

7. «Un ciudadano pobre, que no tiene oportunidad de ser un Bill Gates, por ejemplo, o un banquero del Citibank, si desarrolla condiciones físicas apropiadas, puede ser un Vladimir Guerrero, y todo el mundo está en eso porque está produciendo riqueza. Riquezas a la familia, riquezas al país, y riquezas a los equipos que tienen esas estrellas».

8. «Sabes que desde ahora en adelante, ya que firmaste este contrato, tú eres ya un pelotero profesional. Sabiendo que hay personas que van a seguir tu ejemplo, principalmente los niños, van a querer ser como tú. Entonces tienes que tener cuidado cómo actuar de ahora en adelante».

9. «Me siento muy orgullosa porque mi hijo, a los 18 años, me puso mi deuda en cero».

10. «Porque si tú no lo disfrutas, tú no consigues lo mejor de él».

C. Vamos más al fondo. En grupos pequeños, conversen sobre los conceptos culturales que se ilustran en la película, respondiendo a las siguientes preguntas.

1. Si pudieran hacerle una pregunta a una de las personas del documental, ¿qué preguntarían y a quién? Expliquen.

2. Comenten la presión que sienten los jugadores jóvenes del documental para llegar a las grandes ligas y ayudar a su familia a salir de la pobreza. ¿Alguna vez en la vida han sentido una presión semejante? Expliquen.

3. ¿Consideran que los jugadores jóvenes de la República Dominicana son explotados, o que los jugadores solo se están aprovechando de su talento y quieren hacer lo que están haciendo? Si les parece explotación, ¿quién(es) se beneficia(n)?

4. Machepa parece desempeñar un papel muy importante en la vida de sus jugadores. ¿Han tenido un(a) entrenador(a) o un(a) mentor(a) que haya influido mucho en su vida? Expliquen.

5. Los jugadores dominicanos empiezan a jugar al béisbol desde muy pequeños, algunos desde que empiezan a caminar. ¿Cuándo empezaron Uds. a practicar un(os) deporte(s)? Hay una tendencia hoy en día de empezar a especializarse en un solo deporte a una edad más joven que antes. ¿Qué opinan de esta tendencia?

Repasar y expandir: Estructura 2

El pretérito
El pretérito se usa para hablar del principio o del fin de una acción o de un estado mental o físico en algún momento del pasado. Consulta el cuaderno electrónico para ver una explicación del uso del pretérito y de su formación y para completar actividades de práctica. Luego, practica el pretérito con las actividades que siguen.

A. Análisis. Lee las siguientes citas del documental. <u>Subraya</u> cada ejemplo del **pretérito** y explica por qué se usa.

1. —Fue out, fue out. —No, fue safe.

2. «A pensar que Machepa entrenó a David Ortiz, yo pensé, bueno, si este entrenó a Ortiz, y mira quién era David Ortiz... ».

3. «Vladimir Guerrero, lo conocí hace muchos años en República Dominicana».

4. «Desde la primera vez que vimos a Juan Cabrera, nos impresionó inmediatamente. Mostró que puede jugar béisbol y que puede mejorar que es lo que nos gustó de ese muchacho. Y decidimos firmarlo».

5. «Sabes que desde ahora en adelante, ya que firmaste este contrato, tú eres ya un pelotero profesional».

6. «Por fin ya llegó ese momento, que hemos estado esperando ya hace mucho tiempo. Ellos me firmaron por $25.000, pero a mí no me importa, no me importa el dinero».

7. «Tengo fotos, en mi casa, tengo fotos de cuando yo nací, y me pusieron un bate. (...) Y a los cinco empecé a jugar pelota».

8. «Mi mamá nos crio sola».

9. «La primera vez que yo vine aquí, cuando yo practiqué con él, ¿y esto, todos los días?»

10. «Hice esta casa y me mudé para acá».

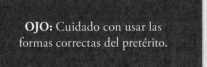

B. ¿Verdad o mentira? Escribe cinco oraciones sobre actividades y eventos <u>en el pasado</u> relacionados con los deportes o los pasatiempos (*p. ej.*, deportes que practicaste, partidos a los que asististe, jugadores/as a los/las que has conocido, etc.). Algunas oraciones deben ser ciertas y otras falsas. Luego, les leerás las oraciones a tus compañeros/as de clase y ellos/ellas adivinarán cuáles son las mentiras.

> **OJO:** Cuidado con usar las formas correctas del pretérito.

Modelos

El verano pasado corrí media maratón.

Una vez conocí a Aaron Rodgers.

C. Diario: Una reacción. Escribe una reacción a *Rumbo a las grandes ligas*. ¿Qué aprendiste? ¿Qué te sorprendió? ¿Te gustó? ¿Por qué sí o no? ¿Qué preguntas tienes? Incorpora el pretérito cuando sea posible.

LEER

Antes de leer

INTRODUCCIÓN

Vas a leer un artículo del sitio web de UNESCO, la Organización de las Naciones Unidas para la Educación, la Ciencia y la Cultura. El artículo trata del dopaje (*doping*), una práctica que pone en peligro tanto la ética del deporte como la salud de los atletas. Antes de leer el artículo, considera las siguientes preguntas.

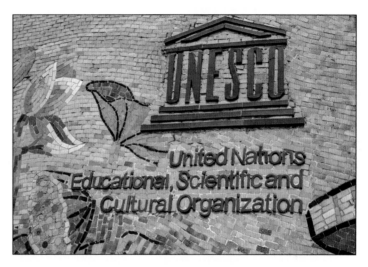

- ¿Qué es el dopaje?
- ¿Por qué usan algunos atletas sustancias o métodos prohibidos?
- ¿Qué problemas puede causarle al (a la) atleta?

El artículo contiene muchos cognados (palabras que son similares en inglés y en español). Subraya todos los cognados que reconozcas y luego compártelos con un(a) compañero/a de clase para determinar si están de acuerdo en cuanto a su significado.

VOCABULARIO

arriesgar(se)	to risk
el cansancio	tiredness, fatigue
el compromiso	commitment
dispuesto/a	ready, prepared, willing
el empujón	boost, momentum
fijarse (en)	to notice; to pay attention (to)
hacer trampa	to cheat
juzgar	to judge
la lesión	injury
perjudicial	harmful
el riesgo	risk
tomar una (buena/mala) decisión	to make a (good/bad) decision

Practiquemos el vocabulario

Llena los espacios en blanco con el vocabulario que mejor complete cada oración. Presta atención a la concordancia de los verbos (formas verbales), sustantivos y adjetivos (género y número).

1. No debemos _____ a otros porque nosotros tampoco somos perfectos.
2. El otro equipo no mereció ganar porque _____.
3. Jugar con una lesión puede resultar aún más _____ para el cuerpo.
4. Soy muy indeciso; nunca puedo _____.

5. Al decidir ser el entrenador del equipo, mi papá hizo un _____ que reque-
   rirá mucho tiempo y trabajo.

6. Ayer mientras jugaba al tenis, me caí y sufrí una _____ del tobillo.

7. Quiero participar en el equipo, pero no estoy _____ a dedicarme tanto
   tiempo al deporte.

8. Anoche mis padres no _____ en la hora, por eso llegaron tarde al
   partido.

«Dopaje... »

por UNESCO

Puede que hayas oído usar esta palabra en círculos deportivos y en los medios de comunicación. Aunque parte de lo que sepas sobre el dopaje puede ser verdad, es importante conocer los hechos.

¿Qué es el dopaje?

'Dopaje' se refiere al uso por parte de un deportista de sustancias o métodos prohibidos para progresar en su entrenamiento y mejorar sus resultados deportivos. Cuando hablamos de dopaje solemos pensar en los esteroides, pero también es dopaje el uso por parte de un deportista de otras sustancias prohibidas (como estimulantes, hormonas, diuréticos, narcóticos y marihuana), el uso de métodos prohibidos (como trans-fusiones de sangre o dopaje genético) e incluso la negativa a pasar un control antidopaje o un intento de manipular controles antidopaje. A medida que continúes practicando deporte, te encontrarás con el dopaje cada vez con más frecuencia: puede que te hagan controles para detectar drogas, que algunos de tus com-petidores **hagan trampas** usando drogas y hasta puedes estar tentado a hacerlo tú mismo.

¿Por qué la gente hace trampas?

La mayoría de los deportistas sabe que el dopaje es trampa, pero algunos corren el **riesgo** de todos modos. A veces los premios, el dinero o la fama pueden hacer que las personas **tomen malas decisiones**. Les dicen que el dopaje podría darles un **empujón**, abreviar largos años de entrenamiento o ayudarles a ganar. Y están **dispuestas** a **arriesgar** sus carreras deportivas y su salud. ¡Están **dispuestas** a ganar a cualquier precio! Otros se sienten presionados por sus entrenadores, sus padres o ellos mismos para ser los mejores. Ven el dopaje como un medio para estar a la altura de esas expectativas. Algunos deportistas utilizan drogas para superar una **lesión**. Puede que los preparadores o entrenadores digan que las drogas te pueden hacer olvidar el dolor o contribuir a acelerar la recuperación, pero no suelen mencionar los **riesgos** para la salud ni que el dopaje es trampa. Sea por la razón que sea, no hay excusa para el dopaje.

¿Y por qué tanto revuelo[a]?

Es cierto que el dopaje puede ayudar a los deportistas a ganar fuerza y músculo, reducir el **cansancio** o disimular el dolor, pero también tiene efectos secundarios **perjudiciales**. Algunos fármacos pueden inducir cambios obvios en la apariencia. Por ejemplo, el uso de esteroides puede causar acné, especialmente en la espalda. En los chicos puede retraer los testículos, causar impotencia y calvicie,[b] y las chicas pueden desa-rrollar una voz más grave y vello facial. Pueden darse efectos secundarios aún más graves. El dopaje puede provocar problemas cardíacos, hepáticos y renales e incluso ha matado a algunos deportistas. El dopaje en el deporte también es trampa. Acaba con el juego limpio y la competición deportiva. El deporte es mucho

---

a *commotion*
b *baldness*

más que simplemente ganar y la honestidad, la cooperación y el valor son esenciales para que el deporte sobreviva como una actividad positiva y loable.[c]

(...)

Juego limpio

Para tener éxito en el deporte, necesitas la actitud adecuada. La honestidad, la dignidad, el juego limpio, el respeto, el trabajo de equipo, el **compromiso** y el valor son esenciales para una actuación deportiva memorable. Todos estos valores pueden resumirse en el término 'juego limpio'. El juego limpio tiene que ver con las elecciones que haces: qué está bien y qué está mal. La gente **se fijará en** cómo juegas según las normas. Te ganarás fama de buen o mal deportista y te seguirá mucho después de que acabe la competición. Puede determinar cómo te trate la gente incluso antes de que lleguen a conocerte. Para ajustarte al espíritu del deporte y forjarte una buena reputación, siempre debes:

- mostrar respeto por ti mismo y por los demás (competidores, árbitros y personal);
- respetar las normas de la competición y del deporte limpio;
- ser tanto buen ganador como buen perdedor;
- divertirte y disfrutar por ser parte de la acción.

El deporte no tiene mucho sentido sin el juego limpio. Practicamos deporte por la oportunidad de mostrar nuestros talentos únicos, para compartir, para hacer amigos y para divertirnos. El juego limpio hace todo eso posible.

(...)

Puntos clave en los que pensar

- El deporte consiste en expresar tu verdadero yo y desarrollar al máximo tu potencial único.
- Para tener éxito en el deporte hacen falta la actitud adecuada, práctica, tiempo y esfuerzo.
- Dar lo mejor de ti mismo en estado natural siempre es suficiente.
- Se te **juzgará** por cómo juegues, no solo por el resultado.
- Tú, y solo tú, eres responsable de lo que entra en tu cuerpo.

---

c   *laudable, praiseworthy*

Después de leer

A. ¿ENTENDISTE? Indica si las siguientes afirmaciones son ciertas o falsas, según el artículo. Corrige las oraciones falsas.

C / F   1.   El dopaje se define como el uso prohibido de los esteroides.

C / F   2.   Algunos deportistas usan sustancias prohibidas para recuperarse de una lesión.

C / F   3.   El público lector para el artículo son los entrenadores y los padres de deportistas jóvenes.

C / F   4.   El dopaje puede ayudar a los deportistas a aumentar su masa muscular.

C / F   5.   El dopaje puede llevar a consecuencias graves, incluso la muerte.

C / F   6.   El 'juego limpio' se define como seguir las normas y no usar sustancias prohibidas.

C / F   7.   El artículo explica cómo se hacen los controles antidopaje.

C / F   8.   El artículo enfatiza que cada deportista tiene que seguir las normas.

B. ¿QUÉ OPINAS TÚ?

PASO 1. Contesta las siguientes preguntas sobre el artículo.

1.   ¿Estás de acuerdo con el contenido del artículo? ¿Hay otras razones por las cuales los deportistas usan sustancias prohibidas? ¿Y hay otras consecuencias? Explica.

2.   Si practicas deporte, ¿te han hecho controles antidopaje? ¿Cómo fue la experiencia?

3.   ¿Quiénes son algunos deportistas famosos que han sido acusados del dopaje? ¿Qué sabes de esos casos?

4.   ¿Está generalizado el dopaje o no? O sea, ¿es utilizado por deportistas de élite o también por los deportistas no profesionales?

5.   ¿Quién se encarga de suministrar o vender todas esas sustancias? Y ¿por qué crees que lo hace?

6.   ¿Es posible eliminar el dopaje en el deporte? Si crees que sí, ¿cómo se puede conseguir? Si crees que no, ¿por qué no?

PASO 2. Comparte tus respuestas con tus compañeros/as de clase y juntos/as analicen de manera más profunda los temas y los puntos de vista tratados en la lectura.

Repasar y expandir: Estructura 3

EL IMPERFECTO

En una narración del pasado, el imperfecto se usa para describir acciones o situaciones que no se habían terminado o que todavía estaban en progreso en el momento en el que se describe el evento. Por lo tanto, se utiliza para describir una imagen del ambiente en el que ocurrían los eventos principales de la narración. Consulta el cuaderno electrónico para ver una explicación del uso del imperfecto y de su formación y para completar actividades de práctica. Luego, practica el imperfecto con las actividades que siguen.

A. ANÁLISIS. Lee las siguientes citas del documental. <u>Subraya</u> cada ejemplo del **imperfecto** y explica por qué se usa en cada caso.

1. «Yo, cuando estaba, cuando era pequeño, que yo veía a muchos jugadores, me entusiasmaba, porque era como, algo tan, muy bonito, era algo que te pone a pensar "¿Cómo yo llego a ser así algún día?"»

2. «Siempre se vivía peleando conmigo porque cada vez que le compraban una muñeca yo le quitaba la cabeza a la muñeca y le cortaba el cabello y ya teníamos una pelota en la casa».

3. «Cuando yo empezaba a jugar béisbol, jugaba con guantes de cartón, una bermuda,... descalzo».

4. «Mi mamá nos crio sola. Vivíamos en una casa pequeña. Mi mamá me estaba diciendo que ella casi se quedaba sin comer por darnos a nosotros, por darnos la comida a nosotros».

5. «David Ortiz, tenía 15 años cuando vino a mis manos. Y cuando tenía 15 decía "Tú puedes dar home runs en las grandes ligas."».

6. «Imagínese Ud. que Vladimir Guerrero muchas veces fue ignorado por organizaciones de béisbol, que pensaban que era muy delgado, que no era coordinado lo suficiente para ser un jugador ni siquiera de ligas menores... ».

7. «Vivía allí adelante, cerca de mi mamá».

8. «El acta de nacimiento que él le presentó al equipo era una declaración tardía del año 1993, cuando él se aducía (*claimed*) que había nacido en el año 1984. Existía una declaración de nacimiento anterior donde se ve claro que la fecha de nacimiento de Miguel Mercedes era en el año 1981, y no el año 1984».

B. ¡Bingo!: En la escuela secundaria. Cambia los verbos del cuadro a la forma de **tú** del imperfecto para formar preguntas sobre las actividades habituales de tus compañeros/as en la escuela secundaria. Luego, busca un(a) estudiante que conteste **sí** a cada pregunta y pídele que firme su nombre en el espacio. Cuando tengas un nombre para cinco espacios seguidos, grita «¡Bingo!». No repitas ningún nombre y no te olvides de usar el imperfecto para cada verbo.

En la escuela secundaria...

Tener un trabajo	Jugar para un equipo de la escuela	Estudiar mucho	Practicar muchos deportes	Salir a fiestas los fines de semana
Sacar buenas notas	Jugar mucho a los videojuegos	Participar en actividades extracurriculares	Asistir a muchos conciertos	Divertirse en la escuela
Pelear con los hermanos	Tener una mascota	ESPACIO LIBRE	Caminar a la escuela	Leer mucho
Ir al cine con frecuencia	Cantar en un coro	Tocar un instrumento	Salir a bailar con amigos	Tener un coche
Obedecer a los padres	Estudiar español	Cuidar niños	Ir de compras a menudo	Mirar mucho la televisión

C. LA VIDA ANTES Y AHORA. Usando las ideas de la actividad anterior para empezar, trabajen en grupos pequeños para comparar sus vidas durante la escuela secundaria con sus vidas ahora mismo en la universidad. ¿Cuáles son las diferencias y las semejanzas? Al final, decidan si les gusta más la vida de antes o la vida de ahora.

MODELO

En la escuela secundaria yo practicaba muchos deportes, pero ahora solo practico el tenis porque no tengo mucho tiempo.

ESCUCHAR

PERSPECTIVAS EN TU COMUNIDAD

PASO 1. Entrevista a hispanohablantes de tu comunidad para poder conocer mejor sus perspectivas culturales y personales sobre el tema de los deportes. A continuación, hay preguntas que puedes adaptar y/o usar como punto de partida para las entrevistas. Se recomienda hacer una entrevista en video para luego poder compartirla con la clase.

1. ¿Cuáles son los deportes más populares en tu país nativo? ¿Y en tu universidad? Explica.

2. ¿Practicas tú algún deporte? ¿Con qué frecuencia? ¿Por qué prefieres este deporte (o por qué no te gusta jugar a los deportes)?

PASO 2. Reflexiona sobre lo que has aprendido al hacer las entrevistas y graba un video en el cual compartas tus perspectivas respecto a los deportes. El video debe durar 1–2 minutos.

Canción: «Waka Waka (Esto es África)» por Shakira

ANTES DE ESCUCHAR

La canción «Waka Waka (Esto es África)» fue interpretada por Shakira, la cantautora colombiana, con la colaboración del grupo sudafricano, Freshlyground. «Waka Waka» era la canción oficial de la Copa Mundial de Fútbol de 2010 que se celebró en Sudáfrica. Se incluía en el séptimo álbum de Shakira, *Sale el sol*. Puesto que se vendieron más de cuatro millones de copias de la canción, llegó a ser el himno oficial de un mundial más vendido de todos los tiempos. ¿Conoces la música de Shakira? ¿Te gusta? ¿Cómo la describirías? ¿Cuáles serán el tono y el contenido de «Waka Waka»?

DESPUÉS DE ESCUCHAR

A. ANÁLISIS DE LA CANCIÓN. En grupos pequeños, contesten las preguntas que siguen sobre la canción que acaban de escuchar.

1. ¿Cuál es el propósito de la canción?

2. ¿Cuál es el tono de la canción? ¿Es apropiado según el contexto?

3. ¿Te gusta la canción? Explica.

4. ¿Eres aficionado/a al fútbol? ¿Viste alguna vez un partido de la Copa Mundial? ¿Quiénes jugaban? ¿Has mirado algunos partidos de la Copa Mundial?

5. ¿Sabes cuáles han sido otras canciones oficiales de la Copa Mundial, en otros años?

6. ¿Cuándo y dónde tendrá lugar la próxima Copa Mundial?

B. Te toca a ti: Una canción original. Con algunos/as compañeros/as de clase, escriban la letra de una canción original para la próxima Copa Mundial. Después compartirán su canción y la clase decidirá qué grupo tiene la mejor canción.

ESCRIBIR

Repasar y expandir: Estructura 4

La narración en el pasado: Un contraste entre los usos del pretérito y del imperfecto

El pretérito y el imperfecto expresan diferentes aspectos de eventos pasados en una narración. El imperfecto describe el ambiente y los personajes en la narración mientras la narración progresa con el uso del pretérito. Consulta el cuaderno electrónico para ver una explicación del uso del pretérito y del imperfecto para narrar y para completar actividades de práctica. Luego, practica la narración en el pasado con las actividades que siguen.

A. Análisis. Lee las siguientes citas del documental que contienen ejemplos del pretérito y del imperfecto. Subraya cada **verbo en el pretérito** y pon un círculo alrededor de cada **verbo en el imperfecto**. Luego, explica por qué se usa en cada caso.

1. «Entonces, cuando yo ya aprendí a caminar, mi papá me dijo que él me pitchaba... y que yo le daba a algunos, no sé».

2. «Sami Sosa no era una superestrella cuando firmó».

3. «Yo quería hacer, quería demostrarles algo diferente. Yo quería demostrar lo máximo de mí. Pero no se pudo».

4. «Yo, el primer día que lo vi, yo dije que se me parecía a Alex Rodríguez».

5. «El hecho de que él me ha dicho que yo iba a lograr mi meta de ser pelotero, yo me sentí muy bien, sentí, me sentí muy animado».

6. «Lo que me motivó fue ver a mi primo, Rafael Furcal, llegar a grandes ligas en 2000 y ser novato del año. Bueno, yo decía que yo podía hacer lo mismo que él porque me veía en la misma condición».

7. «Yo practicaba más que todos los otros. (...) Fue un lunes. Me lo recuerdo como el 18 de marzo de 2003. Yo fui a Boston y yo hice lo que los otros no habían hecho (...). Me dieron $75.000. Yo llegué a Toro San Isidro, el campo de entrenamiento de Boston, donde allí yo me hospedaba desde lunes hasta sábado. De tener mucha habilidad, yo fui el primer bate el año entero».

8. «Tomé esto en serio. Lo tomé en serio el béisbol. Decidí ya que esto es lo que iba a vivir. Yo pasé mucho, pasé mucho trabajo. Yo no pensé nunca que era tan difícil».

B. LA COPA MUNDIAL. Lee los párrafos que siguen sobre la Copa Mundial de 2014 y llena los espacios en blanco con la forma correcta del pretérito o del imperfecto.

La Copa Mundial de la FIFA Brasil 2014 _____[1] (ser) la XX edición de la Copa Mundial de Fútbol. Este torneo se _____[2] (realizar) en Brasil entre el 12 de junio y el 13 de julio de 2014. Durante el torneo se _____[3] (esperar) buenos resultados de anteriores campeones mundiales, pero se _____[4] (dar) una serie de sorpresas durante la fase de grupos, destacando la eliminación de España, al igual que la de Inglaterra e Italia.

Como _____[5] (ser) de esperar, durante los octavos y cuartos de final se _____[6] (obtener) los resultados previstos. No obstante, las semifinales _____[7] (poner) frente a frente, en cada una de ellas, a un equipo europeo con uno sudamericano. En la primera semifinal _____[8] (enfrentarse) Brasil y Alemania y al final del partido Brasil _____[9] (ser) humillada en un histórico partido que _____[10] (terminar) 7–1. En la segunda semifinal _____[11] (jugar) el equipo argentino contra el de Holanda; Argentina _____[12] (llegar) a la final tras vencer en la tanda de penaltis.

En la final, casi todos _____[13] (pensar) que sería un partido muy disputado y _____[14] (resultar) ser así. Alemania _____[15] (derrotar) por 1–0 a Argentina en el tiempo de descuento, coronándose por cuarta vez como campeón mundial. La victoria de Alemania la _____[16] (convertir) en la primera selección europea que ha ganado la Copa Mundial en territorio americano.

C. HABÍA UNA VEZ... Saca una hoja de papel y escribe la siguiente frase en ella: **Había una vez una jugadora de fútbol que se llamaba...** Cuando tu instructor(a) te lo indique, sigue narrando el cuento de manera original. Después de uno o dos minutos, tu instructor(a) te va a decir que pases la hoja a la persona sentada a tu lado izquierdo. En la hoja que te da la persona sentada a la derecha, sigue escribiendo el cuento que él/ella habrá empezado. Este proceso se repite varias veces hasta que se acaben los cuentos. Al final, todos leerán el cuento que empezaron y la clase votará por el cuento más interesante.

> **OJO:** Ten cuidado con usar el pretérito
> y el imperfecto según el caso.

Herramientas para la escritura

CONECTORES DISCURSIVOS DE CAUSA Y CONSECUENCIA

CONECTORES QUE INTRODUCEN ORACIONES SUBORDINADAS QUE EXPRESAN CAUSA

COMO (*since, because, as*)

Como llegué tarde al partido de fútbol, tuve que sentarme en el banquillo (*bench*).

PORQUE (*because*)

Ayer no jugué en el partido de fútbol, no **porque** no quisiera, sino **porque** llegué tarde y tuve que sentarme en el banquillo.

DADO QUE (*since, given that, due to*)
PUESTO QUE (*since, because, given that*)
YA QUE (*considering that, because, since*)

Dado que / Puesto que / Ya que nuestro entrenador tiene una política muy estricta sobre la puntualidad, no pude jugar ayer.

Tuve que ver el partido desde el banquillo, **dado que / puesto que / ya que** cometí el error de llegar tarde.

CONECTORES QUE INTRODUCEN ORACIONES SUBORDINADAS QUE EXPRESAN CONSECUENCIA

POR (LO) TANTO (*so, therefore*)

No sonó el despertador**, por (lo) tanto**, llegué tarde al partido de fútbol.

POR CONSIGUIENTE (*so, therefore, as a result*)

Se me olvidó poner el despertador y, **por consiguiente**, me desperté tarde y no pude llegar antes del comienzo del partido.

POR ESO (*that's why, for that reason, because of that, therefore*)

Fue **por eso** por lo que tuve que sentarme en el banquillo durante todo el partido.

ASÍ QUE (*so*)

Al comienzo de la temporada, el entrenador nos explicó en detalle la política de puntualidad, **así que** sabía que tenía que llegar a tiempo si quería jugar en cualquier partido.

DE MODO QUE / DE MANERA QUE (*so [that], therefore*)

Conocía muy bien la política sobre la puntualidad, **de modo que / de manera que** acepté el castigo de tener que sentarme en el banquillo sin ninguna queja.

Escritura como proceso

UNA NARRACIÓN DE UN EVENTO MEMORABLE DEL PASADO

Ahora tendrás la oportunidad de escribir una narración en el pasado. Puedes narrar un evento memorable de tu vida (por ejemplo, un partido u otro evento competitivo, una graduación, un viaje, una celebración, etc.), sea positivo o negativo.

PASO 1. Determina qué evento vas a narrar y qué información quieres incluir. También recuerda la estructura típica de una narración. Considera lo siguiente y haz un bosquejo.

1. <u>Tu público lector</u>. Intenta anticipar sus preguntas para así poder abordarlas en tu narración.

2. <u>El tono</u>. Debe ser apropiado para el evento que narras. Por ejemplo, para un evento triste se emplea un tono serio, pero para un evento chistoso se usa un tono ligero y humorístico.

3. <u>La estructura típica de una narración</u>

- Párrafo de introducción: Incluye información de fondo, o sea, una descripción del escenario (por ejemplo, ¿Qué tiempo hacía?, ¿Dónde estabas? ¿Quiénes estaban contigo, ¿Cuántos años tenías?, etc.)

- El cuerpo de la narración: Explica lo que pasó, usando una secuencia cronológica.

- La conclusión: Incluye el desenlace, o sea, la resolución del 'problema', o simplemente lo que pasó al final del evento.

Paso 2. Organiza tus ideas del **Paso 1** para escribir un borrador. La narración, de entre 375–425 palabras, debe escribirse a máquina, a doble espacio. Luego, revisa tu borrador, usando la siguiente lista de verificación como guía.

Contenido

- ☐ ¿Incluyo un título que capta el interés del público lector?
- ☐ ¿He incluido suficiente (y no demasiada) descripción del escenario en mi narración del evento?
- ☐ ¿Narro con suficiente detalle lo que pasó?
- ☐ ¿Es apropiado el tono?

Organización

- ☐ ¿Hay una secuencia lógica, con una introducción, un cuerpo y una conclusión?
- ☐ ¿Incluyo conectores discursivos de causa y consecuencia (de **Herramientas para la escritura**) (*p. ej.*, **como, puesto que, por eso**, etc.)?
- ☐ ¿Es eficaz la división y organización de ideas en párrafos? ¿Hay párrafos que deban dividirse o reorganizarse? ¿Hay alguna frase/oración o frases/oraciones dentro de algún párrafo que deba(n) ser eliminada(s), elaborada(s), etc.?

Vocabulario/Gramática

- ☐ ¿He utilizado un vocabulario variado y descriptivo y he evitado palabras básicas como **bueno, malo** y **cosas**? ¿También he verificado que no hay traducciones literales?
- ☐ ¿He usado correctamente las estructuras estudiadas en este capítulo (los posesivos, el pretérito y el imperfecto)?
- ☐ ¿Hay concordancia entre los sustantivos y sus modificadores (f./m./sing./pl.) y entre los verbos y los sujetos?
- ☐ ¿He revisado la ortografía y la puntuación?

Paso 3. Revisión en colaboración: Intercambia tu borrador con el de otro/a estudiante y utiliza la hoja que te ha dado tu instructor(a) para ayudar a tu compañero/a a mejorar su trabajo escrito. Él/Ella hará lo mismo con el tuyo.

Paso 4. Lee con cuidado los comentarios y sugerencias de tu compañero/a y revisa tu trabajo, incorporando las correcciones y los cambios necesarios. Entrégale a tu instructor(a) tu trabajo corregido.

EXPANDIR

Se cose una pelota de jai alai.

A. PRESENTACIÓN. Como el tema de los deportes conlleva muchas áreas, este capítulo no puede abarcar todas las cuestiones pertinentes. Para informarse de otros datos sobre los deportes en el mundo hispano, van a trabajar en equipos para investigar uno de los siguientes temas para luego presentárselo a sus compañeros/as de clase.

- La Copa Mundial
- La Liga Española (de fútbol) o un equipo específico
- El jai alai
- La lucha libre
- Atletas famosos del mundo hispano

Lionel Messi jugando para el FC Barcelona.

B. DEBATE. Trabajarán en equipo para preparar la defensa de una de las posturas que siguen. No se olviden de anticipar los argumentos del otro lado para poder refutarlos.

POSTURA 1. Las universidades de Estados Unidos ponen demasiado énfasis e invierten demasiado dinero en los deportes. Deben enfocarse principalmente en lo académico.

POSTURA 2. Los deportes universitarios ganan fama y dinero para las universidades estadounidenses y merecen la atención que las universidades les otorgan.

C. DIARIO: SÍNTESIS. Reflexiona sobre todo lo que has aprendido a lo largo de este capítulo (filme, lectura, canción, entrevistas, presentaciones y actividades) sobre el tema de los deportes. Si pudieras conversar con un(a) amigo/a que supiera poco sobre los deportes en el mundo hispano, ¿qué le dirías?

OBJETIVOS: CAPÍTULO 2

ACABO DE TERMINAR ESTE CAPÍTULO Y <u>PUEDO</u>:

☐ explicar en mis propias palabras la información cultural que he aprendido sobre los temas principales de este capítulo (los deportes en el mundo hispanohablante y el béisbol en la República Dominicana) a través del análisis del documental *Rumbo a las grandes ligas* y de hacer otras actividades.

☐ hablar sobre los temas principales de este capítulo

    ☐ empleando vocabulario apropiado.

    ☐ usando de manera correcta los posesivos y el pretérito y el imperfecto de indicativo.

☐ demostrar mi habilidad de utilizar lenguaje apropiado para escribir una narración en el pasado.

CAPÍTULO 3
LA GLOBALIZACIÓN

NOTA: *Recuerda leer ahora la lista en la página 80 de lo que debes ser capaz de hacer al terminar este capítulo. ¿Vas a poder decir «Sí, puedo». para todos los objetivos? ¡Claro que sí!*

PELÍCULA DOCUMENTAL:
¿Por qué quebró McDonald's en Bolivia?/ Fast Food off the Shelf (2011)

ESTRUCTURAS GRAMATICALES:
El futuro y el condicional; Los pronombres de objeto
directo e indirecto; Los verbos como **gustar**; Los mandatos
informales y formales

LECTURA:
El poema «La United Fruit Co.» por Pablo Neruda

CANCIÓN:
«Latinoamérica» por Calle 13

HERRAMIENTAS PARA LA ESCRITURA:
Vocabulario para las recetas

ESCRITURA:
Una receta familiar

VER

Antes de ver

A. ACERQUÉMONOS AL TEMA. Este capítulo trata de la globalización. Verás *¿Por qué quebró McDonald's en Bolivia?*, un documental filmado en los Andes bolivianos. Hay muchas opiniones diversas sobre la globalización, tanto positivas como negativas. ¿Qué es la globalización? Examina las imágenes que siguen y coméntalas. ¿Qué mensaje da cada imagen? ¿Cuáles son los efectos, positivos y negativos, de la globalización? ¿Cómo afecta la globalización tu vida diaria? ¿Qué opinas tú sobre la globalización?

B. DIARIO: ¿QUÉ SABES? Antes de ver la película de este capítulo, toma un momento para reflexionar sobre lo que ya sabes sobre la globalización.

1. ¿Qué es la globalización?

2. ¿Cuáles son las consecuencias positivas y negativas de ella? ¿Cómo afecta la globalización a tu vida?

3. ¿Cuál es tu opinión personal sobre la globalización?

4. ¿Qué sabes de Bolivia?

VOCABULARIO

abrumador(a)	overwhelming
acariciar	to caress
el alma	soul
añadir	to add (*a comment; something to something else*)
la bandera	flag
los bienes raíces	real estate
el bocado	bite (*of food*)

la cadena	chain
casero/a	homemade
el choclo	corn (*in the Andes*)
el (la) cholo/a	indigenous person (*in the Andes*)
el (la) cliente	customer
cocer	to cook
el (la) cocinero/a	cook
colocar	to place; to put
el condimento (condimentar)	condiment, seasoning, spice (to season)
confiar	to trust
la confitería	bakery
coqueta (*adj., m. y f.*) **(coquetear)**	flirtatious (to flirt)
cotidiano/a	daily, everyday, routine
crecer	to grow (up)
criar	to raise (*children, animals*)
demorar	to delay, hold up
el derroche	waste
el desfile	parade
la despedida	farewell, goodbye
educar	to educate; to raise (*a child*); to teach manners
la empresa	business
la envidia	envy
la franquicia	franchise
el frasco	jar, bottle
gozar (de)	to enjoy
el (la) guagua	small child (*in parts of South America*)
hacer daño	to hurt
la hierba	herb
la inversión (invertir)	investment (to invest)
la marca	brand
el (la) mestizo/a	person of mixed race (*white European and indigenous*)
moler	to mash; to grind
la olla	cooking pot
el olor	smell
la panadería	bakery
el pecado	sin
el premio	prize
la propiedad	property
el puesto	stand (*in a market*)
quebrar	to go bankrupt; to fail (*business*)
la receta	recipe
el recuerdo	memory (*specific recollection*)
rico/a	delicious, tasty
saber	to taste, have a flavor
el sabor (saborear)	taste, flavor (to savor; to taste)
la siembra	planting, sowing
la subcontratación	outsourcing
el terreno	land, property
la torpeza; torpe	clumsiness; clumsy
el tratado de libre comercio	free trade agreement
el valor (valorar)	value (to value)

Practiquemos el vocabulario

A. Sinónimos y antónimos. Escoge el sinónimo para cada palabra de vocabulario, y luego escribe un antónimo en el espacio cuando sea posible.

1. la empresa: a. cosecha   b. reina   c. negocio   d. talento   _____

2. el cliente: a. recuerdo   b. cocinero   c. pecado   d. consumidor   _____

3. gozar: a. disfrutar   b. crecer   c. hacer daño   d. quebrar   _____

4. cocer: a. cocinar   b. coquetear   c. invertir   d. saber   _____

5. colocar: a. acariciar   b. criar   c. poner   d. valorar   _____

6. confitería: a. mercado   b. panadería   c. cafetería   d. marca   _____

7. franquicia: a. envidia   b. olla   c. cadena   d. sabor   _____

8. olor: a. aroma   b. riesgo   c. bandera   d. puesto   _____

9. propiedad: a. siembra   b. características   c. desfile   d. terreno   _____

10. demorar: a. moler   b. tardar   c. saborear   d. valorar   _____

B. Completar. Completa las siguientes frases según tus preferencias y experiencias personales. Luego, comparte tus respuestas con unos/as compañeros/as de clase. Al final, cada estudiante compartirá algo interesante que aprendió de un(a) compañero/a.

1. Mi primer recuerdo es de...

2. Mi cadena de comida rápida favorita es... porque...

3. Un (nuevo) sabor que me gusta es...

4. Mi plato favorito para cocer es...

5. Siento envidia de la gente que...

6. La marca de ropa que más me gusta es...

7. Una actividad de que gozo mucho es...

8. Algo que encuentro abrumador es...

C. ¡Adivinemos! Van a trabajar en parejas para describir las palabras de vocabulario. Deben sentarse de manera que una persona pueda ver la pizarra y la otra no. Su instructor(a) va a escribir una lista de vocabulario en la pizarra, y la persona que ve la pizarra debe usar definiciones, sinónimos/antónimos, ejemplos, etc., para describirle las palabras a su compañero/a, quien las adivinará. ¡El primer equipo que adivine todas las palabras gana! Luego, cambiarán de lugar para que todos tengan la oportunidad de dar y recibir pistas con una nueva lista de palabras.

Repasar y expandir: Estructura 1

EL FUTURO Y EL CONDICIONAL

El futuro y el condicional comparten las mismas raíces irregulares. El futuro se usa para expresar lo que va a pasar y la probabilidad en el presente, mientras el condicional se emplea para indicar cortesía, una situación hipotética, el futuro visto desde el pasado y la probabilidad del pasado. Consulta el cuaderno electrónico para ver una explicación detallada de su formación y uso y para completar actividades de práctica. Luego, practica el futuro y el condicional con las actividades que siguen.

A. ¿CÓMO SERÁ EL MUNDO DEL FUTURO? Completa la siguiente lista de posibles acontecimientos, al emparejar las frases de la columna A con las de la columna B.

Columna A

_____ 1. Los océanos serán cultivados extensamente...

_____ 2. Nos comunicaremos...

_____ 3. Gracias a la ingeniería genética y la robótica, ...

_____ 4. Los humanos serán capaces de controlar el clima...

_____ 5. En lugar de preservar la Antártida como una especie de reserva natural, ...

_____ 6. Ante la crisis económica mundial, ...

_____ 7. La mayoría de los idiomas pasarán solamente al ámbito de lo académico...

_____ 8. Las diferencias de riqueza e ideología seguirán intensificándose hasta que California...

_____ 9. El matrimonio será reemplazado por contratos anuales...

_____ 10. Los multimillonarios en control de nuevas tecnologías...

Columna B

a. crearemos humanos híper inteligentes que serán prácticamente inmortales.

b. un banco central instaurará una moneda global virtual.

c. ya las personas vivirán cientos de años y no querrán pasar toda la vida con una sola persona.

d. puesto que tendremos que alimentar a 10 mil millones de personas y los recursos de la tierra no serán suficientes.

e. y las personas solo hablarán tres idiomas: inglés, español y mandarín.

f. crearán estados soberanos, o sea pequeñas utopías, en aguas internacionales.

g. mediante transmisiones telepáticas.

h. los negocios explotarán sus recursos (minerales, petróleo y gas).

i. será el primer estado en independizarse de Estados Unidos.

j. al medir tornados, crear lluvia e incluso desviar meteoros.

B. PREDICCIONES PARA EL FUTURO DEL MUNDO

PASO 1. Ahora comparte con unos/as compañeros/as de clase tus opiniones sobre las oraciones de la actividad anterior, usando las formas correctas del futuro y del condicional. Las siguientes frases podrían ser útiles.

Diría que eso sería (im)posible porque...   **(No) me gustaría que eso ocurriera porque...**
Sería/Será una lástima porque...   **...no pasará porque...**

MODELO

Creo que algunas lenguas indígenas desaparecerán, pero la gente hablará más que solo el inglés, el español y el mandarín.

PASO 2. Trabaja con unos/as compañeros/as de clase para escribir sus propias predicciones para el futuro. Luego, cada grupo escribirá algunas de sus predicciones en la pizarra y la clase decidirá cuáles son las más acertadas.

C. PROBABILIDAD.

Utiliza el futuro y el condicional de probabilidad para adivinar sobre el contenido del documental, contestando las siguientes preguntas. Luego, comparte tus adivinanzas con tus compañeros/as de clase.

1. ¿Cómo será la comida boliviana (o la comida sudamericana en general)? ¿Cuáles serán los alimentos y los ingredientes básicos de su dieta?

2. ¿Cómo serán los mercados de Bolivia? ¿Cómo se distinguirán de los supermercados de EE. UU.?

3. ¿Por qué no tendría éxito McDonald's en Bolivia? Explica los varios factores que contribuirían a su fracaso.

4. ¿Habrá otros países de Latinoamérica donde McDonald's no haya tenido éxito? ¿Por qué sí o no?

El filme

FICHA TÉCNICA

Título: *¿Por qué quebró McDonald's en Bolivia? / Fast Food off the Shelf*

Año: 2011

Duración: 73 minutos

Director: Fernando Martínez

Distribuidora: J.M.T. Films

SOBRE EL FILME

El documental explora los motivos por los que los consumidores bolivianos han rechazado la comida rápida de McDonald's. Al intentar explicar el fracaso de la empresa transnacional, hace un recorrido por Bolivia, visitando mercados tradicionales y entrevistando a cocineros, vendedores, chefs de la comida nueva boliviana, historiadores, nutricionistas, antropólogos y al que fue dueño de la franquicia de McDonald's en Bolivia, Roberto Udler.

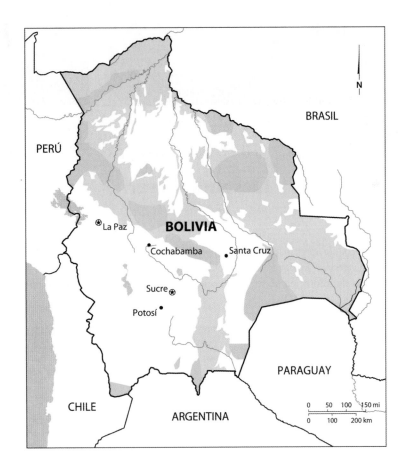

INVESTIGUEMOS. Para estar preparado/a para ver la película, busca información sobre los alimentos bolivianos típicos de la lista que sigue. Tu instructor(a) te pedirá que compartas lo que aprendas con la clase.

1. los ingredientes más típicos de la comida boliviana

2. el zonzo

3. la salteña

4. la quinua

5. el majao/majadito

6. el silpancho

7. el chuño

8. la arepa

9. la fritanga

10. el locro

La quinua

Las salteñas

Las papas en un mercado boliviano

Después de ver

A. ¿QUÉ APRENDISTE?

PASO 1. Según lo que aprendiste del documental, escribe una lista de todas las razones posibles que contribuyeron al fracaso de la franquicia. Incluye un mínimo de cuatro razones. Luego, numera las razones en orden de importancia, según tu opinión (o sea, el #1 es el factor que más contribuyó al fracaso).

IMPORTANCIA	RAZONES

Paso 2. Compara tu lista con las de unos/as compañeros/as de clase. ¿Incluyeron todos los mismos factores? ¿Están de acuerdo en cuanto a cuáles son los factores más/menos importantes? ¿Hay otros factores posibles que no se hayan incluido en el documental? Defiendan sus opiniones.

Paso 3. Como se mencionó en el documental, otros países sudamericanos sí tienen McDonald's. A continuación, se detalla el número de restaurantes de McDonald's que hay en cada país, según el documental. Expliquen por qué creen que sí ha tenido éxito la franquicia en estos países, incluyendo en su discusión las razones de la tabla del **Paso 1**.

Argentina: 192   Paraguay: 7

Brasil: 480   Perú: 20

Chile: 55   Uruguay: 19

Colombia: 97   Venezuela: 180

Ecuador: 19

B. Citas. Reacciona a las siguientes citas que provienen del documental. ¿Te sorprende lo que dice la cita? ¿Te enoja? ¿Te entristece? ¿Te hace (son)reír? Explica tu reacción.

1. «Levi Strauss dice que el momento en que alguien echa una carne asada al fuego, se inaugura la cultura».

2. «¿Por qué vino a Bolivia, no? Teniendo la comida que nosotros tenemos, ¿no? Para mí, McDonald's es el tipo de empresa, es una empresa para una sociedad de comida rápida, para una sociedad que está apurada, que no tiene tiempo, que está en el camino, y para en medio camino para, para comer algo, ¿no? Pero allí está la solución de McDonald's, y Bolivia no es así».

3. «¿Y por qué los chicos las comen? Bueno, tienen mucha propaganda, son atractivas, son ricas, son ricas, pero hay otra cosa que aparece allí, un juguete, algo, un valor agregado a ese alimento que los chicos también van por eso».

4. «Uno viaja a Estados Unidos, entras al supermercado, tiene de todo. Incluso es casi abrumador. Es casi un derroche. Pero la fruta, perfecta, para foto. Las bananas, las manzanas, tienen aspecto espectacular. Pero no tienen mucho sabor. (...) [En los mercados de Bolivia] conoces a la gente. Conoces bastante a la gente que vende, ¿no? (...) Pero una cosa que a mí me encanta es la riqueza en la relación social, en el trato con la gente, lo que generalmente en los supermercados no tienes, ¿no es cierto?»

5. «[La globalización], lamentablemente es como eliminar toda la parte de personalidad a un pueblo, a una cultura. Es como desculturalizar el mundo».

6. «Cuando [mi abuela] empezaba a utilizar los elementos que tenía en frascos, en bolsas, y la veía colocar a las ollas, eso me parecía mágico. Me parecía increíble».

7. «Para mí no es agarrar una papa y pelarla. Para mí es acariciar una papa, y saber lo que me voy a llevar a la boca. (...) Es realmente una actitud de adoración a estos elementos. No son cosas pasivas. No son cosas materiales, de un mundo capitalista, de consumo. Son cosas reales que tienen su propia vivencia, y las papas son hombres y mujeres».

8. «Nosotros somos herederos de dos tradiciones importantes que le dan su lugar, su sentido y su tiempo al acto de sentarse a la mesa. (...) Aquí todavía no cometes la torpeza que se ve en el cine norteamericano de comprarse, no sé, consumé en un vaso de plástico y seguir trabajando en la computadora mientras te alimentas».

9. «También quisimos incorporar la salteña, y no pudimos. Había una intención solamente, porque me recuerdo cuando vino la directora de seguridad de la comida y calidad y vio que la salteña prácticamente fermentaba un par de horas, y dijo "no, esto no va con la compañía, acá no se puede trabajar. Un producto que se fermenta es un producto peligroso, y no podemos aceptar, entonces". En verdad que nunca nos aceptaron la producción de una McSalteña».

10. «El tiempo en Bolivia pasa un poquito más, un poquito, más lentamente. No es otra vida. Es una misma vida, pero la gozas un poquito más».

C. VAMOS MÁS AL FONDO. En grupos pequeños, conversen sobre los conceptos culturales que se ilustran en la película, respondiendo a las siguientes preguntas.

1. ¿Cuál fue el propósito del director al hacer el documental? ¿Cómo se evidencia eso en la película? ¿A Uds. les convenció? ¿Cómo podría haber hecho un documental más 'objetivo'?

2. ¿Por qué come la gente en McDonald's? ¿Comen Uds. allí? ¿Por qué sí o no?

3. Algunas de las personas entrevistadas hablaron de ciertas comidas que les traen lindos recuerdos de su niñez. ¿Qué comidas de su niñez les traen a Uds. recuerdos especiales? Expliquen por qué (quién las preparaba, en qué ocasiones, etc.).

4. En la película, se describen y se filman los muchos platos regionales de Bolivia. De los platos bolivianos mencionados, ¿cuáles les gustaría probar a Uds.? Compara la gastronomía boliviana con la de EE. UU. ¿Cuáles son los platos típicos de las diferentes regiones de EE. UU.?

5. ¿Cómo era el mercado del documental? ¿Han visitado un mercado al aire libre, en EE. UU. o en otro país? Describan esa experiencia. ¿Fue semejante al mercado del documental? ¿Preferirían comprar en un mercado al aire libre o en un supermercado moderno? Expliquen su opinión.

6. En el documental, se mantiene que como es una sociedad agrícola, Bolivia vive pendiente de la naturaleza, del tiempo, o sea, que «la naturaleza es la que manda». Expliquen el significado de esto, incluyendo ejemplos específicos. Contrasten esta situación con la relación que tiene la sociedad estadounidense con la naturaleza.

7. Comenten las relaciones entre las razas (los indígenas, los europeos y los mestizos) según lo que vieron en la película. ¿Qué papel han desempeñado las mujeres indígenas en la gastronomía boliviana?

8. Se ha sugerido que otra razón posible para la quiebra de McDonald's en Bolivia es el rechazo de la cultura de EE. UU. que representa la franquicia. ¿Por qué habrá sentimientos negativos sobre los Estados Unidos en Bolivia, y en Latinoamérica en general?

9. Después de ver el documental, ¿se ha cambiado de alguna manera su opinión de la globalización? Expliquen.

Repasar y expandir: Estructura 2

LOS PRONOMBRES DE OBJETO DIRECTO E INDIRECTO

Los pronombres de objeto directo (**me, te, lo/la, nos, os, los/las**) y los pronombres de objeto indirecto (**me, te, le, nos, os, les**) reemplazan a los sustantivos para evitar la redundancia. Consulta el cuaderno electrónico para ver una explicación detallada de su uso y para completar actividades de práctica. Luego, practica los pronombres con las actividades que siguen.

A. ANÁLISIS. Lee las siguientes citas del documental. Identifica todos los **pronombres de objeto directo e indirecto** al subrayarlos y clasificarlos (escribe una **D** para los objetos directos y una **I** para los indirectos). Luego, identifica el sustantivo antecedente a que se refiere.

> **OJO:** A veces el sustantivo antecedente no se expresa explícitamente en la cita.

1. «Gracias a McDonald's por confiar en nosotros, por confiar en nuestro país, y qué pena que Ronald, queridísimo amigo nuestro, que lo teníamos sentado en este mismo escritorio muchas veces, se está yendo de Bolivia. Lo vamos a extrañar».

2. «Nosotros somos herederos de dos tradiciones importantes que le dan su lugar, su sentido y su tiempo al acto de sentarse a la mesa».

3. «En verdad que nunca nos aceptaron la producción de una McSalteña».

4. «El tiempo en Bolivia pasa un poquito más, un poquito, más lentamente. No es otra vida. Es una misma vida, pero la gozas un poquito más».

5. «Mi esposo me decía: hay que trabajar hasta morir. Y ha trabajado hasta el último día».

6. «Y luego se le añade el queso. (...) Sobre todo que la gente que viene del interior, entonces viene y tiene que comerlo con la curiosidad de ver, de saber qué es el zonzo».

7. «[Quisiéramos] decirle a McDonald's que vuelva pronto, que las puertas de este país siempre estarán abiertas».

8. «De chica, primero empezamos a ayudarle a vender [a nuestra abuela]. Todavía no sabemos vender».

9. «Me quedaba al cuidado de mi abuela. Entonces, para que ella no me pierda de vista, para cuidarme, me llevaba a la cocina. (...) Pero yo la veía cocinar y veía, sobre todo, lo que más me llamaba la atención era el momento en que ella condimentaba».

10. «Así que le dijo el marido "Servirme má[s], jao". Así que ella le sirvió (...) 'Jao' le decía a su marido o el marido a la señora».

11. «Estas salteñas no las he probado ni de las manos de mi abuela».

12. «El domingo hay que comer empanada. Y todo el mundo se junta o a hacer o a comerlas».

13. «Yo he llevado en Bolivia a la gente que me visitaba de McDonald's y les he hecho conocer a la comida de cada uno de los departamentos, porque hemos visitado con ellos todos los departamentos».

B. Descubramos nuestros hábitos de comer. Trabaja con un(a) compañero/a de clase para hacer y contestar las siguientes preguntas. Utiliza los pronombres de objeto directo e indirecto cuando sea posible.

1. ¿Sabes cocinar? ¿Quién te enseñó a cocinar? ¿Cuáles son tus platos favoritos para preparar y cuándo los preparas?

2. ¿Quién te prepara comida con más frecuencia? ¿Y a quién(es) le(s) preparas tú comida?

3. ¿Con qué frecuencia comes la comida rápida? ¿Y de qué restaurantes?

4. ¿Llevas comida y/o bebidas al coche para comerlas mientras manejas? ¿Con qué frecuencia?

5. ¿Comes comidas de otros países? ¿Dónde las comes (en restaurantes, en la casa de amigos, etc.)?

6. ¿Dónde compras los alimentos? ¿Les compras frutas, verduras, carne, etc. a los agricultores locales o haces la compra en un supermercado grande?

7. ¿Te preocupas de consumir comida orgánica y/o no genéticamente modificada (las comidas OMG)? ¿Por qué sí o no?

8. ¿Cómo calificarías tu dieta (saludable, no muy saludable, etc.) y por qué? ¿Te gustaría hacer algún cambio con respecto a tu dieta?

C. Diario: Una reacción. Escribe una reacción a *Por qué quebró McDonald's*. ¿Qué aprendiste? ¿Qué te sorprendió? ¿Te gustó? ¿Por qué sí o no? ¿Qué preguntas tienes? Incorpora los pronombres de objeto directo e indirecto cuando sea posible.

LEER

Antes de leer

Introducción

Vas a leer el poema «La United Fruit Co.» por el poeta chileno Pablo Neruda (1904–1973). El poema, publicado en su libro *Canto general* en 1950, es un buen ejemplo del arte comprometido, o sea, arte que asume una postura política o social. En el poema, Neruda critica la intervención de las empresas multinacionales en la economía y la política de Latinoamérica.

Antes de leer el poema, primero revísalo rápido y subraya todos los cognados de inglés. Este poema contiene muchos cognados (palabras que son semejantes en dos idiomas); buscar cognados te puede ayudar a comprender mejor algo escrito en otro idioma. Luego, considera las siguientes preguntas.

- ¿Qué sabes de la empresa La United Fruit Co.? ¿Qué papel ha desempeñado en la historia de Latinoamérica? ¿Por qué se titulará así el poema?

- ¿Qué es una 'república banana'?

- ¿Qué críticas de las empresas multinacionales incluirá Neruda en su poema?

> **NOTA:** *La United Fruit Co., después de una reorganización, ahora es conocida como Chiquita Brands International y su competidor, Standard Fruit Company, ahora se conoce como Dole Food Company.*

VOCABULARIO

arrasar	to destroy; to devastate
el barco	ship
bautizar	to baptize
borracho/a	drunk
la cintura	waist
la corona; la Corona	crown; Crown (*monarchy*)
jugoso/a	juicy
la mosca	fly
el racimo	bunch, cluster (*of fruit*)
rodar	to roll
sabio/a	wise
la sangre	blood
sepultar	to bury
zumbar	to buzz

Practiquemos el vocabulario

Llena los espacios en blanco con el vocabulario que mejor complete cada oración. Conjuga el verbo y cambia la forma de la palabra según el contexto.

1. Mi abuela es muy _____; siempre hablo con ella cuando necesito consejos.

2. El cuerpo del fallecido fue _____ en el cementerio de la iglesia católica.

3. Debes agarrar una servilleta porque esa naranja es muy _____.

4. Felipe VI accedió a la _____ como Rey de España el 19 de junio de 2014.

5. En ciertas religiones, para _____ a alguien, es necesario sumergirlo en el agua.

6. Las frutas se transportan a Europa por _____.

7. No pude dormir anoche porque había una _____ que estaba _____ cerca de mi cabeza toda la noche.

8. Después de caerse, la niña ni lloró, hasta que vio la _____, y entonces sí empezó a sollozar.

«La United Fruit Co.»

por Pablo Neruda

Cuando sonó la trompeta, estuvo
todo preparado en la tierra,
y Jehová repartió el mundo
a Coca-Cola Inc., Anaconda,[a]
Ford Motors, y otras entidades:
la Compañía Frutera Inc.
se reservó lo más **jugoso**,
la costa central de mi tierra,
la dulce **cintura** de América.

Bautizó de nuevo sus tierras
como 'Repúblicas Bananas',
y sobre los muertos dormidos,
sobre los héroes inquietos
que conquistaron la grandeza,
la libertad y las banderas,
estableció la ópera bufa:[b]
enajenó los albedríos[c]
regaló **coronas** de César,
desenvainó[d] la envidia, atrajo
la dictadura de las **moscas**,
moscas Trujillos, **moscas** Tachos,
moscas Carías, **moscas** Martínez,
moscas Ubico,[e] **moscas** húmedas
de **sangre** humilde y mermelada,
moscas borrachas que **zumban**
sobre las tumbas populares,
moscas de circo, **sabias moscas**
entendidas en tiranía.

Entre las **moscas** sanguinarias[f]
la Frutera desembarca,
arrasando el café y las frutas,
en sus **barcos** que deslizaron
como bandejas el tesoro
de nuestras tierras sumergidas.

---

a   *A U.S. copper mining company with mines in Chile and Mexico in the early twentieth century.*
b   **ópera**... *comic opera*
c   **enajenó**... *alienated their free will*
d   *unsheathed (like a weapon)*
e   **Trujillos**... *These five names are past Latin American dictators.*
f   *blood-thirsty*

Mientras tanto, por los abismos
azucarados de los puertos,
caían indios **sepultados**
en el vapor de la mañana:
un cuerpo **rueda**, una cosa
sin nombre, un número caído,
un **racimo** de fruta muerta
derramada en el pudridero.[g]

_____

g   **derramada**... _spilled in the garbage heap_

Después de leer

A. ¿ENTENDISTE? Basándote en el contenido del poema, contesta las siguientes preguntas.

1. El poema consiste en cuatro estrofas. Resume en una oración el significado de cada estrofa.

2. Comenta el simbolismo que utiliza Neruda. ¿Qué simbolizan las cosas que siguen? ¿Por qué escogió esos símbolos? ¿Te parecen apropiados?

   a. las moscas

   b. el café y las frutas

   c. la fruta muerta y podrida

3. ¿Cuál es el tono del poema? Explica, usando ejemplos específicos.

4. ¿Cuáles son las críticas que hace Neruda de las empresas multinacionales?

B. ¿QUÉ OPINAS TÚ? Ahora comparte tus opiniones sobre el poema con tus compañeros/as de clase, analizando de manera más profunda los temas tratados en la lectura.

1. ¿Qué opinas de las críticas de Neruda? ¿Estás de acuerdo? Explica tu opinión.

2. Aunque «La United Fruit Co.» fue publicado en 1950, hay quienes sostendrían que su contenido es todavía relevante, o sea, que las críticas todavía se aplican. Comenta esta idea.

3. Compara la situación representada en _Por qué quebró McDonald's_ con el contenido del poema.

4. Si Neruda siguiera vivo, ¿qué opinaría de la globalización actual del mundo?

Repasar y expandir: Estructura 3

LOS VERBOS COMO *GUSTAR*

Como recordarás de tus estudios anteriores, el verbo **gustar** se usa de manera distinta, siempre empleando un pronombre de objeto indirecto. También hay otros verbos que se utilizan de la misma manera, como, por ejemplo: **encantar, faltar, fascinar, importar, interesar, molestar, quedar** y **parecer.** Consulta el cuaderno electrónico para ver una explicación sobre los verbos como **gustar** y para completar actividades de práctica. Luego, practica con las siguientes actividades que se enfocan en el contenido del poema que acabas de leer.

A. ANÁLISIS. Lee las siguientes citas del documental y subraya cada ejemplo de los **verbos como *gustar*** (el verbo y el pronombre de objeto indirecto). Luego, pon un círculo alrededor del **sujeto del verbo**, si es explícito.

MODELO

«Ah, porque a mí me encanta La Paz».

1. «Pero una cosa que a mí me encanta es la riqueza en la relación social, en el trato con la gente, lo que generalmente en los supermercados no tienes, ¿no es cierto?»

2. «Espero que a la persona que lo coma, le guste».

3. «A él le gusta mucho la comida de acá. (...) Le gusta mucho la yuca».

4. —Y a Ud., ¿qué comida le gusta?

   —A mí me gusta el silpancho... todo lo de allá. Me gusta mucho la comida del interior. (...) Y he aprendido a hacer el silpancho porque a mi hijo le gusta.

5. «Sí, me gustaba [McDonald's]. Solamente que no me gustaba el pepino o algo así que le ponían allí entre medio».

6. «Una cosa que a mí me encanta es lo que es en las relaciones sociales, en el trato con la gente, generalmente en los supermercados no tienes, ¿no es cierto?»

7. «Desde chico le ayudaba yo a mi mamá. Y me encantaba siempre la cocina».

8. «Cuando [mi abuela] empezaba a utilizar los elementos que tenía en frascos, en bolsas, y la veía colocar a las ollas. Eso me parecía increíble, ¿no es cierto?»

9. «Sí, me gusta ponerle hierbas a la comida. No uso condimentos. Uso hierbas para darle sabor. Eso es lo que más busco. Y cada plato tiene su, su hierba particular que le queda mejor. Un plato que me gustaba mucho de niña, bueno, es la sopa tapada que hacía mi mamá».

10. «Me parece que uno nace con una pasión por la cocina».

11. «Me duele ahora no poder estar con mi cocina, con mis cosas».

12. «Había un día en que me dice mi mami, "Te encanta cocinar. Lo preparas bien. Te voy a indicar (...)"».

13. «La empanada es un alimento que pienso que resume los sabores que nos gustan a los bolivianos».

14. «Siempre me ha gustado un poquito la limpieza».

B. REACCIONES A LA GLOBALIZACIÓN. Combina un elemento de cada columna para expresar las opiniones de las personas mencionadas sobre algunos resultados de la globalización. Utiliza la forma singular o plural del verbo según la oración. Luego, comparte tus oraciones con un(a) compañero/a de clase.

MODELO
   A mí me preocupa la subcontratación y la resultante pérdida de trabajos en EE. UU.

A	B	C
a mí	(no) gustar	la presencia de restaurantes como McDonald's en otros países
a mis amigos	interesar	los restaurantes internacionales en EE. UU.
a mi familia y a mí	encantar	las tecnologías nuevas
a mi mejor amigo/a	molestar	la pérdida de trabajos en EE. UU.
a mis compañeros/as de clase	preocupar	la pérdida de tradiciones y costumbres culturales
a mi instructor(a) de español	parecer	el inglés se ha/haya hecho un idioma internacional
		las (fuertes) relaciones interpersonales
		??? (añade tus propias ideas)

Insectos fritos

C. MIS GUSTOS GASTRONÓMICOS. Llena la siguiente tabla según tus gustos y luego conversa con un(a) compañero/a de clase para comparar sus preferencias y descubrir lo que tienen en común.

1. COMIDAS QUE ME ENCANTAN	2. COMIDAS QUE NO ME GUSTAN NADA	3. COMIDAS QUE ME INTERESAN (PERO QUE NO HE PROBADO)

Conclusiones: 1. Nos encanta/encantan _____.
2. No nos gusta/gustan _____.
3. Nos interesa probar _____.

ESCUCHAR

PERSPECTIVAS EN TU COMUNIDAD

PASO 1. Entrevista a hispanohablantes de tu comunidad para poder conocer mejor sus perspectivas culturales y personales sobre el tema de la globalización. A continuación, hay preguntas que puedes adaptar y/o usar como punto de partida para las entrevistas. Se recomienda hacer una entrevista en video para luego poder compartirla con la clase.

1. ¿Cómo defines tú 'la globalización'?

2. ¿Qué opinas de la globalización? ¿Cuáles son los efectos positivos y negativos de ella?

3. Comenta la globalización en relación a tu país nativo. ¿Cómo te ha afectado personalmente?

PASO 2. Reflexiona sobre lo que has aprendido al hacer las entrevistas y graba un video en el cual compartas tus perspectivas respecto a la globalización. El video debe durar 1–2 minutos.

Canción: «Latinoamérica» por Calle 13

René Pérez Joglar (con el apodo de 'Residente') y Eduardo Cabra Martínez (con el apodo de 'Visitante'), el dúo de hermanastros de Calle 13.

ANTES DE ESCUCHAR

«Latinoamérica» es una canción del disco *Entren los que quieran* del grupo puertorriqueño Calle 13. La canción, que se lanzó en el año 2011, mezcla la salsa, la cumbia y el tango para comunicar su mensaje social y político. El video musical, dirigido por Jorge Carmona y Milovan Radovic, se filmó por toda Latinoamérica. En 2011, Calle 13 ganó 9 premios de los Grammy Latino (2011), entre ellos Mejor Canción del Año y Mejor Grabación del Año para la canción «Latinoamérica». Varios otros artistas colaboraron con Calle 13 para grabar la canción: Totó la Momposina, Susana Baca, Maria Rita y Gustavo Santaolalla.

En grupos, lean las siguientes oraciones que van a escuchar en la canción e intenten interpretarlas.

1. «Soy lo que dejaron, soy toda la sobra de lo que se robaron».

2. «Soy una fábrica de humo, mano de obra campesina para tu consumo».

3. «Soy la fotografía de un desaparecido».

4. «Soy América Latina, un pueblo sin piernas pero que camina».

5. «La Operación Cóndor invadiendo mi nido, ¡perdono pero nunca olvido!»

> **NOTA:** *Al inicio del video, un DJ de una estación de radio peruana presenta a Calle 13 y a la canción, primero en español y luego en quechua. René Pérez Joglar (cantante de Calle 13) responde en quechua y se empieza la canción. El video se compone de escenas que se filmaron para un documental titulado* Sin mapa *que el grupo realizó en 2009.*

DESPUÉS DE ESCUCHAR

A. ANÁLISIS DE LA CANCIÓN. En grupos pequeños, contesten las preguntas que siguen sobre la canción que acaban de escuchar.

1. ¿Cuál es el mensaje principal de la canción? ¿Qué opinan Uds. del mensaje?

2. ¿Quién es el **tú** a quién se dirige la voz narrativa? Expliquen.

3. ¿Cuál es el tono de la canción? Expliquen.

4. Ahora que han escuchado toda la canción, ¿han cambiado sus interpretaciones de las siguientes oraciones de la canción?
   a. «Soy lo que dejaron, soy toda la sobra de lo que se robaron».
   b. «Soy una fábrica de humo, mano de obra campesina para tu consumo».
   c. «Soy la fotografía de un desaparecido».
   d. «Soy América Latina, un pueblo sin piernas pero que camina».
   e. «La Operación Cóndor invadiendo mi nido, ¡perdono pero nunca olvido!»

5. Además del español, ¿qué idioma se usa en la canción? ¿Por qué se incluye?

6. Relacionen la canción «Latinoamérica» con *Por qué quebró McDonald's*, con «La United Fruit Co.» y con el tema de la globalización en general. ¿Qué tienen en común la canción y el otro contenido que han estudiado en este capítulo? ¿Ven algunas diferencias?

7. ¿Les gusta la canción? Expliquen.

B. TE TOCA A TI: EL ACTIVISMO SOCIAL. Como se evidencia en la canción «Latinoamérica», René Pérez Joglar ('Residente') y Eduardo Cabra Martínez ('Visitante') reconocen la importancia del activismo social. Algunas de sus plataformas incluyen el caso de Ayotzinapa, libertad para el preso político puertorriqueño Óscar López Rivera y el debate sobre si hubo genocidio en Guatemala durante el conflicto armado (1960–1996). Investiguen en más profundidad el activismo social de Calle 13 y luego busquen ejemplos de otros artistas que usen su música para promover el activismo social y/o que hayan desarrollado activismo social respecto a temas que afectan al mundo hispano.

ESCRIBIR

Repasar y expandir: Estructura 4

LOS MANDATOS INFORMALES Y FORMALES

Los mandatos informales (de **tú** y **vosotros**) y formales (de **Ud.** y **Uds.**), conocidos también como el modo imperativo, se usan para dar órdenes o hacer solicitudes (por ejemplo: «Ven acá» [un mandato de **tú**] y «Escriban la tarea» [un mandato de **Uds.**]). Consulta el cuaderno electrónico para ver una explicación detallada de los mandatos informales y formales y para completar actividades de práctica. Luego, practica los mandatos con las actividades que siguen.

A. ANÁLISIS. Lee la siguiente receta para la sopa de quinua, un plato común en los Andes. <u>Subraya</u> cada **mandato**. ¿Son mandatos formales o informales?

SOPA DE QUINUA

INGREDIENTES

2 cucharadas de aceite
1 cebolla
4 dientes de ajo
2 tomates
1 cucharadita de: comino, achiote y pimienta negra
1 libra de carne de res, cortada en cubos
10 tazas de agua o caldo
2 tazas de zanahoria en trozos
2 papas, en trozos
1 libra de yuca en trozos
2 tazas de quinua cocida
Sal al gusto
Palta, cilantro picado, perejil picado y ají para servir

PREPARACIÓN

1. Pique la cebolla y el ajo y póngalos a freír con el aceite en una olla grande unos 5 minutos.

2. Corte el tomate y añádaselo a la olla junto con el comino, el achiote, la pimienta y sal. Déjelo cocer por minutos.

3. Añada la carne de res y mezcle. Cocine por 5 minutos.

4. Agregue el agua o el caldo y haga hervir. Cocine a fuego lento por 35–45 minutos.

5. Añada la zanahoria, las papas, la yuca y la quinua y cocine por 20–25 minutos.

6. Sirva la sopa con palta, cilantro, perejil y ají.

NOTA: *Como ya sabrán, existe mucha variación léxica en el mundo hispanohablante. Esta variedad se nota mucho con el vocabulario de la comida. En la receta para la sopa de quinua, notarán unas diferencias dialectales. En partes de Sudamérica, se usa la palabra* **palta** *en vez de* **aguacate***, y* **ají** *en vez de o* **chile** *o* **salsa picante***. En algunos países se usa* **cilantro***, y en otros,* **culantro***; en la mayoría de los países se usa* **tomate***, pero en México se dice* **jitomate***. En Latinoamérica se dice* **papa***, mientras que en España es una* **patata***.*

B. DICTADO. Ahora imagina que hablas por teléfono con un(a) amigo/a y vas a dictarle la receta de la actividad anterior. Como es un(a) amigo/a, tienes que cambiar los mandatos formales a mandatos informales (de **tú**). Después de escribir los cambios, díctale la receta a un(a) compañero/a de clase, y él/ella comparará tus mandatos con los suyos.

C. MANDATOS PARA LLEVAR UNA VIDA SANA

PASO 1. Trabajando en grupos pequeños, escriban una lista de lo que se debe y no se debe hacer para llevar una vida sana. Usen los mandatos en la forma de **Uds.**

MODELO

Cocinen las comidas y no coman en restaurantes de comida rápida.

PASO 2. Escriban tres de los mandatos más importantes en la pizarra. Luego, todos leerán las oraciones de todos los grupos y votarán por las recomendaciones más importantes.

Herramientas para la escritura

VOCABULARIO PARA LAS RECETAS

VERBOS

agregar/añadir: to add
asar (a la parrilla) / asar al carbón: to roast, grill (on the grill) / to barbeque
batir: to whip, beat; to whisk
calentar: to heat up
cortar (en tiras, en trozos): to cut (in strips, in pieces)
derretir/fundir: to thaw / to melt
exprimir: to squeeze
freír: to fry
hervir: to boil
hornear / poner al horno: to bake
mezclar/remover: to mix / to blend, stir, toss, shake
moler: to grind
pelar: to peel
picar: to mince
tapar: to cover

MEDIDAS *MEASUREMENTS*

una cucharada: tablespoon
una cucharadita: teaspoon
un gramo: gram
un kilo: kilo
una libra: pound
una onza: ounce
una pizca: pinch
un puñado: handful
una taza: cup, cupful

MÁS PALABRAS/EXPRESIONES

a fuego lento, mediano, alto: slow cooked/over low heat/simmer, medium heat, high heat
al gusto: to taste
bandeja de hornear: baking sheet
cacerola: pan, saucepan
cuenco/tazón: bowl
horno: oven
molde para hornear: baking mold/tin
recipiente: container
el/la sartén: frying pan

NOTA: *Sartén es masculino en algunos países y femenino en otros.*

Escritura como proceso

UNA RECETA FAMILIAR

Ahora tendrás la oportunidad de escribir una receta familiar.

PASO 1. Escoge una receta familiar que tiene un significado especial para ti. Puede ser una receta de tu comida favorita, una receta de un plato que un pariente tuyo prepara para un día festivo cada año, una receta que te trae recuerdos felices de tu niñez, etc. Además de la receta misma, escribirás una introducción a la receta que explique la importancia de la receta para ti. También incluye una foto del plato. Imagina que la receta se va a publicar en un blog para lectores hispanohablantes sobre la cultura estadounidense. Considera las siguientes preguntas.

1. ¿Qué información vas a incluir en la introducción a la receta? ¿Por qué es importante la receta para ti?

2. ¿Qué información de fondo sería interesante y útil para que un individuo de un país hispanohablante entendiera el contexto cultural de tu receta?

3. Muchos platos de EE. UU. ejemplifican la globalización y la mezcla de costumbres culturales. Investiga la historia de tu plato para descubrir sus orígenes, adaptaciones e influencias culturales, etc. ¿Cómo se ve la globalización en la historia y/o la preparación del plato?

4. ¿Hay modificaciones posibles que puedes sugerir? ¿O comida que recomiendas que acompañe el plato?

PASO 2. Organiza tus ideas del **Paso 1** para escribir un borrador de la receta. La introducción y la receta, de entre 250–350 palabras en total, deben escribirse a máquina, a doble espacio. Debes utilizar los mandatos formales (**Ud.**) en la receta. Luego, revisa tu borrador, usando la siguiente lista de verificación como guía.

Contenido

☐ ¿He incluido información en mi introducción sobre la importancia del plato en mi vida?

☐ ¿He incluido suficiente información de fondo cultural e histórica para un(a) lector(a) de otro país?

☐ ¿Incluyo una lista de todos los ingredientes, con las cantidades necesarias?

☐ ¿Explico de manera completa los pasos que hay que seguir para preparar el plato?

☐ ¿Incluyo otras recomendaciones de cómo se puede servir el plato (modificaciones, acompañamientos, etc.)?

Organización

☐ ¿Hay una secuencia lógica, con una introducción, una lista de ingredientes y los pasos de preparación?

Vocabulario/Gramática

☐ ¿He utilizado correctamente el vocabulario para las recetas (de **Herramientas para la escritura**) y he evitado palabras básicas como **bueno, malo** y **cosas**? ¿También he verificado que no hay traducciones literales?

☐ ¿He usado correctamente las estructuras estudiadas en este capítulo (el futuro y el condicional, los pronombres de objeto directo e indirecto, los verbos como **gustar** y los mandatos informales/formales)?

☐ ¿Hay concordancia entre los sustantivos y sus modificadores (f./m./sing./pl.) y entre los verbos y los sujetos?

☐ ¿He revisado la ortografía y la puntuación?

Paso 3. Revisión en colaboración: Intercambia tu borrador con el de otro/a estudiante y utiliza la hoja que te ha dado tu instructor(a) para ayudar a tu compañero/a a mejorar su trabajo escrito. Él/Ella hará lo mismo con el tuyo.

Paso 4. Lee con cuidado los comentarios y sugerencias de tu compañero/a y revisa tu trabajo, incorporando las correcciones y los cambios necesarios. Entrégale a tu instructor(a) tu trabajo corregido.

EXPANDIR

A. Presentación. Como el tema de la globalización conlleva muchas áreas, este capítulo no puede abarcar todas las cuestiones pertinentes. Para informarse de otros datos sobre la globalización, van a trabajar en equipos para investigar uno de los siguientes temas para luego presentárselo a sus compañeros/as de clase.

- Los tratados de libre comercio (o uno en particular)
- La historia de una de las 'repúblicas bananeras'
- La historia de la United Fruit Co., Anaconda, Standard Fruit Co., u otra empresa multinacional con base en América Latina
- Algún aspecto de una empresa multinacional que tiene franquicias en América Latina (Wal-Mart, KFC, etc.)
- Una tecnología popular en el mundo hispano (WhatsApp, HeyHey, etc.) que pueda facilitar la comunicación global
- El papel que desempeña España en la Unión Europea con respecto a la globalización

B. Debate. Trabajarán en equipo para preparar la defensa de una de las posturas que siguen. No se olviden de anticipar los argumentos del otro lado para poder refutarlos.

Postura 1. La globalización es sinónimo de progreso y modernidad. Acerca a los pueblos y los enriquece al fomentar un intercambio cultural.

Postura 2. La globalización pone en peligro la identidad cultural de los pueblos del mundo. Al uniformizar los hábitos de consumo, los modos de vida e incluso las prácticas culturales, la globalización supone una pérdida de contacto con los valores, las tradiciones y las perspectivas que definen a una comunidad.

C. Diario: Síntesis. Reflexiona sobre todo lo que has aprendido a lo largo de este capítulo (filme, lectura, canción, entrevistas, presentaciones y actividades) sobre el tema de la globalización. Si pudieras conversar con un(a) amigo/a que supiera poco sobre la globalización con respecto a Latinoamérica, ¿qué le dirías?

OBJETIVOS: CAPÍTULO 3

ACABO DE TERMINAR ESTE CAPÍTULO Y <u>PUEDO</u>:

☐ explicar en mis propias palabras la información cultural que he aprendido sobre el tema principal de este capítulo (la globalización) a través de ver el documental *¿Por qué quebró McDonald's en Bolivia?* y de hacer otras actividades.

☐ hablar sobre los temas principales de este capítulo

  ☐ empleando vocabulario apropiado.

  ☐ usando de manera correcta el futuro / el condicional, los pronombres de objeto directo e indirecto, los verbos como **gustar** y los mandatos informales/formales.

☐ demostrar mi habilidad de utilizar vocabulario apropiado para escribir una receta familiar.

CAPÍTULO 4
LA POBREZA, LA ESPERANZA Y LOS SUEÑOS

NOTA: *Recuerda leer ahora la lista en la página 105 de lo que debes ser capaz de hacer al terminar este capítulo. ¿Vas a poder decir «Sí, puedo». para todos los objetivos? ¡Claro que sí!*

PELÍCULA DOCUMENTAL:
La mina del diablo / The Devil's Miner (2005)

ESTRUCTURAS GRAMATICALES:
El modo subjuntivo; El presente de subjuntivo: Voluntad e influencia; El presente de subjuntivo: Cuestionar o negar la realidad; El presente de subjuntivo: Reacciones emocionales y opiniones

LECTURA:
Los poemas «Los nadies» por Eduardo Galeano y «Los pobres» por Roberto Sosa

CANCIÓN:
«Ojalá que llueva café» por Juan Luis Guerra

HERRAMIENTAS PARA LA ESCRITURA:
La estructura de una carta de presentación

ESCRITURA:
Una carta de presentación

VER

Antes de ver

A. ACERQUÉMONOS AL TEMA. Este capítulo trata de la pobreza, la esperanza y los sueños. Verás *La mina del diablo*, un documental filmado en la sierra andina de Bolivia. La película se enfoca específicamente en los niños pobres y en el trabajo infantil. Examina las estadísticas que siguen y luego contesta las preguntas.

Tabla 1

País	Niños de 0 a 17 años			
	Pobreza infantil extrema		Pobreza infantil total[a]	
	Porcentajes	Miles	Porcentajes	Miles
Argentina (zona urbana, 2006)	10,0	730,1	28,7	2097,2
Bolivia (Estado Plurinacional de) (2007)	48,6	2 040,1	77,2	3241,3
Brasil (2007)	14,6	8554,3	38,8	22 713,4
Chile (2006)	6,1	289,7	23,2	1 097,0
Colombia (2008)	15,6	2 409,7	38,5	5 952,1
Costa Rica (2007)	4,4	63,7	20,5	297,9
Ecuador (2007)	20,4	1 069,9	50,4	2 638,6
El Salvador (2004)	39,0	1 071,3	86,8	2 383,8
Guatemala (2006)	47,2	2 978,6	79,7	5 029,5
Honduras (2007)	29,2	1 032,5	67,9	2 404,7
México (2006)	11,0	4 301,3	40,4	15 843,9
Nicaragua (2005)	42,4	940,7	78,5	1 740,3
Panamá (2003)	26,9	310,5	51,1	590,1
Paraguay (2007)	13,7	345,4	56,5	1 425,8
Perú (2008)	38,0	4 104,0	73,4	7 916,0
República Dominicana (2007)	7,7	269,2	49,3	1 724,5
Uruguay (2007)	6,2	58,1	23,9	224,9
Venezuela (República Bolivariana de) (2007)	16,4	1 631,8	35,7	3 557,2
América Latina (2007)	17,9	32 201,1	45,0	80 878,5

Fuente: Comisión Económica para América Latina y el Caribe (CEPAL), sobre la base de tabulaciones especiales de las encuestas de hogares de los respectivos países.
[a]/ Incluye a los niños extremadamente pobres.

Tabla 2

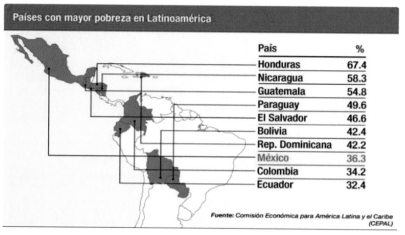

Países con mayor pobreza en Latinoamérica

País	%
Honduras	67.4
Nicaragua	58.3
Guatemala	54.8
Paraguay	49.6
El Salvador	46.6
Bolivia	42.4
Rep. Dominicana	42.2
México	36.3
Colombia	34.2
Ecuador	32.4

Fuente: Comisión Económica para América Latina y el Caribe (CEPAL)

1. Según la **Tabla 1**, ¿cuáles son los países con más pobreza infantil? ¿Y menos pobreza? ¿Ves algún patrón entre los países más/menos pobres? ¿Cómo se puede explicar, o sea, cuáles son los factores que contribuyen a la pobreza?

2. Compara la información de la **Tabla 1** con las estadísticas de la **Tabla 2**. ¿Hay discrepancias? ¿Por qué sí o no? ¿Son más altas las tasas de pobreza entre los niños o entre la población en general? ¿Por qué será así?

3. ¿Cómo se compararán estas cifras sobre la pobreza en Latinoamérica con las tasas de pobreza en Estados Unidos?

B. DIARIO: ¿QUÉ SABES? Antes de ver la película de este capítulo, toma un momento para reflexionar sobre lo que ya sabes sobre la pobreza en el mundo hispanohablante.

1. En tu opinión, ¿por qué existe la pobreza en el mundo, y más específicamente, en Latinoamérica?

2. ¿Cuáles serán las consecuencias de tasas altas de pobreza en Latinoamérica?

3. ¿Qué sabes del trabajo infantil en Latinoamérica? ¿Qué trabajos hacen los niños?

4. ¿Qué sabes de los Andes? ¿Y qué ideas se te ocurren cuando piensas en Bolivia?

5. ¿Cuáles serán las condiciones de trabajo y los peligros de trabajar en las minas de plata?

VOCABULARIO

el ahorro (ahorrar)	savings (to save [*money, resources*])
la alabanza (alabar)	praise (to praise)
angosto/a	narrow
el aviso (avisar)	warning (to warn)
botar	to kick out
el cabello	hair
la calefacción (calentar)	heat, heating (to heat)
callado/a, calladito/a	quiet, shy
los calzados	shoes
el casco	helmet
el castigo (castigar)	punishment (to punish)
el cerro	mountain
la clase social (baja, media, alta)	(lower, middle, upper) social class
el coraje	courage; anger
de escasos recursos	of limited resources
el desamparo; desamparado/a (desamparar)	helplessness, abandonment; helpless, defenseless (to abandon)

la desesperación	desperation; hopelessness
la desnutrición	malnutrition
la doble	double shift
duro/a	hard, difficult
la esperanza	hope
los frenos (frenar)	brakes (to brake)
el hambre (*f.*)	hunger
la herramienta	tool
el (la) huérfano/a	orphan
humilde	humble
el ladrón / la ladrona	thief
la mina; el (la) minero/a	mine; miner
la misa	mass (*religious*)
el odio (odiar)	hate (to hate)
el peligro; peligroso/a	danger; dangerous
el (la) perforista (perforar)	driller (to drill)
la plata	silver
los pobres	the poor (people)
la pobreza	poverty
el polvo	dust
la profundidad; profundo/a	depth; deep
los pulmones	lungs
realizar	to achieve; to accomplish
la regla	rule
reventar	to explode
rezar	to pray
el sacerdote	priest
el sacrificio	sacrifice
Satanás	Satan
el sueño	dream
tragar	to swallow

Practiquemos el vocabulario

A. Antónimos. Empareja cada palabra de vocabulario con su antónimo.

1. _____ odiar   a. criticar

2. _____ el castigo   b. amar

3. _____ peligroso   c. el miedo

4. _____ los frenos   d. gastar

5. _____ ahorrar   e. seguro

6. _____ callado   f. el acelerador

7. _____ duro   g. el aire acondicionado

8. _____ el coraje   h. ruidoso

9. _____ alabar   i. el premio

10. _____ la calefacción   j. fácil

B. COMPLETAR. Completa las siguientes frases según tus ideas y opiniones personales. Luego, comparte tus oraciones con un(a) compañero/a de clase. ¿Tienen opiniones en común? Comparte con la clase una idea que tienen en común los/las dos.

1. Una situación en la cual yo tuve que tener coraje fue cuando...

2. Para mí, es muy duro...

3. El castigo más fuerte que jamás me dio (dieron) mi(s) madre/padre (padres) fue cuando...

4. A veces me quedo callado/a cuando...

5. Me parece peligroso cuando...

6. La regla que odiaba más cuando era niño/a fue que...

7. Estoy ahorrando dinero para...

8. El sacrificio más grande que hizo mi madre o padre fue...

C. UNA ENCUESTA. Tu instructor(a) te asignará una palabra o expresión de vocabulario. Debes escribir una pregunta usando esa palabra/expresión. Intenta escribir una pregunta interesante, personalizada o de opinión. Luego, caminarás por el salón de clase, haciéndoles la pregunta a tus compañeros/as de clase y apuntando sus respuestas. También contestarás las preguntas que te hacen ellos/ellas. Al final, usarás los apuntes que tomaste para compartir unas conclusiones con la clase.

MODELO
¿Qué sueño esperas **realizar** algún día?

Repasar y expandir: Estructura 1

EL MODO SUBJUNTIVO

El modo subjuntivo es un modo gramatical que expresa la actitud/concepción subjetiva del (de la) hablante sobre la realidad (de algo/alguien). Consulta el cuaderno electrónico para ver una introducción al modo subjuntivo y su formación y para completar actividades de práctica. Luego, practica el subjuntivo con las actividades que siguen.

A. ANÁLISIS

PASO 1. Lee las siguientes oraciones sobre la pobreza. Subraya cada **verbo en el presente de subjuntivo**. Luego, indica tu opinión sobre cada oración, usando la siguiente escala.

5 = estoy muy de acuerdo y **1 = no estoy nada de acuerdo.**

1.	Es posible que los pobres salgan de la pobreza si trabajan mucho.	5 4 3 2 1
2.	Es imprescindible que el gobierno ayude más a los pobres.	5 4 3 2 1
3.	Me preocupa que haya tanta pobreza en el mundo.	5 4 3 2 1
4.	No creo que la pobreza sea un problema común en nuestra comunidad.	5 4 3 2 1
5.	Es necesario que los ricos paguen más impuestos que los pobres.	5 4 3 2 1
6.	Es triste que los pobres reciban ayuda del gobierno en vez de ayudarse a sí mismos.	5 4 3 2 1

7. Siempre existirá la pobreza; por eso es inútil que intentemos eliminarla.   5 4 3 2 1

8. Dudo que el nivel de pobreza sea tan alto como se informa en la prensa.   5 4 3 2 1

PASO 2. Ahora compara tus respuestas con unos/as compañeros/as de clase y usa el vocabulario de este capítulo para explicar y elaborar tus opiniones.

B. ORACIONES LÓGICAS: EMPAREJAR. Empareja una frase de la columna A con una frase de la columna B para formar una oración lógica. Tendrás que conjugar los verbos de la segunda columna en la forma correcta del presente de subjuntivo.

Columna A
1. Es una lástima que la pobreza...
2. Me alegro de que...
3. Es necesario que nosotros...
4. No creo que la pobreza...
5. Es posible que yo...
6. Espero que las tasas de pobreza...

Columna B
a. _____ (haber) programas para ayudar a los pobres.
b. _____ (vivir) en la pobreza algún día.
c. _____ (trabajar) para reducir la tasa de pobreza.
d. _____ (bajarse) en el futuro.
e. _____ (ser) un problema tan común.
f. _____ (desaparecer) completamente.

C. REACCIONES. Lee las siguientes estadísticas sobre la pobreza en Estados Unidos de la Oficina del Censo de Estados Unidos (2014) y después reacciona usando estas expresiones que requieren el subjuntivo.

| Dudo que | Es necesario que | Es triste que | Es una pena que |
| Espero que | Me sorprende que | No creo que | No es posible que |

1. Una familia de cuatro (dos adultos y dos hijos menores de edad) que gana menos de $24.000 vive bajo la línea de la pobreza.

2. Se calcula que una familia de cuatro en EE. UU. tiene un presupuesto básico de entre $49.114 (Morristown, Tenn.) y $106.463 (Washington, D.C.) y que el presupuesto medio para una familia de cuatro (Des Moines, Iowa) tiene que ser de $63.741 para tener un nivel de vida adecuado pero modesto.

3. Casi 46,7 millones de estadounidenses viven en la pobreza.

4. Los jóvenes de entre 16 y 24 años que viven en la pobreza son siete veces más propensos a abandonar los estudios.

5. Los niños que viven bajo la línea de pobreza son 1,3 veces más propensos a sufrir retraso en el desarrollo o discapacidades de aprendizaje que los que no viven en la pobreza.

6. Uno de cada siete estadounidenses (46 millones de personas) accede a comida de emergencia de un banco de alimentos.

7. La tasa de pobreza en Estados Unidos es del 14,8% para la población en general, 23,6% para los hispanos y 26,2% para los afroamericanos.

8. Cuatro de cada diez adultos viven en la pobreza por lo menos una vez durante su vida.

El filme

FICHA TÉCNICA

Título: *La mina del diablo* /
The Devil's Miner

Año: 2005

Duración: 82 minutos

Directores: Richard Ladkani y Kief Davidson

Producción: Urban Landscapes y La Mita Loca Film Production, coproducido por Polar Star Films, en asociación con Provobis Film Hamburg (Con la participación de ARTE / BR / 3SAT / OF, Latino Public Broadcasting, The Corporation for Public Broadcasting, Independent Lens y Televisión Española)

Música: Leonardo Heiblum y Andrés Solis

SOBRE EL FILME

El documental narra la historia de Basilio Vargas (de 14 años) y su hermano Bernardino (de 12 años). Los dos trabajan en las ancianas minas de plata de Cerro Rico, una montaña de Potosí, Bolivia. La pobreza de la familia Vargas y las condiciones duras y peligrosas de trabajar en las minas son los temas centrales del documental. Ha ganado muchos premios internacionales, entre ellos el mejor documental del Chicago International Film Festival (2005), Tribeca Film Festival (2005) y Woodstock Film Festival (2005).

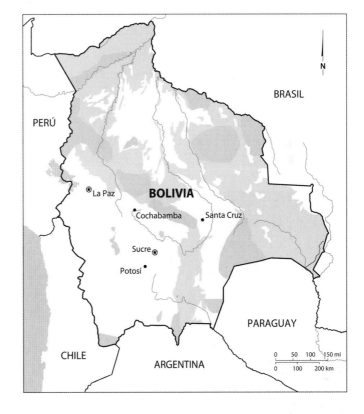

INVESTIGUEMOS. Para estar preparado/a para ver la película, busca información sobre los temas que siguen. Tu instructor(a) te pedirá que compartas lo que aprendas con la clase.

1. La historia de las minas de Potosí, Bolivia

2. El Tío de las minas de Potosí

3. Las hojas de coca / el masticado de coca en Bolivia (y los Andes)

4. Una mita (cuota laboral forzada durante los tiempos coloniales)

5. El trabajo infantil en Bolivia

Después de ver

A. ¿QUÉ APRENDISTE? Después de ver el documental, contesta las preguntas que siguen.

1. Explica el título del documental.

2. Explica la relación que tienen los mineros con el Tío y con el Dios de la Iglesia católica.

3. ¿Cuál es la historia del Tío que le cuenta Basilio a Bernardo?

4. ¿Cuáles son los peligros de trabajar en las minas?

5. Describe la relación que tienen los hermanos (Bernardo, Basilio y su hermanita, Vanessa).

6. Da unos ejemplos de cuando Bernardo y/o Basilio se portan como niños.

7. Da tus impresiones de la escuela de Basilio y de cómo lo tratan sus compañeros de clase.

8. Comenta las condiciones de vida de Basilio y su familia.

9. ¿Cuáles son los planes / las esperanzas de Basilio? ¿Y de su hermano? ¿Te sorprenden? ¿Crees que van a lograr sus planes/esperanzas?

10. Apunta aquí aspectos e información de la película que te afectaron más. ¿Qué aprendiste que recordarás por mucho tiempo? ¿Cómo influirá en tus acciones en el futuro?

B. CITAS. Reacciona a las siguientes citas que provienen del documental. ¿Te sorprende lo que dice la cita? ¿Te enoja? ¿Te entristece? Explica tu reacción.

1. «Basilio es como el papá de la familia porque cuando está mi hermano estoy un poco más feliz».

2. «¿Sabes qué, Bernardo? Nunca tienes que dejar de creer en el Tío, porque si tú lo odias, o no le ofreces las ofrendas, él también te va a castigar. (...) Se lo come al minero, o sea, lo mata y su alma se lo come».

3. «La necesidad obliga a trabajar. (...) Entonces una tristeza bastante fuerte. Como están echando sus cuerpos al mismo fuego como nosotros».

4. «Nunca dejaré que mi hermano trabaje solo aquí dentro de las minas porque me siento responsable porque tengo que cuidarle en la mina de los accidentes, de los colapsos».

5. «Yo no quiero morir en las minas. Quiero sobrevivir, hasta que, hasta que sea grande. Y por eso no quiero trabajar en la mina, porque eso es lo que me preocupa».

6. «Se ha costado 350 bolivianos (= $45), ¿no?, y para ahorrar, no compramos ni pan. Solo para ella, ¿no? Solo para mi hermanita».

7. «Cuando voy a la escuela es como una vacación».

8. «Los días de Carnavales son, o sea, yo estoy feliz más, más que en todo el año, ¿no? Porque no se trabaja y se celebra con toda la familia. (...) Y la gente siempre nos alaba y "Así, mineritos, sigan." y "Para que nuestra Bolivia siga adelante.", así ¿no?»

9. «Si este niño, Basilio, persigue en el trabajo, o en el laborío, de la mina, yo creo que en unos pocos años puede llegar a ser perforista. Pero el minero no tiene un futuro porque tiene una vida corta... porque se muere muy rápido (...). Aquí sabemos que sacrificamos nuestra vida por la familia. A pesar de todo eso, los mineros somos orgullosos, porque somos mineros».

10. «Si yo tendría un padre, no trabajaría más en las minas, y estudiaría más que, que ahora. (...) Pues, si yo tendría un padre, ¿no? Eso es una, una suposición. Pero no lo tengo».

C. VAMOS MÁS AL FONDO. En grupos pequeños, conversen sobre los conceptos culturales que se ilustran en la película, respondiendo a las siguientes preguntas.

1. Si pudieran hacerle una pregunta a una de las personas del documental, ¿qué preguntarían y a quién? Expliquen.

2. En su opinión, ¿qué responsabilidades tiene un(a) niño/a para ayudar a su familia? ¿A qué edad es aceptable pedirle a un(a) niño/a que contribuya económicamente a su familia? Expliquen. ¿Qué factores han contribuido a la formación de su punto de vista?

3. Los adultos del documental lamentan que los niños tengan que trabajar en las minas. Entonces, ¿por qué todavía existe la práctica? ¿Cómo se podría acabar con ella, sin que hubiera consecuencias negativas para las familias como los Vargas?

4. Según el documental, muchos mineros mueren de la silicosis antes de cumplir 40 años. ¿Cómo sería diferente su vida si Uds. supieran que iban a morir tan jóvenes?

5. En su opinión, ¿cómo les sirven a los mineros sus creencias y prácticas religiosas? O sea, ¿qué beneficios les da su fe? ¿Y les hace daño de alguna manera?

Repasar y expandir: Estructura 2

EL PRESENTE DE SUBJUNTIVO: VOLUNTAD E INFLUENCIA

Usamos el presente de subjuntivo en la cláusula subordinada (introducida por la conjunción **que**) cuando el verbo de la cláusula principal expresa un aspecto de la irrealidad. Los verbos de **voluntad (desear, esperar, querer, preferir, tener ganas de,** etc.) e **influencia (aconsejar, pedir, permitir, decir, dejar, prohibir, recomendar, ser necesario/importante/mejor,** etc.) no afirman una realidad, sino un deseo (o sea, algo todavía irreal porque no se ha hecho). Consulta el cuaderno electrónico para ver una explicación más detallada y para completar actividades de práctica. Luego, practica el presente de subjuntivo con las actividades que siguen.

A. ANÁLISIS. Lee las siguientes citas de la película. <u>Subraya</u> cada **verbo que expresa voluntad o influencia**. Luego, examina el verbo que le sigue a la expresión de voluntad o influencia: pon un (círculo) alrededor de **cada verbo en el presente de subjuntivo** y una [caja] alrededor de cada **infinitivo**. Finalmente, asegura que puedes explicar con tus propias palabras por qué en algunas oraciones se emplea el infinitivo y no el verbo en el presente de subjuntivo.

1. «Nunca dejaré que mi hermano trabaje solo aquí dentro de las minas... ».

2. «Yo no quiero morir en las minas».

3. «La necesidad obliga a trabajar».

4. «A mí no me gusta que un niño trabaje».

5. «Por eso a veces personalmente les recomiendo a los niños y a los adolescentes que trabajen pero también que vayan a la escuela... ».

B. COMPLETAR. Completa las siguientes frases sobre el documental según tus percepciones y opiniones, prestando atención al uso del presente de subjuntivo con expresiones de voluntad e influencia. Luego, comparte tus ideas con un(a) compañero/a de clase. Reacciona primero a lo que dice tu compañero/a (o sea, expresa acuerdo/desacuerdo) y luego analiza el uso del presente de subjuntivo en cada caso.

1. Sugiero que la mamá de Basilio...

2. Conviene que Basilio...

3. Es aconsejable que los mineros...

4. Es necesario que los compañeros de escuela de Basilio...

5. Recomiendo que el gobierno de Bolivia...

6. Tengo ganas de que...

C. DIARIO: UNA REACCIÓN. Escribe una reacción a *La mina del diablo*. ¿Qué aprendiste? ¿Qué te sorprendió? ¿Te gustó? ¿Por qué sí o no? ¿Qué esperanzas tienes para Basilio, su familia y la otra gente que vive en Potosí, Bolivia? Incorpora el presente de subjuntivo cuando sea posible.

LEER

Antes de leer

INTRODUCCIÓN

Eduardo Galeano

Roberto Sosa

Vas a leer y analizar dos poemas: «Los nadies» y «Los pobres». «Los nadies» es un poema escrito por Eduardo Galeano (1940–2015); fue publicado en *El libro de los abrazos* (1989). Galeano fue un escritor y periodista uruguayo. En *Las venas abiertas de América Latina* (1971), uno de sus libros más conocidos, analiza la historia de Latinoamérica y la influencia de EE. UU. y Europa desde la época colonial.

«Los pobres», publicado en 1968, es un poema de Roberto Sosa (1930–2011), considerado por muchos el poeta más prestigiado de Honduras. Ha ganado varios premios internacionales, entre ellos el Premio Adonáis de Poesía por su obra *Los pobres*, en el cual se publicó el poema del mismo nombre. En sus obras, critica la desigualdad y las injusticias sociales, económicas y políticas, como se notará al leer «Los pobres».

Antes de leer los dos poemas, considera la siguiente pregunta. ¿Quiénes serán «los nadies» del poema de Galeano y «los pobres» del poema de Sosa?

VOCABULARIO

el amanecer	dawn
la artesanía	craft
el ave (*f.*)	bird
la bala	bullet
el (la) dueño/a	owner
el edificio	building
el idioma	language
llover a cántaros	to rain hard, pour
la lloviznita; la llovizna	drizzle
la prensa	press; newspaper
la pulga	flea
el tesoro	treasure

Practiquemos el vocabulario

Llena los espacios en blanco con el vocabulario que mejor complete cada oración. Presta atención a la concordancia de los verbos (formas verbales), sustantivos y adjetivos (género y número).

1. Tengo que llevar a mi perro al veterinario porque tiene _____.

2. ¡Qué casa más bonita! El _____ es millonario.

3. Hablo dos _____: inglés y español.

4. Ayer _____, y yo ni llevaba un paraguas.

5. Cuando viajo a otros países, me gusta comprar _____ para regalárselas a mis amigos.

6. No me molesta la _____; con este calor es refrescante.

7. Me gusta ver los _____ históricos de las ciudades que visito.

8. No puedo irme de vacaciones este verano a menos que encuentre un _____ enterrado. No tengo dinero.

9. Me gusta levantarme temprano para ver el _____.

10. El flamenco y el pelícano son tipos de _____.

«Los nadies»

por Eduardo Galeano

Sueñan las **pulgas** con comprarse un perro y sueñan los nadies con salir de pobres, que algún mágico día llueva de pronto la buena suerte, que **llueva a cántaros** la buena suerte; pero la buena suerte no llueve ayer, ni hoy, ni mañana, ni nunca, ni en **lloviznita** cae del cielo la buena suerte, por mucho que los nadies la llamen y aunque les pique la mano izquierda, o se levanten con el pie derecho, o empiecen el año cambiando de escoba.[a]

Los nadies: los hijos de nadie, los **dueños** de nada.

Los nadies: los ningunos, los ninguneados, corriendo la liebre,[b] muriendo la vida, jodidos, rejodidos:

Que no son, aunque sean.

Que no hablan **idiomas**, sino dialectos.

Que no profesan religiones, sino supersticiones.

Que no hacen arte, sino **artesanía**.

Que no practican cultura, sino folklore.

Que no son seres humanos, sino recursos humanos.

Que no tienen cara, sino brazos.

Que no tienen nombre, sino número.

Que no figuran en la historia universal, sino en la crónica roja[c] de la **prensa** local.

Los nadies, que cuestan menos que la **bala** que los mata.

---

a   **les pique...** refranes que se refieren a acciones que llevan a la buena suerte
b   **corriendo...** expresión coloquial de Argentina y Uruguay que significa 'pasar hambre'
c   **crónica...** sección de crímenes y delitos

«Los pobres»

por Roberto Sosa

Los pobres son muchos
y por eso
es imposible olvidarlos.

Seguramente
ven
en los **amaneceres**
múltiples **edificios**
donde ellos
quisieran habitar con sus hijos.

Pueden
llevar en hombros
el féretro[a] de una estrella.

Pueden
destruir el aire como **aves** furiosas,
nublar[b] el sol.

Pero desconociendo sus **tesoros**
entran y salen por espejos de sangre;
caminan y mueren despacio.

Por eso
es imposible olvidarlos.

---

a   *coffin*
b   *to cloud*

Después de leer

A. ¿ENTENDISTE? Basándote en el contenido de los dos poemas, contesta las siguientes preguntas.

1. ¿Cuál es el mensaje principal de cada poema? Resúmelo en una o dos oraciones.

2. Analiza cada verso que empieza con «Que» en el poema «Los nadies». ¿Qué querría decir Galeano en cada caso? Explica tu opinión.

3. Contesta de nuevo la pregunta a la que respondiste antes de leer el poema. ¿Quiénes son «los nadies»? ¿Te parece un título adecuado?

4. ¿Por qué «es imposible olvidar» a los pobres? ¿Qué quiere decir Sosa con esa frase? ¿Crees que la gente sí se olvida de ellos? Explica.

B. ¿QUÉ OPINAS TÚ?

PASO 1. Contesta las siguientes preguntas sobre los poemas.

1. ¿Cómo se relaciona cada poema con el contenido de *La mina del diablo*? Explica.

2. Compara los dos poemas. ¿Qué semejanzas hay entre ellos y cómo se diferencian?

3. ¿Falta algo en la descripción de «los nadies» y «los pobres»?

4. ¿Cuál de los dos poemas te gusta más? Explica.

PASO 2. Comparte tus respuestas con tus compañeros/as de clase y juntos/as analicen de manera más profunda los temas y los puntos de vista tratados en los poemas.

Repasar y expandir: Estructura 3

EL PRESENTE DE SUBJUNTIVO: CUESTIONAR O NEGAR LA REALIDAD

Los hispanohablantes emplean el indicativo o el subjuntivo para expresar distintas actitudes hacia la información: el indicativo cuando quieren afirmar que algo les parece real (o sea, algo que toman por hecho o algo que han experimentado, que han visto, etc.) y el subjuntivo cuando quieren poner en cuestión / en duda la realidad de algo o negarla. Por lo tanto, se usa el indicativo en la cláusula subordinada (introducida por la conjunción **que**) cuando el verbo de la cláusula principal expresa **afirmaciones y creencias (afirmar, creer, estar claro, estar seguro/a, estar convencido/a de, opinar, pensar, saber, ser evidente/cierto/verdad/obvio, suponer, parecer,** etc.) y el subjuntivo cuando **cuestiona o niega la realidad de lo que se dice (no creer, dudar, negar, ser dudoso/(im)posible/(im)probable,** etc.). Consulta el cuaderno electrónico para ver una explicación detallada y para completar actividades de práctica. Luego, practica el indicativo (para afirmar) y el subjuntivo (para cuestionar) con las actividades que siguen.

A. ANÁLISIS. Lee las siguientes oraciones pesimistas. <u>Subraya</u> cada **expresión que cuestiona o niega la realidad** y pon un círculo alrededor de cada **verbo en el presente de subjuntivo.** Luego, responde a cada afirmación con una idea optimista, usando el presente de indicativo para afirmar.

1. No creo que se pueda hacer nada para eliminar la pobreza.

2. Es dudoso que la pobreza sea un problema en mi comunidad.

3. Es probable que en el futuro haya más problemas de desempleo.

4. No es posible que los pobres salgan del ciclo de la pobreza.

5. No es cierto que la educación sea una solución para los pobres.

B. ACTUEMOS. Trabaja con unos/as compañeros/as de clase para escribir una lista de (1) problemas sociales relacionados con la pobreza en su comunidad local o estado y (2) acciones específicas que puede tomar la comunidad local o estado para combatirlos. Usen una variedad de verbos para expresar la irrealidad (verbos de voluntad e influencia) y afirmar o cuestionar o negar la realidad y empleen correctamente el modo indicativo o subjuntivo.

MODELO

(1) Problema social:

Es muy **evidente** que no **hay** comida suficiente para todas las personas necesitadas.

(2) Acción específica:

Recomendamos que los restaurantes locales **donen** comida al banco de alimentos de nuestra ciudad.

C. VERDADES Y MENTIRAS

PASO 1. Escribe cinco oraciones sobre tu vida actual o futura, usando el presente de indicativo. Algunas oraciones deben ser ciertas y otras deben ser falsas.

MODELOS

a. Mi especialización es las ciencias ambientales.

b. Tengo planes para visitar Bolivia el verano que viene.

PASO 2. Comparte tus oraciones con unos/as compañeros/as de clase. Ellos/Ellas reaccionarán con duda/negación (subjuntivo) o con certeza (indicativo), adivinando si las oraciones son ciertas o falsas. Tú también reaccionarás, decidiendo si las afirmaciones de tus compañeros/as son ciertas o falsas.

MODELOS

a. No creo que estudies las ciencias ambientales.
o Es cierto que tu especialización es las ciencias ambientales.

b. Dudo que tengas planes para visitar Bolivia.
o Es posible que visites Bolivia el verano que viene.

ESCUCHAR

PERSPECTIVAS EN TU COMUNIDAD

PASO 1. Entrevista a hispanohablantes de tu comunidad para poder conocer mejor sus perspectivas culturales y personales sobre el tema de la pobreza. A continuación, hay preguntas que puedes adaptar y/o usar como punto de partida para las entrevistas. Se recomienda hacer una entrevista en video para luego poder compartirla con la clase.

1. En tu opinión, ¿por qué existe tanta pobreza en América Latina?

2. ¿Cómo se puede resolver, o por lo menos aliviar, el problema de la pobreza?

3. Comenta la pobreza en relación a tu país nativo. ¿Qué ayuda existe en tu país por parte del gobierno, organizaciones sin fines de lucro (OSFLs), empresas privadas, etc., para las personas necesitadas? ¿Te ha afectado personalmente la pobreza?

PASO 2. Reflexiona sobre lo que has aprendido al hacer las entrevistas y graba un video en el cual compartas tus perspectivas respecto a la pobreza. El video debe durar 1–2 minutos.

Canción: «Ojalá que llueva café» por Juan Luis Guerra

ANTES DE ESCUCHAR

Juan Luis Guerra es un cantautor popular de la República Dominicana. Ha ganado dieciocho Grammys y ha vendido más de 20 millones de copias de sus discos. Se caracteriza por mezclar muchos estilos de música,

incluyendo el merengue, la salsa, la bachata, el jazz y el bolero, y también por las connotaciones sociales y políticas de sus canciones. Su canción «Ojalá que llueva café», de su disco del mismo nombre, es una canción que trata el tema de la pobreza y la esperanza de un mejor mañana.

Antes de escuchar la canción, considera las siguientes preguntas.

- ¿Qué significará el título de la canción? ¿Por qué quiere el narrador que llueva café?

- ¿Qué significa el café para ti? ¿Y qué significa para los latinoamericanos?

DESPUÉS DE ESCUCHAR

A. ANÁLISIS DE LA CANCIÓN. En grupos pequeños, contesten las preguntas que siguen sobre la canción que acaban de escuchar.

1. ¿Cuál es el mensaje principal de la canción? Resume su contenido.

2. ¿Por qué escogió Juan Luis Guerra el café? ¿Cuáles son los otros productos y cosechas que se mencionan en la canción?

3. Comenta el contenido de la canción. ¿Es eficaz el uso de las imágenes y la idea de «llover café» para comunicar su mensaje? ¿Cómo habría sido una canción con los mismos temas (de pobreza y hambre y la esperanza de eliminarlos) si el cantautor hubiera usado lenguaje menos metafórico, por ejemplo, «Ojalá que todos tengan suficiente comida y dinero para vivir»? ¿Más o menos emotivo/eficaz/comprensible, etc.?

B. TE TOCA A TI: UN MUNDO MEJOR. ¿Cuáles son tus esperanzas para un mundo mejor? Trabaja con unos/as compañeros/as de clase para escribir cinco esperanzas, empezando cada oración con «Ojalá que...» Luego, cada grupo compartirá con la clase la esperanza que considere más importante.

MODELO
Ojalá que haya menos contaminación en la Tierra.

ESCRIBIR

Repasar y expandir: Estructura 4

EL PRESENTE DE SUBJUNTIVO: REACCIONES EMOCIONALES Y OPINIONES

Ya hemos visto como se usa el subjuntivo para expresar lo irreal: cuando deseamos que algo se haga realidad y cuando ponemos en duda la realidad de algo. Ahora vamos a ver cómo usamos el subjuntivo en la cláusula subordinada (introducida por **que**) cuando el verbo de la cláusula principal valora la información a través de una **reacción emocional** (**alegrarse, dar pena, entristecerse, estar contento/a, lamentar, sorprender,** etc.) o una **opinión** ([**no**] **gustar** [y los verbos como **gustar**], [**no**] **ser lógico/normal,** [**no**] **ser bueno/difícil/estupendo/raro/triste/una lástima,** etc.). Ya no estamos afirmando o cuestionando la realidad de algo, sino dando nuestra reacción u opinión. Por lo tanto, cuando reaccionamos a u opinamos sobre información que ya está aceptada como posible o real, usamos el subjuntivo para dar un comentario o valoración personal sobre ella. Consulta el cuaderno electrónico para ver una explicación detallada y para completar actividades de práctica. Luego, practica el subjuntivo para reaccionar y opinar con las actividades que siguen.

Manos sucias, marcadas por el trabajo manual que realizan.

A. ANÁLISIS

PASO 1. Lee el siguiente párrafo sobre el trabajo infantil. Pon un círculo alrededor de cada **opinión,** y subraya cada **verbo en el presente de subjuntivo**.

El trabajo infantil, como vimos en el caso de Basilio y Bernardo en *La mina del diablo,* es un problema grave que no tiene solución fácil. En un informe de 2010, la Organización Internacional de Trabajo (OIT) calculó que en el mundo hay unos 215 millones de niños menores de 18 años que trabajan, y muchos a tiempo completo. En África subsahariana, uno de cada cuatro niños de 5 a 17 años trabaja, en comparación con uno de cada ocho en Asia y el Pacífico y uno de cada diez en América Latina y el Caribe.[1] Es una

---

1   Facts on Child Labor 2010: http://www.ilo.org/wcmsp5/groups/public/@dgreports/@dcomm/documents/publication/wcms _126685.pdf

lástima que tantos niños pierdan la infancia y sufran las muchas consecuencias negativas del trabajo infantil. Es horroroso que muchos de estos niños no puedan asistir a la escuela y que tengan que trabajar en condiciones peligrosas. Es triste también que la gran mayoría de los niños que participan en el trabajo doméstico, aproximadamente el 90%, sean niñas.[2] Mientras es bueno que el número de niños que trabajan bajo condiciones peligrosas o dañinas se vaya disminuyendo, todavía hay unos 115 millones de niños que realizan este tipo de trabajo.[3] Es una pena que la pobreza y la desigualdad destruyan tantas vidas infantiles. Ojalá que los esfuerzos de organizaciones como la OIT y El Fondo de las Naciones Unidas para la Infancia (UNICEF) mejoren la situación para los niños del mundo.

PASO 2. Reacciona al párrafo del **Paso 1**, completando la frase **Me sorprende que...** Luego, comparte tu reacción con unos/as compañeros/as de clase.

B. COMPLETAR. Completa las siguientes frases sobre *La mina del diablo*, usando el presente de subjuntivo.

1. Basilio y Bernardo tienen miedo de que...

2. Basilio se alegra de que...

3. A Bernardo le entristece que...

4. A Basilio le preocupa que...

5. Es una lástima que...

6. Me sorprende que...

7. Es lógico que...

8. Me molesta que...

C. SITUACIONES PERSONALES. Ahora te toca a ti compartir problemas, preocupaciones y situaciones alegres de tu propia vida.

PASO 1. Escribe una lista de 3–5 situaciones felices o problemáticas de tu propia vida.

MODELOS

Necesito un trabajo para este verano pero no puedo encontrar ninguno.

¡Voy a estudiar en el extranjero el año que viene!

PASO 2. Comparte tus situaciones con unos/as compañeros/as de clase. Ellos/Ellas también compartirán sus situaciones contigo. Comenta cada situación, expresando tus deseos, dudas, reacciones emocionales y opiniones y usando el presente de subjuntivo.

MODELOS

Siento que no puedas encontrar trabajo. Recomiendo que pidas ayuda en la oficina de *Career Services*.

Espero que lo pases muy bien. ¿Adónde irás?

---

2 The State of the World's Children 2011: http://www.unicef.org/sowc2011/pdfs/SOWC-2011-Main-Report_EN_02092011.pdf

3 Facts on Child Labor 2010: http://www.ilo.org/wcmsp5/groups/public/@dgreports/@dcomm/documents/publication/wcms_126685.pdf

Herramientas para la escritura

LA ESTRUCTURA DE UNA CARTA DE PRESENTACIÓN

A la hora de escribir una carta formal, es importante usar el tratamiento adecuado (**usted** o **ustedes**) y seguir una estructura bien definida que incluya los siguientes componentes en este orden:

- El <u>encabezamiento</u>, en la parte superior de la carta, contiene:
  - fecha
  - título, nombre y apellido(s) y dirección del destinatario
  - saludo: Apreciado/a / Estimado/a / Distinguido/a señor(a), Muy señor(es) mío(s), A quien(es) corresponda

- <u>Párrafo de inicio</u> en el cual se indica el asunto de la carta para que el (la) destinatario/a sepa claramente de qué se trata. Por ejemplo, se puede iniciar una carta de presentación de las siguientes maneras:
  - Por medio de la presente carta me contacto con usted(es) con el objetivo de solicitar un puesto de voluntariado.
  - Le agradecería mucho si me diera la oportunidad de hacer voluntariado para su organización.
  - Me dirijo a Ud./Uds. para ofrecerme como voluntario/a para prestar servicio a su organización.

- <u>Cuerpo</u> donde se desarrolla el mensaje principal en uno o dos párrafos. En el caso de una carta de presentación, la persona que escribe necesita explicar por qué le interesa hacer voluntariado para esa organización en particular y destacar sus cualidades y capacidades.

- <u>Conclusión o Cierre</u> que sirve para resumir el mensaje principal.

- <u>Despedida</u>: Atentamente, Reciba(n) un cordial saludo, A la espera de su respuesta, Se despide atentamente, Sin otro particular, S.S.S. (Su seguro/a servidor[a]).

- <u>Firma</u>

- Nombre y apellido(s) del (de la) <u>remitente</u> con su información de contacto, o sea, dirección, teléfono y email

Escritura como proceso

UNA CARTA DE PRESENTACIÓN

Vas a escribir una carta formal, dirigida a una organización que lucha para erradicar la pobreza, pidiéndole la oportunidad de trabajar como voluntario/a.

PASO 1. Primero debes buscar una organización a la que quieres dirigir tu carta. Hay sinfín de organizaciones posibles, dependiendo de tus intereses y talentos. Un ejemplo de tal organización es La Fundación CODESPA (http://www.codespa.org). Tiene como misión: «proporcionar oportunidades a las personas para que puedan, a través del trabajo, salir de la pobreza y ser protagonistas de su propio desarrollo. Confiamos en la capacidad humana para construir un mundo más equitativo y justo».

Después de encontrar una organización que te interese, escribe una lista de preguntas que tienes sobre las posibilidades de trabajar como voluntario/a para esa organización. Luego, escribe un bosquejo de tu carta. Además de preguntas, ¿qué información debes incluir en la carta?

PASO 2. Organiza tus ideas del **Paso 1** para escribir un borrador. La carta, de entre 200–250 palabras, debe escribirse a máquina, a doble espacio. Luego, revisa tu borrador, usando la siguiente lista de verificación como guía.

Contenido

☐ ¿He explicado por qué me interesa ser voluntario/a en su organización?

☐ ¿Incluyo suficiente información sobre mí (experiencias relevantes, idiomas, talentos, etc.)?

☐ ¿Incluyo preguntas inteligentes y relevantes?

☐ ¿Empleo un tono formal, cortés y educado? ¿Empleo lenguaje formal y cordial? ¿Se conforma con el propósito de solicitar un puesto de voluntariado?

☐ ¿Le(s) agradezco su atención e incluyo información sobre cómo puede(n) contactar conmigo?

Organización

☐ ¿Hay una secuencia lógica, con la estructura correcta para una carta formal (de **Herramientas para la escritura**)?

☐ ¿Es eficaz la división y organización de ideas en párrafos? ¿Hay párrafos que deban dividirse o reorganizarse? ¿Hay alguna frase/oración o frases/oraciones dentro de algún párrafo que deba(n) ser eliminada(s), elaborada(s), etc.?

Vocabulario/Gramática

☐ ¿He utilizado un vocabulario variado y descriptivo y he evitado palabras básicas como **bueno, malo** y **cosas**? ¿También he verificado que no hay traducciones literales?

☐ ¿He usado correctamente las estructuras estudiadas en este capítulo (las formas y los usos del presente de subjuntivo)?

☐ ¿Hay concordancia entre los sustantivos y sus modificadores (f./m./sing./pl.) y entre los verbos y los sujetos?

☐ ¿He revisado la ortografía y la puntuación?

PASO 3. Revisión en colaboración: Intercambia tu borrador con el de otro/a estudiante y utiliza la hoja que te ha dado tu instructor(a) para ayudar a tu compañero/a a mejorar su trabajo escrito. Él/Ella hará lo mismo con el tuyo.

PASO 4. Lee con cuidado los comentarios y sugerencias de tu compañero/a y revisa tu trabajo, incorporando las correcciones y los cambios necesarios. Entrégale a tu instructor(a) tu trabajo corregido.

EXPANDIR

A. PRESENTACIÓN. Como los temas de la pobreza, la esperanza y los sueños conllevan muchas áreas, este capítulo no puede abarcar todas las cuestiones pertinentes. Para informarse de otros datos sobre estos temas, van a trabajar en equipos para investigar uno de los siguientes temas para luego presentárselo a sus compañeros/as de clase.

- La desnutrición en Latinoamérica
- Las organizaciones sin fines de lucro (OSFLs)
- Las leyes sobre el trabajo infantil en Latinoamérica
- Los micro préstamos en Latinoamérica
- Los desamparados (gente sin techo) en Latinoamérica
- La crisis económica en España

B. DEBATE

PASO 1. Kiva (www.kiva.org) es una organización sin fines de lucro que sirve para conectar a gente que pide pequeños préstamos con individuos que quieren prestar dinero con el fin de crear oportunidades y así aliviar la pobreza. Explora el sitio web y lee sobre varias peticiones hechas por gente de países hispanos. Escoge la petición que más te convenza y toma apuntes sobre su proyecto para luego usarlos para informarles a tus compañeros/as y convencerles de que sea la mejor petición.

PASO 2. Trabaja con unos/as compañeros/as de clase para explicar el proyecto que escogiste y convencerles de que sea el mejor. Al final hagan un voto para ver qué proyecto gana.

PASO 3. Cada grupo se junta con otro grupo y los dos grupos debaten para determinar cuál de los dos proyectos gana el voto.

PASO 4. Los proyectos que ganan en el **Paso 3** se presentan a la clase entera y al final toda la clase vota.

C. DIARIO: SÍNTESIS. Reflexiona sobre todo lo que has aprendido a lo largo de este capítulo (filme, poemas, canción, entrevistas, presentaciones y actividades) sobre el tema de la pobreza. Si pudieras conversar con un(a) amigo/a que supiera poco sobre la pobreza en Latinoamérica, ¿qué le dirías? ¿Y cómo responderías si esa persona te hiciera la siguiente pregunta: «¿Y qué puedo hacer yo?»?

OBJETIVOS: CAPÍTULO 4

ACABO DE TERMINAR ESTE CAPÍTULO Y <u>PUEDO</u>:

☐ explicar en mis propias palabras la información cultural que he aprendido sobre los temas principales de este capítulo (la pobreza en el mundo hispanohablante, el trabajo infantil, la esperanza y los sueños de un futuro mejor) a través del análisis de estadísticas y de ver el documental *La mina del diablo* y de hacer otras actividades.

☐ hablar sobre los temas principales de este capítulo

☐ empleando vocabulario apropiado.

☐ usando de manera correcta el presente de subjuntivo en la cláusula subordinada cuando el verbo de la cláusula principal expresa voluntad, influencia, reacciones emocionales y opiniones o cuando cuestiona o niega la realidad.

☐ demostrar mi habilidad de escribir una carta de presentacíon, utilizando vocabulario apropriado y la estructura para una carta formal.

CAPÍTULO 5

LA INMIGRACIÓN

NOTA: *Recuerda leer ahora la lista en la página 133 de lo que debes ser capaz de hacer al terminar este capítulo. ¿Vas a poder decir «Sí, puedo». para todos los objetivos? ¡Claro que sí!!*

PELÍCULA DOCUMENTAL:
¿Cuál es el camino a casa? / Which Way Home (2009)

ESTRUCTURAS GRAMATICALES:
Las expresiones negativas e indefinidas; Los usos de **por** y
para; Los pronombres relativos; El presente de subjuntivo
e indicativo en cláusulas adjetivales y adverbiales

LECTURA:
El cuento «Las mazorcas prodigiosas de Candelaria Soledad»
por Carlos Rubio

CANCIÓN:
«Orgullo» por Pitbull

HERRAMIENTAS PARA LA ESCRITURA:
El lenguaje de las reseñas de películas

ESCRITURA:
Una crítica de otra película sobre la inmigración

VER

Antes de ver

A. ACERQUÉMONOS AL TEMA. Este capítulo trata de la inmigración, un tema global con facetas económicas, sociales, políticas y personales. Para llegar a un entendimiento más profundo del tema, verás la película documental *¿Cuál es el camino a casa?* (2009), sobre niños y jóvenes latinoamericanos que intentan inmigrar a Estados Unidos.

La inmigración siempre ha sido un fenómeno importante en todo el mundo, pero hoy en día, no hay ninguna duda que la inmigración nos afecta de alguna manera a todos. En los Estados Unidos, la inmigración de Latinoamérica en particular es imposible de ignorar. Los latinoamericanos constituyen el grupo de inmigrantes más numeroso. Según un estudio del Pew Research Center de 2013,* hay 53.964.235 hispanos en Estados Unidos, y 18.982.955 de estos nacieron en algún país extranjero. O sea, 17,1% de la población del país es hispano y 6,0% nació en un país hispano. Otros datos que evidencian la creciente población hispana en Estados Unidos se ven abajo, mostrando la historia y el futuro de la población estadounidense según raza y grupo étnico.

Población estadounidense según raza y grupo étnico: 1970, 2010, 2050

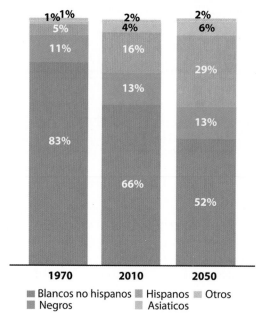

Fuente: U.S. Census Projections With Constant Net International Migration, en www.census.gov/population/www/projections /2009cnmsSumTabs.html.

También es interesante examinar las cifras de la inmigración legal según la región de origen a lo largo de los años. A continuación se pueden ver esas estadísticas desde la década de los 60.

---

* *Pew Research Center tabulations of 2013 American Community Survey: http://www.pewhispanic.org/2015/05/12/statistical -portrait-of-hispanics-in-the-united-states-1980-2013/ph_2015-03_statistical-portrait-of-hispanics-in-the-united-states-2013 _current-01/*

Cantidad anual de inmigrantes legales de los Estados Unidos y región de origen: 1960–2009

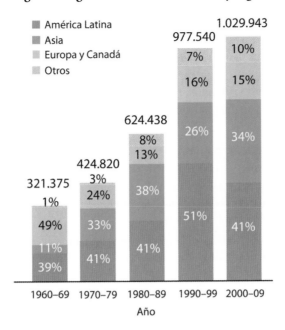

NOTA: *Las cantidades pueden no llegar al 100 por ciento debido a que se redondean los números. Fuente: Estadísticas de inmigración del Departamento de Seguridad Nacional (Department of Homeland Security, DHS).*

Cabe notar, sin embargo, que todas las susodichas cifras son las oficiales; nadie negará que en realidad el número de inmigrantes es mucho mayor. Nunca sabremos con certeza cuántos inmigrantes indocumentados viven en Estados Unidos. Y, sin duda alguna la influencia que llevan los inmigrantes latinos en la sociedad estadounidense es notable; ya no hay ningún pueblo, pequeño y aislado que sea, que no cuente con unos inmigrantes.

Según el Departamento de Seguridad Nacional, en 2012 había 11,4 millones de inmigrantes no autorizados viviendo en los Estados Unidos, en comparación con los 11,5 millones de 2011. Los principales países de origen de estos inmigrantes son los siguientes: México (59%), El Salvador (6%), Guatemala (5%), Honduras (3%) y Filipinas (3%). Los inmigrantes indocumentados tienden a ser jóvenes (61% entre las edades de 25–44) y hombres (53%). Sin embargo, el 57% de los inmigrantes indocumentados mayores de 45 años son mujeres. (http://cnnespanol.cnn.com/2014/11/19/las-cifras-sobre-inmigracion-en-ee-uu-que-debes -saber-antes-del-anuncio-de-obama/#0)

En los años recientes se ha incrementado el número de «menores extranjeros no acompañados», conocidos en inglés como Unaccompanied Alien Children (UAC) por la Oficina de Aduanas y Protección Fronteriza de Estados Unidos. Una vez detenidos, estos menores son remitidos a la Oficina de Reasentamiento de Refugiados, la cual forma parte del Departamento de Salud y Servicios Humanos, mientras esperan una decisión legal sobre sus casos:
—Año fiscal 2014: 60.000 (aproximado)
—Año fiscal 2013: 24.668
—Año fiscal 2012: 14.721[†]

[†]   *http://cnnespanol.cnn.com/2014/11/19/las-cifras-sobre-inmigracion-en-ee-uu-que-debes-saber-antes-del-anuncio-de-obama/#0*

La mayor parte de los inmigrantes menores de edad en estos años recientes provienen de Centroamérica, específicamente Guatemala, Honduras y El Salvador. Se examinará la migración de los niños y jóvenes más a fondo a lo largo de este capítulo.

Ahora que has leído un poco sobre la inmigración, contesta las siguientes preguntas.

1. De las estadísticas mencionadas arriba, ¿cuáles te sorprenden más? ¿y menos?

2. ¿Cómo ha influido en la cultura estadounidense la presencia de tantos inmigrantes de Latinoamérica?

3. ¿Por qué crees que han llegado tantos niños y jóvenes centroamericanos en los años recientes?

4. Basándote en tus conocimientos previos de los inmigrantes en Estados Unidos, adivina la siguiente información y comparte tus ideas con unos/as compañeros/as de clase. Luego, investiguen en Internet para verificar las respuestas.

   • Ya leíste estadísticas sobre los países de origen del mayor número de inmigrantes indocumentados. ¿De qué países latinoamericanos vienen los grupos más numerosos de inmigrantes legales?

   • ¿En qué partes de Estados Unidos viven más inmigrantes hispanos? ¿Hay concentraciones de inmigrantes de ciertos países en diferentes ciudades o regiones de Estados Unidos?

   • ¿De dónde son los inmigrantes que viven en tu comunidad? ¿Y de dónde viene el mayor número de inmigrantes que vive en tu estado? ¿Por qué habrán migrado a Estados Unidos, y por qué habrán escogido tu región para vivir?

B. Diario: ¿Qué sabes? Antes de ver la película, toma un momento para reflexionar sobre lo que ya sabes sobre la inmigración y para predecir el contenido del documental.

1. ¿Por qué inmigran muchos latinoamericanos a EE. UU.?

2. ¿Por qué viajan solos hasta EE. UU. niños y jóvenes latinoamericanos?

3. ¿Cuáles son los peligros y las dificultades a los que se enfrentan los niños migrantes durante su viaje a EE. UU.?

4. ¿Cuáles serán las consecuencias de la migración (de niños y de padres) para las familias latinoamericanas?

5. ¿Hay inmigrantes en tu comunidad? ¿De dónde son? En tu opinión, ¿cuáles son las consecuencias positivas y negativas de su presencia?

VOCABULARIO

adaptarse	to adapt; to get used to
agacharse	to duck
agarrar	to catch; to grab; to hold
el albergue	shelter
la amnistía	amnesty
atravesar	to cross
buey/güey	dude, buddy (*Mexican slang, used among friends*)
la casa hogar	foster home
el (la) chavo/a	kid (*Mexican slang*)
el (la) ciudadano/a; la ciudadanía	citizen; citizenship
el (la) compa	friend (*slang*)
el (la) coyote	coyote, illegal human trafficker
el crisol	melting pot
cruzar	to cross
la deportación (deportar)	deportation (to deport)
desviarse	to derail (*train*)
la emigración (emigrar)	emigration (to emigrate; to leave your country)
encerrado/a (encerrar)	locked up (to lock up)
entregar	to turn in/over (*to authorities, a coyote, etc.*)
los estudios de ADN	DNA tests
el ferrocarril	train
la frontera; fronterizo/a	border; border (*adj.*)
la ilusión	dream, hope
indocumentado/a	undocumented
la inmigración; el (la) inmigrante (inmigrar)	immigration; immigrant (to immigrate)
la llanta	tire
lustrar	to shine
el (la) maquinista	train engineer
el (la) menor de edad	(legal) minor
la migración; migrante (migrar)	migration; migrant (to migrate)
el (la) mojado/a	wetback
el narcotráfico; el (la) narcotraficante	drugtrafficking; drug trafficker, drug dealer
el número de seguridad social	social security number
el padrastro	stepfather
la pandilla	gang
el (la) pandillero/a	gang member
la patrulla fronteriza	border patrol
el pésame (mi/nuestro más sentido pésame)	condolence (my/our sincere condolences)
el pisto	cash (*Central American slang*)
platicar	to talk/chat (*in Mexico and Guatemala*)
el (la) pollero/a	guide for illegal inmigrants to USA (*Mexican slang*)
el prejuicio	prejudice
el racismo	racism
la remesa	remittance (*of money*)
repatriar	to repatriate; to send a cadaver back to home country
la reunificación familiar	family reunification
la rueda	wheel, tire

el secuestro; el (la) secuestrador(a); secuestrado/a (secuestrar)	kidnapping; kidnapper; kidnapped (to kidnap)
sin papeles	undocumented
un vato	guy (*Mexican slang*)
las vías del tren	train tracks
la violación (violar)	rape (to rape)
el visado / la visa	visa
la voluntad	will, wish

Practiquemos el vocabulario

A. LLENA LOS ESPACIOS. Escoge la palabra o expresión adecuada para cada espacio en blanco.

atravesar	la patrulla fronteriza
deportan	las vías del tren
indocumentados	los pandilleros
la frontera	un pollero

En Estados Unidos, muchos saben que las razones por las cuales se inmigra al país incluyen la pobreza y la falta de trabajos en los países nativos. Lo que muchos estadounidenses desconocen es que para la mayor parte de los migrantes centroamericanos, es más difícil _____[1] México que cruzar _____[2] entre México y Estados Unidos. Muchos viajan por encima de los trenes de cargo y si se caen pueden morir o lastimarse gravemente en _____[3] Además, _____[4] como los de la MS-13 asaltan y roban a los migrantes. Muchos inmigrantes _____[5] pagan a _____[6] para ayudarles a navegar el largo recorrido hasta EE. UU., pero estos a veces no son honestos y abandonan a los migrantes. Si logran llegar a la frontera, muchas veces allí los esperan los agentes de _____,[7] quienes los _____[8] a su país de origen. Estos son solo algunos de los muchos riesgos a que se enfrentan los migrantes, quienes esperan mejorar sus vidas al realizar 'el sueño americano'.

B. EMPAREJAR: SINÓNIMOS. Empareja cada término de la primera columna con un sinónimo de la segunda columna.

1. _____ el pisto   a. un grupo de gente criminal

2. _____ la ilusión   b. el muchacho

3. _____ platicar   c. el perdón; la absolución

4. _____ la pandilla   d. hablar

5. _____ el compa   e. el deseo

6. _____ la frontera   f. un amigo

7. _____ el mojado   g. el sueño

8. _____ la amnistía   h. el inmigrante indocumentado

9. _____ el chavo   i. el dinero

10. _____ la voluntad   j. el límite

C. ¡ADIVINEMOS! Van a trabajar en parejas para describir las palabras de vocabulario. Deben sentarse de manera que una persona pueda ver la pizarra y la otra no. Su instructor(a) va a escribir una lista de vocabulario en la pizarra, y la persona que ve la pizarra debe usar definiciones, sinónimos/antónimos, ejemplos, etc., para describirle las palabras a su compañero/a, quien las adivinará. ¡El primer equipo que adivine todas las palabras gana! Luego, cambiarán de lugar para que todos tengan la oportunidad de dar y recibir pistas con una nueva lista de palabras.

Repasar y expandir: Estructura 1

LAS EXPRESIONES NEGATIVAS E INDEFINIDAS

Como has aprendido durante tus estudios del español, las expresiones negativas (*p. ej.*, **nunca, nadie, ninguno**) y las indefinidas (*p. ej.*, **siempre, alguien, alguno**) se prestan a algunas reglas gramaticales especiales en español. Consulta el cuaderno electrónico para ver una explicación más detallada y para completar actividades de práctica. Luego, practica las expresiones negativas e indefinidas con las actividades que siguen.

A. ANÁLISIS

PASO 1. Lee las siguientes afirmaciones sobre la inmigración en EE. UU., subrayando cada expresión indefinida o negativa. Luego, indica tu opinión sobre cada oración, usando la siguiente escala: **5=estoy muy de acuerdo** y **1=no estoy nada de acuerdo**.

1. Ningún inmigrante indocumentado debe deportarse si está intentando llegar a EE. UU. para reunirse con un(a) pariente (esposo/a, hijo/a, o madre/padre) que ya vive allí.   5 4 3 2 1

2. Todos los inmigrantes deben aprender inglés después de llegar a EE. UU.   5 4 3 2 1

3. La amnistía nunca es una solución para la inmigración ilegal.   5 4 3 2 1

4. Algunos inmigrantes que salen de su país no tienen ninguna otra opción.   5 4 3 2 1

5. Los que inmigran con sus padres cuando son niños siempre deben tener la oportunidad de hacerse ciudadanos o residentes legales.   5 4 3 2 1

6. El gobierno de EE. UU. debe hacer algo para mejorar la situación de la inmigración indocumentada.   5 4 3 2 1

7. No hay nada que pueda hacer nadie para detener la inmigración indocumentada.   5 4 3 2 1

8. Nadie debe jamás inmigrar ilegalmente a EE. UU.   5 4 3 2 1

PASO 2. Ahora, compara tus respuestas con unos/as compañeros/as de clase. Explica tus opiniones usando el vocabulario sobre la inmigración y las expresiones indefinidas y negativas.

B. COMPLETAR. Lee otra vez la sección de **Acerquémonos al tema**, parte de la cual está copiada abajo, y completa las oraciones con la forma correcta de las expresiones indefinidas o negativas. Luego, puedes comparar tus respuestas con el texto original de las páginas 106–8.

La inmigración _____[1] ha sido un fenómeno importante en _____[2] el mundo, pero hoy en día, no hay _____[3] duda que la inmigración nos afecta de _____[4] manera a _____.[5] En los Estados Unidos, la inmigración de Latinoamérica en particular es imposible de ignorar. Los latinoamericanos constituyen el grupo de inmigrantes más numeroso. Según un estudio del Pew Research Center de 2013, hay 53.964.235 hispanos en Estados Unidos, y 18.982.955 de estos nacieron en _____[6] país extranjero. O sea, 17,1% de la población del país es hispano y 6,0% nació en un país hispano. (...) _____[7] es interesante examinar las cifras de la inmigración legal según la región de origen a lo largo de los años. Abajo se pueden ver esas estadísticas desde la década de los 60. Cabe notar, sin embargo, que _____[8] las susodichas cifras son las oficiales; _____[9] negará que en realidad el número de inmigrantes es mucho mayor. _____[10] sabremos con certeza cuántos inmigrantes indocumentados viven en Estados Unidos. Y, sin duda _____[11] la influencia que llevan los inmigrantes latinos en la sociedad estadounidense es notable, ya no hay _____[12] pueblo, pequeño y aislado que sea, que no cuente con unos inmigrantes.

C. CONSEJOS PARA UN(A) INMIGRANTE EN SU COMUNIDAD. Imaginen que conocen a un(a) inmigrante que acaba de llegar a su comunidad. Denle recomendaciones sobre la vida y las normas culturales para ayudarle a adaptarse a la vida en este país. Incorporen las expresiones indefinidas y negativas cuando sea posible, y también usen los mandatos y el subjuntivo que estudiaron en los capítulos anteriores.

MODELO
Es mejor que nunca le des un beso en la mejilla a nadie la primera vez que lo conozcas.

El filme

SOBRE EL FILME

El documental sigue la historia de varios niños y jóvenes migrantes que viajan solos desde Centroamérica y México hacia Estados Unidos para realizar el 'sueño americano'. Para la creación del documental, Cammisa recibió ayuda por parte del Fondo Sundance Documentary, HBO, la Fundación Wellspring y el programa de becas en Cinematografía J. William Fullbright. *¿Cuál es el camino a casa?* fue nominado a los Premios Oscar 2010 como «Mejor Largometraje», al Independent Spirit Award 2010 y a cuatro premios Emmy, entre otros honores.

INVESTIGUEMOS. Para estar preparado/a para ver la película, busca información sobre los temas que siguen. Tu instructor(a) te pedirá que compartas lo que aprendas con la clase.

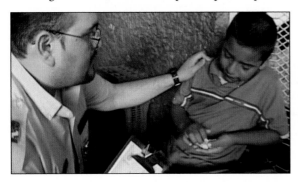 

1. El número de niños latinoamericanos que intentan entrar a EE. UU. cada año (o que son deportados) y el número de padres latinoamericanos que inmigran a EE. UU., dejando atrás a sus hijos

2. Los Grupos Beta (México)

3. El proceso de deportación y los centros de detención para niños indocumentados en EE. UU.

4. Los albergues para inmigrantes en México

5. La Bestia (el ferrocarril mexicano)

6. Las cifras de pobreza en Centroamérica

Después de ver

A. ¿QUÉ APRENDISTE? Primero llena la tabla a continuación con la información que falta, y luego contesta las preguntas que siguen según lo que aprendiste del documental.

Nombre, edad (país de origen)	¿Por qué intenta inmigrar?	¿Qué le pasó?	Más tarde...
Kevin, 14 (Honduras)			
Fito, 13 (Honduras)			
José, 10 (El Salvador)			
Juan Carlos, 13 (Guatemala)			

Nombre, edad (país de origen)	¿Por qué intenta inmigrar?	¿Qué le pasó?	Más tarde...
Jairo, 14 (México)			
Yurico 'Perro', 17 (México)			
Freddy y Olga, 9 (Honduras)			
Eloy, 13, y Rosario, 16 (México)			

1. ¿Qué problemas y riesgos sufren los niños durante el viaje?

2. Comenta las ideas y las expectativas que tienen los niños de la vida en EE. UU. ¿En qué se basan? ¿Son realistas?

3. ¿Cómo es la vida de los niños en su país, en su casa, en su familia?

4. Comenta el título de la película. ¿Qué significa? ¿Te parece apropiado? ¿Qué título le pondrías tú?

5. Analiza las intenciones de la directora de *¿Cuál es el camino a casa?* ¿Por qué lo produjo? ¿Es imparcial el documental o promueve una ideología política? ¿Qué perspectivas están incluidas en el documental y qué perspectivas faltan? Explica tus ideas.

6. Apunta aquí aspectos e información de la película que te sorprendieron más. ¿Qué aprendiste?

B. Citas. Reacciona a las siguientes citas que provienen del documental. ¿Te sorprende lo que dice la cita? ¿Te enoja? ¿Te entristece? Explica tu reacción.

1. «Yo, lo que siempre he soñado es estar en Estados Unidos. La mayoría de los niños de Honduras eso es lo que ya desde que crecen es lo que traen, eso de ay, ir a Estados Unidos».

2. «Mamita, espero que al momento de leer mi carta te encuentres bien. El motivo de mi carta es para decirte que te quiero mucho y no me gusta verte sufrir con tantos problemas. Así que decidí irme a trabajar a los Estados Unidos para que tú y mis hermanos estén bien y nunca les haga falta nada. Diles a mis hermanos que los quiero mucho. Cuando vuelva, vamos a ir al río».

3. «Sí sufrió y créame, sí me duele mucho. Pero yo pienso que mi familia allá quizás tiene la oportunidad de darles a mis hijos lo que yo no les puedo dar. No les quiero quitar esa oportunidad de mejorar su calidad de vida».

4. «Yo dejé a una niña de un año. Y la llegué a ver hasta que tenía 13 años. Entonces cuando tuve esa reunión no sentí nada. No sentía yo que eran mis hijos. Como que el amor se pierde. Ya, nosotras, las mujeres que dejamos a nuestros hijos, y venimos a luchar por ellos, ya no espera uno el amor de... Es el pago que pagamos por estar en este país. (...) Se pierde el amor de la familia».

5. «Yo no tuve amor de padre. No tuve amor de madre. Me gustaría tener una familia, donde me dieran ese amor que nunca me dieron. (...) Tal vez allá me adopten. No sé».

6. «Estoy haciendo esto porque tengo casi tres años de no ver a mi mamá y espero estar unida con ella, para Minnesota. (...) Yo me imagino que estamos allá jugando con la nieve (...) que estoy allá alegre con mis hermanas».

7. «Yo lo pongo siempre acá, desde que él se fue. Siempre lo pongo allí para que Dios lo proteja y la Virgen, que dondequiera que se encuentre, esté, o sea vivo o muerto, como Dios haya sido su voluntad».

8. «Diario hay un cuerpo que hay que repatriar. Diario».

9. «¿Cómo yo de niño voy a cruzar el desierto? (...) Mejor me quedo en el país sufriendo como estoy. Quiero ir a ver a mi mamá». (*Y después de volver a Honduras*): «Me arrepiento de haber venido».

10. «Siempre he tenido la esperanza de que algún día me saque adelante. Esas eran las intenciones de él. Desde chiquito me ha dicho siempre eso, que él algún día me va a ayudar y me va a hacer mi casita para vivir con mis tres hijos. Él acá no tiene apoyo. (...) Que tuviera una solución allá, que encontrara una gente que lo apoyara. Pero no fue así».

C. VAMOS MÁS AL FONDO. En grupos pequeños, conversen sobre los conceptos culturales que se ilustran en la película, respondiendo a las siguientes preguntas.

1. <u>La familia y la madre:</u> Kevin y Juan Carlos dicen que viajan para EE. UU. porque quieren ganar dinero para ayudar a sus mamás, y Eloy y Rosario también iban hacia EE. UU. para ayudar a sus familias. Se podría decir que esto demuestra la importancia de la madre y de la familia en los países hispanohablantes. Reaccionen a este aspecto de la película. ¿Existe el mismo deseo de ayudar a la familia entre los jóvenes en EE. UU.? ¿Y demuestran los jóvenes aquí el mismo amor a la madre? Expliquen.

2. <u>La niñez, la adolescencia y la adultez:</u> Viajar solo a EE. UU. requiere cierta valentía e independencia. ¿En qué aspectos se portan como adultos los jóvenes migrantes? ¿Y en qué aspectos se portan como niños inocentes e ingenuos? ¿Creen que 'la niñez' y 'la adolescencia' son conceptos que varían de cultura en cultura? Expliquen.

3. <u>La amistad y la camaradería:</u> En la película vemos la amistad y la camaradería que existe entre los migrantes, y también demostraciones de cariño entre los jóvenes. Den ejemplos de la película cuando se evidencian estos conceptos. ¿Les parece que hay una diferencia cultural entre el concepto de la amistad en los países hispanos y en EE. UU.?

4. <u>La fe y la religión:</u> Muchos de los migrantes mencionan a Dios con comentarios como: «Dios nos guardó», «si Dios nos lo permite», «la voluntad de Dios», «si Dios quiere» y «que Dios les bendiga». Comenten el uso de expresiones como estas. ¿Refleja la cultura de los países hispanohablantes? ¿Existen expresiones semejantes en inglés?

Repasar y expandir: Estructura 2

LOS USOS DE *POR* Y *PARA*

Por y **para** son dos preposiciones que se traducen como *for* en inglés. Consulta el cuaderno electrónico para ver una explicación de los usos de estas dos preposiciones y para completar actividades de práctica. Luego, practica el uso de **por** y **para** con las actividades que siguen.

A. ANÁLISIS. Lee los siguientes extractos de la actividad **Citas** que ya comentaste. Subraya cada ejemplo de **por** y **para** y explica su uso.

1. «El motivo de mi carta es para decirte que te quiero mucho y no me gusta verte sufrir con tantos problemas».

2. «Ya, nosotras, las mujeres que dejamos a nuestros hijos, y venimos a luchar por ellos, ya no espera uno el amor de... ».

3. «Así que decidí irme a trabajar a los Estados Unidos para que tú y mis hermanos estén bien y nunca les haga falta nada».

4. «Es el pago que pagamos por estar en este país. (...) Se pierde el amor de la familia».

5. «Estoy haciendo esto porque tengo casi tres años de no ver a mi mamá y espero estar unida con ella, para Minnesota».

6. «Siempre lo pongo allí para que Dios lo proteja... ».

7. «Desde chiquito me ha dicho siempre eso, que él algún día me va a ayudar y me va a hacer mi casita para vivir con mis tres hijos».

B. Completar. Completa las siguientes frases sobre la inmigración según tus percepciones y opiniones, prestando atención al uso de **por** y **para**. Luego, comparte tus ideas con un(a) compañero/a de clase. Reacciona primero a lo que dice tu compañero/a (o sea, expresa acuerdo/desacuerdo) y luego analiza el uso de **por** o **para** en cada caso.

1. Para mí, la inmigración es...

2. Muchos inmigrantes viajan para EE. UU. por...

3. Por ser tan jóvenes, los niños de *¿Cuál es el camino a casa?* no entienden que...

4. Mucha gente inmigra a EE. UU. para...

5. Viajar por México...

6. Para los niños y jóvenes que inmigran,...

C. Diario: Una reacción. Escribe una reacción a *¿Cuál es el camino a casa?* ¿Qué aprendiste? ¿Qué te sorprendió? ¿Te gustó? ¿Por qué sí o no? Incorpora **por** y **para** cuando sea posible.

LEER

Antes de leer

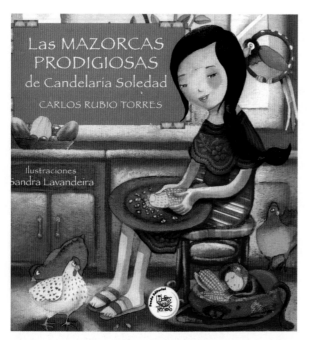

INTRODUCCIÓN

Ahora vas a leer «Las mazorcas prodigiosas de Candelaria Soledad», un cuento escrito por el costarricense Carlos Rubio e ilustrado por la argentina Sandra Lavandeira. Narrado en el estilo de un cuento de hadas, es una historia de una joven que migra a un país vecino en busca de trabajo y una vida mejor. El cuento pertenece a una colección de libros con la cual se intenta desarrollar los lazos de amistad entre autores de literatura infantil de Nicaragua y Costa Rica como un medio para combatir la xenofobia (o sea, odio u hostilidad hacia los extranjeros). Antes de leer, considera las siguientes preguntas.

- ¿Qué sabes de la migración entre Nicaragua y Costa Rica?

- ¿Por qué habrá xenofobia contra ciudadanos de los países vecinos?

- ¿Cuál es la estructura de un cuento de hadas?
- ¿Qué significará el título del cuento?
- Basándote en la cubierta del libro, ¿qué predicciones tienes sobre el cuento?

VOCABULARIO

acudir	to attend
asombrar(se)	to amaze/astonish; to be amazed/astonished (*reflex.*)
el comal	griddle
contratar	to hire
digno/a de confiar	trustworthy
el (la) extranjero/a	foreigner
la fonda	inn
la masa	dough
la mazorca	(corn)cob
la pesadilla	nightmare
la plata	money (*Latin American slang*)
el reino	kingdom
sollozar	to sob

Practiquemos el vocabulario

Llena los espacios en blanco con el vocabulario que mejor complete cada oración. Conjuga el verbo y cambia la forma de la palabra según el contexto.

1. No le digas tu secreto a Mariana; no es _____.

2. La mayor parte de los _____ que viven en mi pueblo son de Latinoamérica.

3. Para hacer tortillas, se forma un disco con la _____ y luego se lo cocina en el _____.

4. Yo soy muy sentimental. Siempre _____ cuando veo una película triste.

5. No podemos _____ a una cocinera porque cuesta demasiada _____.

6. Tanta gente _____ al concierto anoche que el tráfico fue una verdadera _____.

7. Ayer yo me _____ al ver la nueva pintura de Selena. ¡Qué bella!

«Las mazorcas prodigiosas de Candelaria Soledad»

por Carlos Rubio

Nadie puede explicarse la tristeza con que Candelaria Soledad guardó su **comal** en el fondo de la bolsa. Depositó allí mismo, y con todo cuidado, las cucharas de madera y un puñado de **mazorcas** gruesas y crujientes. Se cubrió la cabeza con el pañuelo floreado y salió de su casa, dispuesta a emprender el viaje.

Debo marcharme al **reino** fronterizo —le explicó a su madre—. Aquí ya no alcanza la **plata** para vivir. ¡Quién quita que haciendo tortillas pueda ganar muchas monedas en el vecino país!

La anciana le dio un beso en la frente, y la vio distanciarse. Le decía adiós con el trapo de limpiar la cocina, aun cuando Candelaria Soledad ya caminaba a varias millas.

Supo que había llegado a la frontera en el momento en que descubrió dos hileras de soldados, los que se veían unos frente a los otros. Cada uno de ellos cargaba una lanza, así que vistos desde lejos semejaban dos interminables barandas. El par de hileras estaba dividido por una línea, trazada en el suelo, con un trozo de tiza. Cuando se borraba un fragmento de la línea, uno de los guardianes cumplía con la regla: se agachaba, la volvía a trazar y le sacaba la lengua al que tenía enfrente. Candelaria Soledad pensó: —Extraña manera de saludarse a la gente.

No había terminado de traspasar la línea fronteriza cuando encontró un letrero que colgaba del tronco de un árbol en el que se leía:

Y la muchacha de la bolsa tejida con hilos rojizos no tardó en encontrar la torre. Se trataba de una **fonda** para viajeros, ubicada en medio de un prado repleto de ganado. Todos los animales la miraron pasar, pero una vaca, con las pestañas rizadas,[b] no tardó en cantar: —Mira la que pasa por acá, la niña Candelaria Soledad, sus **mazorcas** son trenzas[c] de sol, va lejos de su casa, sin mamá.

---

a   **patrona**... *crowned boss/employer*
b   **pestañas**... *curly eyelashes*
c   *braids*

Tocó a la puerta de la **fonda** golpeando con la aldaba y la Patrona se asomó, levantando el terciopelo frío de la ventana. Era rechoncha,[d] con el corpiño apretado como una reina y el cabello anudado con rulos.[e] Y encima de los rulos lucía una corona dorada.

—¿Es acaso otra cocinera? —gritó, mientras bajaba los escalones—. Ninguna me ha gustado, he tenido que despedir a tantas.

Abrió la puerta y se encontró a Candelaria Soledad, con los pies inflamados y un destello de hambre en sus ojos.

—Ajá, pareces **extranjera** —continuó la Patrona Coronada—. A ver, jovencita, pasa, y enséñame lo que sabes hacer con la cuchara.

La doncella no tardó en adentrarse en la torre de ladrillos. Con temblor en las manos colocó la bolsa tejida sobre la mesa. Inmediatamente sacó el **comal**, las cucharas de madera y el puñado de **mazorcas** gruesas y crujientes. Muy pronto, se esparcieron exquisitos aromas a lo largo y ancho de la cocina.

La Patrona Coronada entrecerró los ojos, hechizada[f] por los olores que brotaban[g] del **comal**. Y sonrió, inflando sus mejillas sonrosadas: —Ya me imagino cómo cocinas. Te **contrataré** aunque vengas del **reino** vecino. Bien sé que naciste en un lugar con una forma de pensar muy diferente. A mí se me hace que la gente de tu **reino** no es **digna de confiar**. Una delgada sonrisa se asomó en los labios de la joven. Y sus manos empezaron a desgranar el maíz que traía consigo. Y como si se tratara de un truco imposible, cada vez que arrancaba un grano de la **mazorca**, uno nuevo le volvía a brotar. Humilde era aquella cosecha: el dorado maíz, venido del **reino** extraño, era bueno y prodigioso, imposible que se pudiera acabar.

Tanta fue la fama de la foránea cocinera que muchos comensales[h] llegaron a la **fonda** de la Patrona Coronada. No había ningún sitio que pudiera parecérsele. Desde tierras lejanas llegaban a probar los yoltamales, preparados con el maíz más tierno.

---

d   *chubby*
e   *curlers*
f   *bewitched*
g   *were sprouting*
h   *guests*

Hombres y mujeres atestaban las mesas del pequeño restaurante de paredes de ladrillos para devorar los tamalpisques, esos tamalitos diminutos envueltos con las hojas de las **mazorcas**, y ni qué decir de los perrerreques, pancitos preparados con maíz tierno, y las cosas de horno, cuadrados de pan de maíz que cabían en una mano. Los murmullos pasaban de pueblo en pueblo: —Vayan a la torre en medio del prado de vacas: encontrarán una cocinera que prepara rosquillas,[i] que saben a despertar, a alba.

La Patrona Coronada, sentada tras el mostrador, con la cabeza repleta de rulos y su inseparable corona dorada, contaba las monedas. Y Candelaria Soledad, en silencio, desgranaba, molía, cocinaba y horneaba el maíz generoso que su tierra le había dado. Y cada vez que un hormigueo de cansancio bajaba por sus brazos se acordaba de la madre que en la casa, a mucha distancia, la esperaba.

Y así, como las **pesadillas** son pájaros impredecibles[j] que se aposentan encima de la torre, de la misma forma la muchacha **extranjera** miró el tiempo de infortunio llegar sobre su cabeza. —¿Dónde está mi corona? —vociferaba una mañana la Patrona, cubierta con una bata y en el balcón, de modo que todos la escucharan—. ¿Dónde está mi corona? Sin ella no me siento reina, no soy más que una dama destronada.

Las mariposas acabadas de amanecer y hasta los árboles se asustaron con semejantes gritos. Candelaria Soledad corría de un lado a otro y buscaba debajo de las mesas, por entre las pilas de platos y hasta en los nidos de los ratones, y no la encontraba.

—Bien sé que te la robaste —gritó la Patrona Descoronada, señalando con el dedo a la cocinera desde el más alto peldaño de la escalinata—. Ya sabía que no podía confiar en una **extranjera**. Ustedes son personas sucias, traen enfermedades y tienen costumbres extrañas. ¡Ay, mi corona! Ya la debes de haber vendido en el mercado.

La muchacha sintió que la justicia era una luz demasiado transparente, como para que pudiera iluminarla. Y con un relámpago de rabia entre su pecho guardó su **comal** en el fondo de la bolsa. Depositó allí mismo, y con todo cuidado, las cucharas de madera y el puñado de **mazorcas** gruesas y crujientes. Se cubrió la cabeza con el pañuelo floreado y salió de la torre, dispuesta a no volver la vista atrás por más que la Patrona Descoronada gritara.

Apuró el paso mientras la brisa lluviosa se anunciaba, y sin pensarlo dos veces, pasó por encima de la línea de tiza, que estaba siempre custodiada por los guardianes que se sacaban la lengua en la zona fronteriza. Sin embargo, nadie supo cómo se produjo el viento que la tiró hacia atrás y le arrancó el pañuelo, que como un retazo[k] de coraje, cayó en medio del camino. —¿Acaso debo regresar? Si en mi **comal** aún sobreviven sabores, aromas que solo mi mano sabe soñar. He de moler el futuro con el tierno maíz de la luz y la fraternidad. —Y se devolvió sobre sus pasos, llena de valentía y se adentró nuevamente en ese reino que ya no le era extraño ni tampoco le parecía **extranjero**.

La Patrona Descoronada aún aventaba[l] sartenes de lata y tenedores por la ventana, diciendo que ya no podría vivir sin su valiosa alhaja.[m] Cuando, de repente, apareció un campesino, que venía silbando por entre las veraneras[n] moradas: —¿A que nadie sabe quién tiene puesta la corona de la Patrona atribulada? Pues la luce en el campo la vaca de pestañas rizadas.

---

i   *sweet pastries*
j   *unpredictable*
k   *remnant*
l   *was throwing*
m   *treasure*
n   *bougainvillea*

La Patrona alzó la vista y vio a la vaca pastando° con la corona colocada en medio de los cuernos. Cantaba para sí misma: —No fue Candelaria Soledad, fui yo, la vaca engalanada, la que quiso ver su cabeza tan dignamente coronada.

La Patrona taconeó sobre el piso y por poco quiebra el balcón. **Sollozó**: —¿Qué voy a hacer sin esta buena muchacha? ¡Ay, Candelaria Soledad! Te llevaste las **mazorcas** que parecían trenzas del sol, las que nunca se podrían acabar. —Y absolutamente desconsolada se encerró en la torre.

Mientras tanto, Candelaria Soledad ya había colocado su **comal** sobre el fogón, bajo un cobertizo. Y un olor generoso se expandió alrededor de ella.

Bastó que empezara a desgranar el maíz para que llegaran los campesinos y el sacristán, que en la iglesia tocaba la campana. Llegaron las damas de la corte con sus pajes y criadas. Allí **acudieron** los soldados de los dos **reinos**, los que se enfilaban en la frontera, y olvidaron la tarea de trazar una línea de tiza y sacarse la lengua. Dicen que una vez descendió el rey de un coche tirado por doce caballos y una cabra. Todos **se asombraron**, pues se relamía los bigotes y pedía más tamales y más tortillas palmeadas.

No había quién no hablara en aquel **reino** de Candelaria Soledad. Mágicos eran sus dedos cuando molía la **masa** y bondadosas eran sus rosquillas que a nadie negaba.

Y según me han dicho, por las montañas todavía se ve una vaca con las pestañas rizadas y la cabeza dignamente coronada.

---

o *grazing*

Después de leer

A. ¿ENTENDISTE? Arregla en orden cronológico los siguientes eventos del cuento para crear un resumen del relato.

_____ Candelaria, trabajando duro, gana fama y mucha gente acude a la fonda para comer.

_____ Candelaria regresa para su país.

_____ Candelaria cruza la frontera.

_____ La Patrona Coronada contrata a Candelaria.

_____ La Patrona Coronada gana mucho dinero.

_____ Un campesino le dice a la Patrona Coronada que la vaca ha robado la corona.

_____ Se le roba la corona a la Patrona Coronada.

_____ Candelaria cocina para todos otra vez e incluso los soldados llegan a la fonda para comer.

_____ Candelaria Soledad se despide de su mamá y sale de su casa para buscar trabajo.

_____ Empujada por un fuerte viento, Candelaria regresa a la fonda.

_____ Candelaria cocina para la Patrona Coronada para ver si puede cocinar bien.

B. ¿QUÉ OPINAS TÚ?

PASO 1. Contesta las siguientes preguntas sobre el cuento.

1. Relaciona el cuento con la película *¿Cuál es el camino a casa?* ¿Qué tienen en común los jóvenes de la película y Candelaria Soledad? ¿Y cómo son diferentes?

2. Comenta el comportamiento de los soldados. ¿Cuál es el mensaje que quiere dar el autor al retratarlos así?

3. ¿Cómo es la Patrona Coronada? ¿Ves algo de verdad en su comportamiento e ideas?

4. ¿Qué opinas del desenlace del cuento? ¿Lo habrías escrito tú de otra manera? Explica.

5. ¿Crees que el cuento logra realizar la meta de combatir la xenofobia hacia los migrantes y mejorar las relaciones entre gente de diferentes países? Explica.

PASO 2. Comparte tus respuestas con tus compañeros/as de clase y juntos/as analicen de manera más profunda los temas y los puntos de vista tratados en la lectura.

Repasar y expandir: Estructura 3

LOS PRONOMBRES RELATIVOS

Los pronombres relativos **que**, **el/la/los/las que**, **quien(es)**, **el/la/los/las cual(es)** y **cuyo (cuya, cuyos, cuyas)** sirven para describir un sustantivo que os precede. Consulta el cuaderno electrónico para ver una explicación detallada de su uso y para completar actividades de práctica. Luego, practica los pronombres relativos con las siguientes actividades.

A. UNA BREVE BIOGRAFÍA DEL AUTOR DE «LAS MAZORCAS PRODIGIOSAS DE CANDELARIA SOLEDAD». Completa la biografía con los siguientes pronombres relativos: **el cual**, **la cual**, **cuya**, **que**, **quien** y **quienes**. No repitas ningún pronombre.

Carlos Rubio Torres, _____[1] nació en San José, Costa Rica en 1968, es un reconocido escritor y poeta costarricense. Se graduó en la Universidad Nacional en _____[2] se formó como educador. Luego, continuó sus estudios en el Programa Latinoamericano de Doctorado en Educación de la Universidad de Costa Rica, _____[3] meta es mejorar la educación en la región centroamericana al formar investigadores _____[4] contribuyan a impulsar el desarrollo humano sostenible en el área. Rubio trabaja como profesor e investigador en Literatura Infantil en la Universidad Nacional, Heredia y en la Escuela de Formación Docente de la Facultad de Educación de la Universidad de Costa Rica. Aparte de escribir cuentos como «Las mazorcas prodigiosas de Candelaria Soledad», _____[5] se incluye en este capítulo del libro, escribe novelas y poesía y muchas de sus obras han sido incluidas en antologías y libros publicados en Estados Unidos y varios países latinoamericanos. También, comparte sus obras con _____[6] participan en congresos y seminarios relacionados con la literatura infantil y la animación de la lectura en México, Guatemala, Honduras, El Salvador, Nicaragua, Panamá, Puerto Rico, Colombia, Venezuela, Perú, Bolivia y Chile.

B. COMPLETAR. Lee las siguientes frases sobre el cuento y termínalas, usando información lógica.

1. Candelaria Soledad es una muchacha que...

2. Los soldados a quienes...

3. A todos les gustaba la comida que...

4. La vaca que...

5. La Patrona Coronada, cuya...

6. Eran mágicas las mazorcas que...

7. No fue Candelaria Soledad sino la vaca engalanada la que...

8. La corona dorada, la cual...

C. UN DESENLACE ALTERNATIVO. Usa la imaginación para escribir un desenlace alternativo al cuento, incorporando los pronombres relativos cuando sea posible.

ESCUCHAR

A. PERSPECTIVAS EN TU COMUNIDAD

PASO 1. Entrevista a hispanohablantes de tu comunidad para poder conocer mejor sus perspectivas culturales y personales sobre el tema de la inmigración. A continuación, hay preguntas que puedes adaptar y/o usar como punto de partida para las entrevistas. Se recomienda hacer una entrevista en video para luego poder compartirla con la clase.

1. En tu opinión, ¿por qué inmigra mucha gente a EE. UU.?

2. ¿A qué dificultades se enfrentan muchos inmigrantes después de llegar a EE. UU.?

3. Comenta tu opinión sobre la inmigración/emigración en relación a tu país nativo. ¿Te ha afectado personalmente la inmigración?

PASO 2. Reflexiona sobre lo que has aprendido al hacer las entrevistas y graba un video en el cual compartas tus perspectivas respecto a la inmigración. El video debe durar 1–2 minutos.

Canción: «Orgullo» por Pitbull

ANTES DE ESCUCHAR

«Orgullo» es una canción sobre la inmigración cantada por el rapero cubanoamericano Armando Christian Pérez, conocido como Pitbull. Pitbull, hijo de inmigrantes cubanos, nació y creció en Miami (1981). La canción «Orgullo» aparece en su sexto álbum, *Armando* (2011). Basándote en lo que sabes del cantante y en el título de la canción, haz predicciones sobre su contenido. ¿Cuál será el contenido de la canción?

DESPUÉS DE ESCUCHAR

A. ANÁLISIS DE LA CANCIÓN. En grupos pequeños, contesten las preguntas que siguen sobre la canción que acaban de escuchar.

1. ¿Cuál es el mensaje principal de la canción? ¿Qué opinan Uds. del mensaje?

2. ¿Cuál es el tono de la canción? Expliquen.

3. Comenten la afirmación «que el mundo entero es pa' nosotros». ¿Qué quiere decir? ¿Están de acuerdo?

4. ¿Por qué se titula la canción «Orgullo»? ¿Les parece adecuado el título? Sugieran otro título.

5. Relacionen la canción con ¿*Cuál es el camino a casa?* y con «Las mazorcas prodigiosas de Candelaria Soledad». ¿Qué tienen en común la canción, el documental y el cuento? ¿Ven algunas diferencias?

6. ¿Les gusta la canción? Expliquen.

B. Te toca a ti: Una canción original. Las mismas ideas se pueden expresar a través de diferentes estilos musicales. Trabajando en grupos pequeños, escojan otro estilo musical (*p. ej.*, country, pop, reggae, rock) y vuelvan a escribir la canción «Orgullo» para que el contenido se adapte al estilo escogido. Luego, presentarán la letra de su canción a la clase.

ESCRIBIR

Repasar y expandir: Estructura 4

EL PRESENTE DE SUBJUNTIVO E INDICATIVO EN CLÁUSULAS ADJETIVALES Y ADVERBIALES

En el **Capítulo 4** se practica el uso del presente de subjuntivo en la cláusula subordinada cuando el verbo de la cláusula principal expresa voluntad, influencia, reacciones emocionales y opiniones, o cuando cuestiona o niega la realidad. El subjuntivo también se usa en algunas cláusulas adjetivales y adverbiales. Se usa el subjuntivo en una cláusula adjetival cuando modifica un sustantivo indefinido y se usa el indicativo cuando modifica un sustantivo definido.

Subjuntivo	Busco a alguien que me **ayude** con el subjuntivo.
	No hay nadie que no **pueda** aprender español.
Indicativo	Tengo un profesor que me **ayuda** con el subjuntivo.
	Hay muchas personas que **pueden** aprender español.

También se usa el subjuntivo en cláusulas adverbiales introducidas por conjunciones que expresan condiciones contingentes (*p. ej.*, **con tal de que, para que, a menos que, en caso de que, sin que**) o que contienen adverbios temporales que hacen referencia a eventos anticipados (*p. ej.*, **después de que, cuando, en cuanto, tan pronto como, hasta que**). Si estos adverbios temporales no se refieren al futuro, sino al presente habitual o el pasado, se usa el indicativo después.

Subjuntivo	Mucha gente migra a EE. UU. para que sus hijos **tengan** una mejor vida.
	Mucha gente cree que va a llegar una oleada grande de inmigrantes tan pronto como se les **dé** la amnistía a los que ya están aquí.
Indicativo	Si son detenidos, muchos inmigrantes vuelven a intentar cruzar la frontera tan pronto como **pueden.**
	Ayer salió en las noticias que un inmigrante se entregó a los agentes fronterizos tan pronto como los **vio** porque se le había acabado el agua y temía morirse.

Consulta el cuaderno electrónico para ver una explicación detallada y para completar actividades de práctica. Luego, practica el uso del subjuntivo e indicativo en cláusulas adjetivales y adverbiales con las actividades que siguen.

A. Análisis

Paso 1. Lee las siguientes oraciones que contienen ejemplos del subjuntivo e indicativo en cláusulas adjetivales y adverbiales. Subraya cada verbo de la cláusula subordinada y escribe **S** para indicar el modo subjuntivo e **I** para el indicativo.

> Modelo
>
> Algunos niños del documental salen de su casa sin que sus padres lo <u>sepan</u>. **S**

1. Ya no hay ningún pueblo que no cuente con unos inmigrantes.

2. No hay nada que pueda hacer nadie para detener la inmigración indocumentada.

3. Yurico sale para EE. UU. para que una familia en EE. UU. lo adopte.

4. Tristemente, Yurico vuelve a tomar drogas después de que los agentes lo deportan a México.

5. Al final del documental, Yurico dice que quiere irse para EE. UU. cuando cumpla 18 años.

6. La Patrona Coronada busca una cocinera que prepare comida rica.

7. Va a haber menos inmigración indocumentada tan pronto como haya menos pobreza en otros países.

8. Conozco a muchos latinoamericanos que tienen parientes en EE. UU.

9. Quiero contratar a alguien que esté familiarizado con las leyes de inmigración.

10. Hay muchos abogados en nuestra ciudad que te pueden ayudar con tus documentos.

11. Las tasas de inmigración a EE. UU. siempre son más bajas cuando las tasas de desempleo en el país son altas.

12. Muchos inmigrantes centroamericanos indocumentados son deportados a menos que logren probar que son refugiados.

Paso 2. Compara tus respuestas con un(a) compañero/a de clase y juntos/as expliquen por qué se usa el subjuntivo o el indicativo en cada caso.

> Modelo
>
> Algunos niños del documental salen de su casa sin que sus padres lo <u>sepan</u>. **S**
>
> Se usa el subjuntivo porque **sin que** es un adverbio que expresa una condición contingente.

B. ¿Pesimista u optimista?

Tu instructor(a) te asignará el papel de 'pesimista' u 'optimista'. Completa las frases que te corresponden con la forma correcta del subjuntivo o indicativo, y luego conversa con un(a) compañero/a que tenga el papel opuesto. Después de leer las oraciones de cada número, habla con tu pareja sobre tu opinión verdadera.

Estudiante A: Pesimista

1. No hay ningún niño en ¿*Cuál es el camino a casa?* que...

2. Yo, igual que La Patrona Coronada de «Las mazorcas prodigiosas de Candelaria Soledad», creo que quienquiera que...

3. En canciones como la de Pitbull, no se ofrecen opiniones/mensajes que...

4. Muchos políticos fomentan sentimientos anti-inmigrantes para que...

5. No conozco a ningún (ninguna) director(a) de documentales que...

Estudiante B: Optimista

1. Hay muchos niños en *¿Cuál es el camino a casa?* que...

2. Yo, a diferencia de La Patrona Coronada de «Las mazorcas prodigiosas de Candelaria Soledad», siempre intento tratar bien a quienquiera que...

3. En canciones como la de Pitbull, se ofrecen opiniones/mensajes que...

4. Muchos políticos quieren aprobar leyes que ayuden a los inmigrantes con tal de que...

5. Conozco a un director de documentales que...

C. Otra película sobre la inmigración

Paso 1. Para la escritura de este capítulo, vas a ver otra película sobre la inmigración para luego escribir una crítica de ella. Ahora vas a empezar a investigar una película para decidir si quieres usarla para la crítica. Escoge una de las películas de la lista que sigue. Tu investigación puede incluir lo siguiente: ver el tráiler, leer información en la página web oficial de la película, leer un resumen y/o una crítica de la película, etc.

Películas posibles: *Quién es Dayani Cristal, De nadie, El otro lado de la inmigración, Wetback: The Undocumented Documentary, Purgatorio, Balseros, El albergue, La bestia, Maid in America, Dying to Live, Sin nombre, Al otro lado, Entre nos, La misma luna, El norte, A Day without a Mexican, María llena eres de gracia, 9500 Liberty, Mojados: Through the Night, Lost Souls/Ánimas perdidas* y *2501 Migrants: A Journey/ Reencuentros: 2501 Migrantes*

Paso 2. Después de hacer tu investigación, escribe un resumen de lo que aprendas, completando las siguientes frases con el presente de indicativo o subjuntivo. Compartirás tus conclusiones con un(a) compañero/a de clase.

- En el tráiler (no) hay imágenes que...

- En el tráiler no se ve a nadie que...

- (No) me gusta este tráiler, porque prefiero los tráilers que...

- Voy a ver el filme con tal de que...

- No voy a ver el filme hasta que...

- Siempre busco información en Internet antes de ver un filme en caso de que...

- La película (no) tiene una página web oficial que...

- En la página web oficial de la película (no) hay información que...

- A base de mi investigación de este filme, quiero buscar más filmes que...

- Quiero usar este filme para mi crítica... / No quiero usar este filme porque... y voy a buscar otro filme que...

- Voy a pedir que... vea el filme conmigo para que...

Herramientas para la escritura

EL LENGUAJE DE LAS RESEÑAS DE PELÍCULAS

Esta película / Este filme / Este documental trata de... This movie / film / documentary is about. . .

El (la) director(a) / El guionista se llama... The director / script writer is (is named). . .

La actuación es... The acting is. . .

El reparto de actores incluye... The cast includes. . .

La actriz principal (secundaria) / El actor principal es / Los actores principales (secundarios) son... The main (supporting) actress / actor is / The main (supporting) actors are. . .

Los protagonistas / los personajes principales (secundarios) son... The protagonists / main (supporting) characters are. . .

...desempeña el papel de... . . . plays the role of. . .

Se estrenó en... (*p. ej.,* **2016**) It debuted in. . . (e.g., 2016)

La acción tiene lugar en... The action takes place in. . .

El argumento (La trama) se centra en / se basa en / trata de... The plot (storyline) focuses on / is based on / is about. . .

Una de las características más notables es... One of the most salient features is. . .

La escena más impactante/memorable es cuando... The most impressive/memorable scene is when. . .

El valor / la importancia de esta obra consiste en / consta de... The value/importance of this work consists of. . .

En resumen / Para concluir, esta obra... In summary / To conclude, this work. . .

Una **ficha técnica** contiene la siguiente información:

- ☐ Título original y traducción al inglés*
- ☐ Año de producción
- ☐ Director(a) y/o Productor(a)
- ☐ Duración
- ☐ Distribuidora

*Se debe incluir si se aplica a la película reseñada.

Escritura como proceso

UNA CRÍTICA DE OTRA PELÍCULA SOBRE LA INMIGRACIÓN

Ahora tendrás la oportunidad de ver la película que escogiste en la actividad **Otra película sobre la inmigración** para luego resumirla y criticarla.

PASO 1. Mientras veas la película, toma apuntes sobre la información más importante, para luego resumir el contenido. También considera las siguientes preguntas.

1. ¿Es informativa la película? O sea, ¿qué aprendiste al verla?

2. ¿Está bien organizada la información?

3. ¿Incluye una variedad de perspectivas? Si no, ¿qué perspectivas están ausentes?

4. ¿Cuáles son los puntos fuertes de la película?

5. ¿Cuáles son los puntos débiles?

6. ¿Recomendarías que otros vieran la película? ¿Por qué sí o no?

PASO 2. Organiza tus ideas del **Paso 1** para escribir un borrador. La crítica, de entre 375 a 425 palabras, debe escribirse a máquina, a doble espacio. Luego, revisa tu borrador, usando la siguiente lista de verificación como guía.

Contenido

☐ ¿He incluido suficiente (y no demasiada) información en mi resumen de la película?

☐ ¿Explico de manera completa y concisa los puntos fuertes de la película, con ejemplos?

☐ ¿Incluyo una crítica de los puntos débiles, con ejemplos?

☐ ¿Es apropiado el tono? ¿Se conforma con el propósito de **resumir** y **evaluar** la película?

☐ ¿Incluyo una recomendación para el público lector, o sea, si deben ver la película?

Organización

☐ ¿Hay una secuencia lógica, con una introducción, un cuerpo y una conclusión?

☐ ¿Hay palabras de enlace (sin embargo, aunque, además, por consiguiente, etc.)?

☐ ¿Es eficaz la división y organización de ideas en párrafos? ¿Hay párrafos que deban dividirse o reorganizarse? ¿Hay alguna frase/oración o frases/oraciones dentro de algún párrafo que deba(n) ser eliminada(s), elaborada(s), etc.?

Vocabulario/Gramática

☐ ¿He utilizado un vocabulario variado y lenguaje de las reseñas de películas (de **Herramientas para la escritura**)? ¿He evitado palabras básicas como **bueno, malo** y **cosas**? ¿También he verificado que no hay traducciones literales?

☐ ¿He usado correctamente las estructuras estudiadas en este capítulo (palabras indefinidas y negativas, **por/para**, pronombres relativos, el presente de subjuntivo e indicativo en cláusulas adjetivales y adverbiales)?

☐ ¿Hay concordancia entre los sustantivos y sus modificadores (fem./masc./sing./pl.) y entre los verbos y los sujetos?

☐ ¿He revisado la ortografía y la puntuación?

PASO 3. Revisión en colaboración: Intercambia tu borrador con el de otro/a estudiante y utiliza la hoja que te ha dado tu instructor(a) para ayudar a tu compañero/a a mejorar su trabajo escrito. Él/Ella hará lo mismo con el tuyo.

PASO 4. Lee con cuidado los comentarios y sugerencias de tu compañero/a y revisa tu trabajo, incorporando las correcciones y los cambios necesarios. Entrégale a tu instructor(a) tu trabajo corregido.

EXPANDIR

A. PRESENTACIÓN. Como el tema de la inmigración conlleva muchas áreas, este capítulo no puede abarcar todas las cuestiones pertinentes. Para informarse de otros datos sobre la inmigración, van a trabajar en equipos para investigar uno de los siguientes temas para luego presentárselo a sus compañeros/as de clase.

- La violencia pandillera reciente en Centroamérica (especialmente en Honduras y El Salvador)

- La cronología de la legislación sobre cuestiones de inmigración en Estados Unidos (a nivel estatal o nacional), incluyendo: El Dream Act, la reforma migratoria de Obama (2012), la orden ejecutiva de 2014 y la legislación actual

- Los patrones de inmigración en la región donde viven Uds.

- Los trámites para pedir un visado, una tarjeta verde o la ciudadanía en EE. UU.

- La inmigración en España, Costa Rica, Argentina u otro país hispanohablante

- Las remesas

- El Tratado de Libre Comercio y sus consecuencias para la inmigración

- La Mara Salvatrucha y la inmigración

- La inmigración a EE. UU. de otros grupos hispanos (los cubanos, los chilenos, etc.) a lo largo de los años

- La iniciativa Mérida (también conocido como el Plan Mérida o el Plan México) y El Plan Frontera Sur y su relación con la inmigración

- Más detalles sobre algún aspecto de la inmigración de los menores extranjeros no acompañados centroamericanos (*p. ej.,* causas de la ola de inmigrantes menores de edad en los años recientes, consecuencias en Centroamérica y en México, su situación legal, etc.)

B. DEBATE. Trabajarán en equipo para preparar la defensa de una de las posturas que siguen. No se olviden de anticipar los argumentos del otro lado para poder refutarlos.

POSTURA 1. El gobierno de EE. UU. debe hacer todo lo posible para detener la inmigración ilegal, incluso construir un muro a lo largo de toda la frontera, crear leyes más estrictas y trabajar más duro para deportar a los inmigrantes indocumentados que ya están aquí.

POSTURA 2. En vez de crear leyes más estrictas y deportar a los inmigrantes indocumentados, el gobierno de EE. UU. debe permitir que los inmigrantes entren legalmente con contrato de seis meses (Programa para trabajadores huéspedes) y debe buscar otras opciones más humanitarias para resolver el problema.

C. DIARIO: SÍNTESIS. Reflexiona sobre todo lo que has aprendido a lo largo de este capítulo (filme, cuento, canción, entrevistas, presentaciones y actividades) sobre el tema de la inmigración. Si pudieras conversar con un(a) ciudadano/a estadounidense que supiera poco sobre la inmigración indocumentada hacia EE. UU., ¿qué le dirías? ¿Y cómo responderías si esa persona te hiciera la siguiente pregunta: «¿Y qué puedo hacer yo?»?

OBJETIVOS: CAPÍTULO 5

ACABO DE TERMINAR ESTE CAPÍTULO Y <u>PUEDO</u>:

☐ explicar en mis propias palabras la información cultural que he aprendido sobre los temas principales de este capítulo (las facetas económicas, sociales, políticas y personales de la inmigración) a través del análisis del documental *¿Cuál es el camino a casa?* y de hacer otras actividades.

☐ hablar sobre los temas principales de este capítulo

☐ empleando vocabulario apropiado.

☐ usando de manera correcta las expresiones negativas e indefinidas, **por** y **para**, los pronombres relativos y el presente de subjuntivo e indicativo en cláusulas adjetivales y adverbiales.

☐ demostrar mi habilidad de utilizar lenguaje apropiado para escribir una crítica de una película.

CAPÍTULO 6

LOS DERECHOS HUMANOS

NOTA: *Recuerda leer ahora la lista en la página 173 de lo que debes ser capaz de hacer al terminar este capítulo. ¿Vas a poder decir «Sí, puedo». para todos los objetivos? ¡Claro que sí!!*

PELÍCULA DOCUMENTAL:
Nuestros desaparecidos / Our Disappeared (2008)

ESTRUCTURAS GRAMATICALES:
Los demostrativos; El imperfecto de subjuntivo (el pasado
de subjuntivo); Los gerundios y el progresivo; Los participios

LECTURA:
Los derechos humanos: ¿Cómo se definen y qué papel
desempeña las Naciones Unidas?

CANCIÓN:
«Desapariciones» por Maná

HERRAMIENTAS PARA LA ESCRITURA:
La carta formal: Ampliar el lenguaje

ESCRITURA:
Una carta formal para pedir información

VER

Antes de ver

A. Acerquémonos al tema. Este capítulo trata de los derechos humanos. Verás *Nuestros desaparecidos*, un documental sobre los 'desaparecidos', o sea, las personas que fueron perseguidas, secuestradas, torturadas y asesinadas de manera secreta y sistematizada por los gobiernos militares en la Argentina entre 1976 y 1983. La 'guerra sucia' durante estos años de represión dejó entre 9.000 y 30.000 muertos.

Para poder entender mejor la situación política en la Argentina antes y durante la guerra sucia, trabajen en grupos pequeños y usen sus conocimientos previos para completar juntos la siguiente cronología con los nombres del cuadro.

> **OJO:** Se indican **en negrita** las nuevas palabras de vocabulario de este capítulo.

Emilio Massera	El General Jorge Rafael Videla
El General Juan Perón	María Estela Martínez de Perón (conocida como Isabel/Isabelita)
Henry Kissinger	María Eva Duarte (conocida como Evita)
James (Jimmy) Carter	Patricia Derian

- _____[1] consolidó su **poder** en la década de los 40 al movilizar a los trabajadores argentinos marginados, convirtiéndolos en una poderosa fuerza política. A esto se sumaba la adoración del pueblo por la actriz _____,[2] su segunda esposa, que personificaba el estado paternalista.

- A principios de la década de los 70, el fervor revolucionario se extendía por toda América Latina, exigiendo **justicia social** para eliminar las profundas desigualdades que existían en el continente.

- **Derrocado** por los militares en 1955, el General Perón llevaba dieciocho años viviendo en el **exilio** y estaba presionando al gobierno militar a convocar elecciones para poder volver al **poder**.

- El 20 de junio de 1973 más de dos millones de personas se movilizaron hasta un cruce en la autopista de Ezeiza, el aeropuerto de Buenos Aires, para recibir a Perón, su líder que retornaba a la Argentina desde España. Estalló la violencia entre la contradictoria gama de grupos de izquierda y derecha que estaban ahí compitiendo por ser legitimados por Perón y se calcula que hubo cientos de heridos y muertos.

- El 23 de septiembre de 1973, Perón fue electo Presidente de la Nación Argentina por tercera vez. Murió menos de un año después de asumir la presidencia y fue sucedido por _____,[3] su tercera esposa y vice-presidenta.

- El 24 de marzo de 1976 hubo un **golpe de estado** de extrema derecha. Se suspendió toda actividad política, se prohibieron las **huelgas** y la **junta militar** asumió el control sobre las **cortes**.

- _____[4] fue designado presidente de facto de la Argentina por la **junta militar**. Ocupó la presidencia entre 1976 y 1981.

- Documentos recientemente desclasificados muestran que en 1976 el Secretario de Estado de EE. UU., _____,[5] **sospechaba** que el Congreso estadounidense iba a aprobar leyes de **derechos humanos** que harían difícil para EE. UU. mantener buenas relaciones con la Argentina si el gobierno estaba sistemáticamente **torturando** y **asesinando** a sus oponentes políticos. Por lo tanto, él comunicó a los militares su deseo que la **junta militar** en la Argentina **asesinara** rápidamente a sus oponentes políticos.

- Entre 1976 y 1978 hubo trescientos cuarenta campos de concentración en la Argentina. El Almirante _____,[6] comandante en jefe de la Armada y uno de los miembros de la **junta militar**, supervisaba la ESMA, la Escuela de Mecánica de la Armada, que se convirtió en el mayor centro **clandestino** de **detención**, operando hasta cinco salas de **tortura** a la vez.

- La política de los Estados Unidos hacia la Argentina cambió al asumir la presidencia _____[7] en 1977. La embajada de los Estados Unidos en Buenos Aires abrió sus puertas a familiares que querían registrar **desaparecidos** y _____,[8] la sub-secretaria del Departamento de Estado en Derechos Humanos y Asuntos Humanitarios confrontó a la junta por sus violaciones de los **derechos humanos**.

- La democracia volvió a la Argentina en 1983. Los comandantes de la **junta militar** fueron **juzgados** y condenados. Sin embargo, pocos años después, el gobierno cedió a la presión militar y pasó leyes de amnistía general y los responsables quedaron en libertad.

- En 2005 la Corte Suprema anuló las leyes de amnistía y más de 500 casos fueron reabiertos. Desafortunadamente, el día antes del veredicto en el primer **juicio**, el testigo principal **desapareció** y desde entonces los **juicios** han sido escasos y lentos. [Nota: Se ha cambiado mucho la situación desde que el director terminó este documental. Ha habido más de 600 **juicios** y veredictos.]

- El 24 de marzo de cada año se hace una marcha en Buenos Aires para conmemorar el aniversario del **golpe** militar y los años trágicos de la guerra sucia. Esta enorme **manifestación** mantiene viva la memoria de los **desaparecidos**.

B. Diario: ¿Qué sabes? Antes de ver la película de este capítulo, toma un momento para reflexionar sobre lo que ya sabes sobre los derechos humanos.

1. ¿Qué se entiende por 'derechos humanos'?

2. ¿Cuál es la situación actual de los derechos humanos en el mundo globalizado en que vivimos? Piensa tanto en los avances logrados como los problemas existentes.

3. ¿Por qué es importante proteger los derechos económicos, sociales y culturales?

4. Amnistía Internacional, en su página web (www.amnesty.org/es), provee información sobre cuestiones clave de derechos humanos y sobre sus campañas a favor de los derechos humanos. ¿Cuál(es) de las campañas te impacta(n) más y por qué?

VOCABULARIO

acordarse (de)	to remember
amenazado/a (amenazar)	threatened (to threaten)
el asesinato; asesinado/a (asesinar)	murder, assassination; murdered, assassinated (to murder, to assassinate)
el atentado	assault, attack; (*violent*) attempt
averiguar	to figure out; to find out, discover
caer en la cuenta	to realize
la censura (censurar)	censure (to censure)
la clandestinidad; clandestino/a	hiding; clandestine, secret
el (la) combatiente (combatir)	fighter (to battle)
comprometido/a (comprometer[se])	committed (to commit)
las cortes	courts
los derechos humanos	human rights
derrocar	to overthrow; to oust
el desafío (desafiar)	challenge, defiance (to challenge, to defy)
la desaparición; desaparecido/a (desaparecer)	disappearance; disappeared (*person*) (to disappear; to go missing)
(des)armado/a (armar)	(un)armed (to arm)
la detención; detenido/a (detener)	detention; detainee (to detain; to arrest)
la dictadura (militar)	(military) dictatorship
el dolor; doloroso/a (doler)	pain; painful (to hurt, ache)
el ejército	army

encarcelar	to incarcerate, imprison
enterarse (de)	to realize; to find out (about)
espantoso/a	atrocious, frightful, horrible
el exilio (exiliarse)	exile (to be exiled)
la facultad	(*university*) department, school
el golpe de estado	coup d'état
la guerra	war, conflict
la guerrilla; grupo(s) guerrillero(s)	guerilla group; guerrilla armed forces
la huelga	(labor) strike
la huida (huir)	escape, flight (to escape; to flee)
la (in)justicia (social)	(social) (in)justice
el interrogatorio (interrogar)	interrogation (to interrogate, to question)
el juicio (juzgar)	legal trial (to try; to judge)
la junta militar	military junta
la lucha (armada) (luchar)	(armed) struggle (to fight)
la manifestación (manifestarse)	demonstration, protest (to demonstrate; to protest)
la militancia; el (la) militante (militar)	militancy; militant (to serve; to be active in; to be a member of)
la pena de muerte	death penalty
perder el rastro (de)	to lose track (of)
el poder; poderoso/a	power; powerful
el reclutamiento (reclutar)	recruitment (to recruit)
el refugio (refugiar[se])	refuge (to give refuge to; to take refuge [*reflex.*])
el sindicato; el (la) sindicalista	labor union; union member
la sobrevivencia; el (la) sobreviviente	survival; survivor
la sospecha; el (la) sospechoso/a (sospechar)	suspicion; suspect (to suspect)
la tortura; el (la) torturado/a; el (la) torturador(a) (torturar)	torture; torture victim; torturer (to torture)
vencido/a (vencer)	defeated (to beat, to defeat)

Practiquemos el vocabulario

A. Antónimos. Empareja cada palabra o expresión de vocabulario con su antónimo.

1	_____ acordarse de	a.	perder
2.	_____ clandestino	b.	la confianza
3.	_____ la dictadura	c.	ignorar
4.	_____ encarcelar	d.	la democracia
5.	_____ el exilio	e.	la impotencia
6.	_____ la guerra	f.	liberar
7.	_____ caer en la cuenta	g.	olvidar
8.	_____ el poder	h.	la paz
9.	_____ vencer	i.	público
10.	_____ la sospecha	j.	la repatriación

B. ¡Firma aquí! Busca compañeros/as que contesten **sí** a la siguientes preguntas. Deben firmar al lado de la pregunta. Las palabras de vocabulario se indican **en negrita**. También, intenta hacer preguntas de seguimiento cuando sea apropiado, por ejemplo, para el **1**: ¿Qué juicio seguiste?, Cuál fue el veredicto?, etc.

1. ¿Alguna vez has seguido un **juicio** (a través de artículos periodísticos, en la tele, por Internet, etc.)? _____

2. ¿Crees que en tu país hay mucha **injusticia social**? _____

3. **¿Perdiste el rastro** de un(a) amigo/a de tu infancia? _____

4. **¿Te has manifestado** alguna vez en contra de algo o a favor de una causa? _____

5. ¿Alguna vez **te caíste en la cuenta** que tu mejor amigo/a te había mentido u ocultado algo de mucha importancia? _____

6. ¿Te interesaría matricularte en una clase sobre los **derechos humanos**? _____

7. ¿Han ocurrido **huelgas** en tu ciudad o pueblo natal? _____

8. ¿Conoces a alguien que tenga miedo de enamorarse o del **compromiso**? _____

9. ¿Tienes un familiar o amigo/a que sirva en el **ejército**? _____

10. ¿Has superado un gran **desafío** en tu vida? _____

C. Una entrevista

Paso 1. Escoge cinco palabras de vocabulario que todavía no hayas aprendido, y luego escribe cinco preguntas para un(a) compañero/a de clase, incorporando el vocabulario.

Modelo

¿Opinas que hay más o menos **censura** contra periodistas hoy en día que hace unas décadas?

Paso 2. Entrevista a un(a) compañero/a de clase. Él/Ella también te hará preguntas a ti. Cuando terminen, su instructor(a) les pedirá que compartan algo que los/las dos tienen en común.

Modelo

Desafortunadamente, los dos opinamos que hay más **censura** hoy en día.

Repasar y expandir: Estructura 1

LOS DEMOSTRATIVOS

Los demostrativos son adjetivos o pronombres que señalan una relación espacial o temporal con la persona que habla. Los adjetivos demostrativos típicamente van antes de un sustantivo y todos excepto las formas neutras (**esto, eso, aquello**) concuerdan en género y número con el sustantivo al que se refieren. Los pronombres demostrativos se usan sin mencionar el sustantivo al que se refieren y tienen las mismas formas que los adjetivos demostrativos. Consulta el cuaderno electrónico para ver una explicación más detallada de las formas y los usos de los demostrativos y para completar actividades de práctica. Luego, practícalos con las actividades que siguen.

A. ANÁLISIS. Lee las siguientes citas del documental y <u>subraya</u> cada demostrativo. Si es un demostrativo adjetivo, escribe ADJ en el espacio y pon un (círculo) alrededor del sustantivo al que se refiere; si es un demostrativo pronombre, escribe PRO en el espacio y también el sustantivo al que se refiere.

> **OJO:** El sustantivo al que se refiere el demostrativo es a veces implícito, o sea, no aparece siempre en la oración.

MODELOS

    ADJ «Hace treinta años me fui de la Argentina para vivir en los Estados Unidos. He vuelto para visitar amigos y familiares, pero **este** (viaje) es diferente». *(Juan Mandelbaum, el director)*

PRO – hombre (Carlitos); PRO – mujer (Mercedes). «**Este** es Carlitos en La Habana, jugando al ajedrez. Parece el Che, si tuviera la barbita. Después **esta** soy yo». *(Mercedes Depino, una de las mujeres entrevistadas)*

1. _____ «La ilusión que teníamos de que Perón nos llevaría al socialismo quedó destrozada en este cruce en la autopista de Ezeiza —el aeropuerto de Buenos Aires». *(Juan Mandelbaum, el director, visitando el lugar donde estalló violencia el 20 de junio de 1973 entre los grupos de izquierda y de derecha que competían por ser legitimados por Perón)*

2. _____ «Primero mataremos a todos los subversivos, luego mataremos a sus colaboradores, después... a sus simpatizantes, enseguida... a aquellos que permanecen indiferentes, y finalmente mataremos a los tímidos». *(el General Ibérico Saint Jean, el gobernador de la Provincia de Buenos Aires, en mayo de 1977)*

3. _____ «Durante el año escolar Jorge trabajaba como profesor de educación física y militaba en el sindicato (*union*) de maestros de Buenos Aires. Los militares consideraron que este tipo de actividad era 'subversiva', y esa fue razón suficiente para 'desaparecer' a miles de ciudadanos como él». *(Juan Mandelbaum, el director)*

4. _____ «Estaba leyendo yo este libro que se llama *¡Ay! Mis ancestros*. Y empieza el libro con una cita de San Agustín: "Los muertos son seres invisibles, no ausentes."». (*Alejandra, la hermana de Patricia Dixon, una de las desaparecidas*)

5. _____ «Y mi mamá que era como muy así... en aquel momento una persona muy espiritual, y entonces ella decía que, ella cerraba los ojos y no era exactamente un sueño, pero que ella veía cuatro columnas blancas, que veía muy fuertemente, la primera imagen que le venía a los ojos eran cuatro columnas blancas. Y eso le pasaba todo el tiempo cuando cerraba los ojos. Y luego, un día me dijo, esta noche cerré los ojos y vi la imagen de Pato, vestida de blanco, una imagen muy plácida, que me decía "no te preocupes, mami estoy bien yo", y después no la vio más la imagen». (*Alejandra recordando las visiones que tenía su madre después de que Patricia "Pato" desapareció*)

6. _____ «Después de la desaparición de José [Beláustegui], su madre compiló todos sus poemas, dibujos y cartas, y publicó un libro llamado *JOSÉ*. Ahora, su hijo Antonio guarda estos materiales. Al leer el libro, me llamó la atención la fe ciega que José tenía en la revolución que transformaría a América Latina». (*Juan Mandelbaum, el director*)

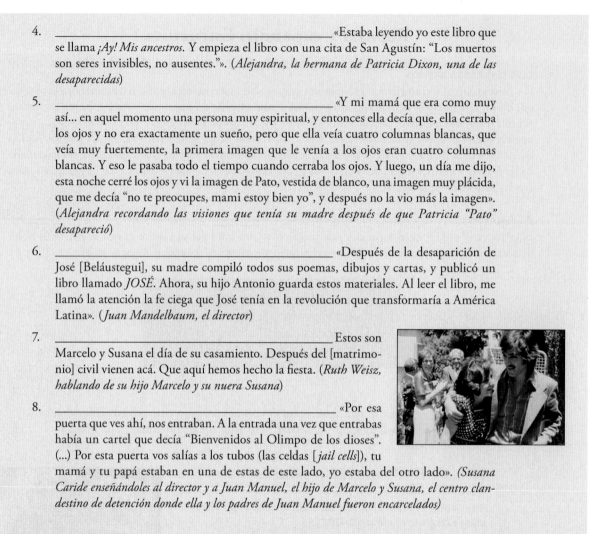

7. _____ Estos son Marcelo y Susana el día de su casamiento. Después del [matrimonio] civil vienen acá. Que aquí hemos hecho la fiesta. (*Ruth Weisz, hablando de su hijo Marcelo y su nuera Susana*)

8. _____ «Por esa puerta que ves ahí, nos entraban. A la entrada una vez que entrabas había un cartel que decía "Bienvenidos al Olimpo de los dioses". (...) Por esta puerta vos salías a los tubos (las celdas [*jail cells*]), tu mamá y tu papá estaban en una de estas de este lado, yo estaba del otro lado». (*Susana Caride enseñándoles al director y a Juan Manuel, el hijo de Marcelo y Susana, el centro clandestino de detención donde ella y los padres de Juan Manuel fueron encarcelados*)

B. LO APRENDIDO. Anteriormente completaste una cronología sobre la situación política en la Argentina antes de y durante la guerra sucia. ¿Recuerdas bien esa información? Veamos... Trabajen en parejas y juntos relacionen las oraciones de la columna a la izquierda con su continuación a la derecha y luego llenen los espacios en blanco con un demostrativo apropiado. Después, compartan sus respuestas con la clase.

> **OJO:** Para algunos de los espacios en blanco, hay más de una respuesta posible.

1. El 20 de junio de 1973, más de dos millones de personas se juntaron para la vuelta del General Juan Perón a la Argentina.

2. Hubo un golpe de estado el 24 de marzo de 1976.

3. En la década de los 70, gente en toda América Latina exigía justicia social.

4. De las tres esposas de Perón, María Eva Duarte fue la segunda.

5. En 1976, Henry Kissinger estaba preocupado por las nuevas leyes de derechos humanos aprobadas por el Congreso que exigían a la Casa Blanca certificar que un gobierno no estaba violando los derechos humanos antes de proporcionar ayuda de Estados Unidos.

6. En 1977, la embajada de los Estados Unidos en Buenos Aires estableció un equipo para monitorear la situación de los derechos humanos en la Argentina.

7. La democracia volvió a la Argentina en 1983.

8. En 2005, la Corte Suprema anuló las leyes de amnistía.

a. _____ gozaba de popularidad y fue bautizada 'Evita' por el pueblo argentino.

b. Y mucha gente hoy en día en _____ mismos países sigue la lucha.

c. Sabía que _____ harían difícil para EE. UU. mantener buenas relaciones con la Argentina si el gobierno estaba sistemáticamente torturando y asesinado a los izquierdistas, sus oponentes políticos.

d. Rápidamente _____ se convirtió en un centro donde los familiares de las víctimas de la guerra sucia podían registrar desaparecidos.

e. Poco después de _____, el General Jorge Rafael Videla fue declarado el presidente de facto de la Argentina por la junta militar.

f. Y _____ retorno permitió que unos años después los comandantes de la junta militar pudieron empezar a ser juzgados por sus crímenes.

g. _____ mismo día murieron cientos de personas cuando se desató la violencia.

h. Como consecuencia de _____, más de 500 casos fueron reabiertos.

C. MIS SERES QUERIDOS. En la primera actividad de esta sección, **Análisis**, viste que algunas de las personas entrevistadas en el documental describen fotos de sus amigos o familiares: «**Este** es Carlitos en La Habana, jugando al ajedrez. Parece el Che, si tuviera la barbita. Después **esta** soy yo». Selecciona dos o tres fotos de tus seres queridos, llévalas a clase y descríbelas a un(a) compañero/a de clase. Emplea los adjetivos y pronombres demostrativos.

El filme

FICHA TÉCNICA

Título: *Nuestros desaparecidos / Our Disappeared*

Año: 2008

Duración: 99 minutos

Guionista, Director y Productor: Juan Mandelbaum

Producción: Una co-produción de Geovision, Inc. y The Independent Television Service (ITVS), en asociación con Latino Public Broadcasting (LPB) y financiado por The Corporation for Public Broadcasting.

SOBRE EL FILME

Nuestros desaparecidos es un documental de Juan Mandelbaum, un cineasta de origen argentino. Al enterarse de que Patricia Dixon, una novia suya durante la universidad, aparece en la lista de los 'desaparecidos', Mandelbaum emprende un viaje a la Argentina para intentar averiguar qué le pasó. A través de impactantes imágenes de archivo y conmovedoras entrevistas con familiares y amigos de los desaparecidos, el filme nos da una mirada íntima de los contextos políticos y personales que llevaron a tantos jóvenes a luchar por una sociedad más justa durante la dictadura militar en la Argentina de 1976–1983. El documental ha recibido varios premios con el Premio Honorífico Derechos Humanos del festival de documentales Docúpolis (Barcelona) 2009 y el Premio del Público en el Chicago Latino Film Festival.

Juan Mandelbaum

Patricia Dixon

NOTA: *En el documental, vas a escuchar ejemplos del* **voseo***, puesto que el uso del pronombre de segunda persona* **vos** *en lugar de* **tú** *en situaciones de familiaridad es muy común en partes de Centroamérica y Sudamérica, especialmente en la Argentina.*

A. INVESTIGUEMOS. Para estar preparado/a para ver la película, busca información sobre los temas que siguen. Tu instructor(a) te pedirá que compartas lo que aprendas con la clase.

1. El peronismo / El Movimiento Peronista

2. Los Montoneros

3. La Alianza Anticomunista Argentina (también conocida como La Triple A)

4. El Ejército Revolucionario del Pueblo (ERP)

5. La Masacre de Ereiza

6. El Padre Carlos Mugica y la Teología de la Liberación

7. La Escuela de Mecánica de la Armada (la ESMA) y el Olimpo

8. Julio Simón (también conocido como "el Turco Julián")

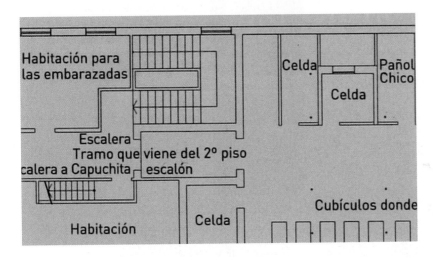

Mapa de la ESMA

B. Conozcamos a los desaparecidos y a la gente entrevistada. Para ayudarte a entender mejor las historias del documental, lee la siguiente información sobre los desaparecidos y familiares y amigos de ellos con quienes habla el director Juan Mandelbaum.

Alejandra 'Ale' Dixon
La hermana menor de Patricia

María Rita Lemoine
La mejor amiga de Patricia desde la infancia

Mercedes Perez Sabbi
Trabajó con Patricia en la Embajada de Cuba donde eran secretarias

Patricia Liliana Dixon
5-9-77

PATRICIA 'PATO' DIXON
(desaparecida el 5 de septiembre de 1977)
La novia de la universidad de Juan

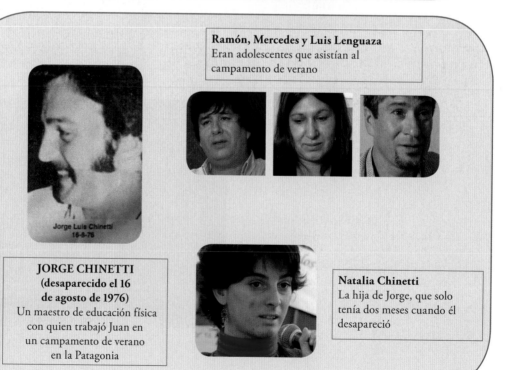

Ramón, Mercedes y Luis Lenguaza
Eran adolescentes que asistían al campamento de verano

Jorge Luis Chinetti
16-8-76

JORGE CHINETTI
(desaparecido el 16 de agosto de 1976)
Un maestro de educación física con quien trabajó Juan en un campamento de verano en la Patagonia

Natalia Chinetti
La hija de Jorge, que solo tenía dos meses cuando él desapareció

María Adelaida Viñas
29-8-76

Mercedes Depino
Una de las mejores amigas de Mini y también la prima de Carlitos, el esposo de Mini

Inés
La hija de Mini, que solo tenía ocho meses cuando ella desapareció

MINI VIÑAS
(desaparecida el 30 de agosto de 1976)
Una maestra en el campamento de verano en la Patagonia

Valeria Belaustegui
13-5-77

Rafael José Belaustegui
30-5-77

Martín Belaustegui
26-7-76

Rafael 'Rafa' Beláustegui
y su nieto **Antonio**
Rafa, el padre de Valeria, José y Martín, trabajaba en la misma empresa que el padre de Juan y sus familias a veces veraneaban en el mismo lugar. Antonio, el hijo de José, que solo tenía 2 años cuando su padre desapareció.

LOS BELÁUSTEGUI
VALERIA (desaparecida el 13 de mayo de 1976),
JOSÉ (desaparecido el 30 de mayo de 1977) y
MARTÍN (desaparecido el 26 de julio de 1976)
Hijos de un colega del padre de Juan

149

Marcelo Weisz y Susana, su esposa. Marcelo era el hijo menor de los tres hermanos Weisz. El 18 de febrero de 1978, Marcelo, Susana y su bebé Juan Manuel fueron secuestrados. El bebé fue dejado en casa de la hermana de Susana. Marcelo y Susana fueron asesinados en 1979.

Ruth Weisz
La madre de Marcelo

Juan Manuel Weisz
El hijo de Marcelo y Susana

Susana Caride
Una sobreviviente del centro de detención Olimpo donde conoció a Marcelo y Susana

Después de ver

A. ¿Qué aprendiste? Después de ver el documental, contesta las siguientes preguntas.

1. ¿Cómo se llama el parque en Buenos Aires que visita Juan Mandelbaum y que sirve como monumento a las víctimas del terrorismo de estado?

2. ¿A qué organización de izquierda se unió Patricia durante sus estudios universitarios? ¿Qué hacían sus militantes para acelerar el regreso de Perón? ¿Y por qué no se afilió Juan también a estos militantes?

3. ¿Adónde fue Juan con su cuñado Octavio el 20 de junio de 1973 y de qué fue testigo?

4. Cuando se dieron cuenta de que Perón los había usado para volver al poder y que no iba a haber lugar para la izquierda peronista en su nuevo gobierno, ¿cómo reaccionaron los Montoneros?

5. ¿Quién fue el Padre Carlos Mugica? ¿Quién lo asesinó y por qué? ¿Y qué efecto tuvo su asesinato en la sociedad argentina?

6. ¿A qué grupo marxista se unieron Valeria, José y Martín Beláustegui? ¿Cuál era el objetivo de este grupo y cómo iba a intentar conseguirlo?

7. ¿Qué hacían los agentes de la junta militar que manejaban los Ford Falcons sin patentes?

8. ¿Qué elemento en común tenían las desapariciones de Martín y José Beláustegui?

9. ¿Qué pasaba a las mujeres embarazadas en los centros clandestinos de detención?

10. Una vez en Estados Unidos, al haberse ido de la Argentina, ¿qué aprendió Juan tanto de su país natal como de su país de acogida?

11. ¿Qué relación existía entre la Argentina y los Estados Unidos cuando Henry Kissinger era el Secretario de Estado de los EE. UU.? ¿Cómo cambió esta relación al asumir la presidencia Jimmy Carter en 1977?

12. ¿Qué aspecto muy poco común relacionado con el secuestro y la detención del matrimonio Weisz (Marcelo y Susana) les diferencia de las historias de Patricia Dixon, Jorge Chinetti, Mini Viñas y Valeria, José y Martín Beláustegui? ¿Y qué papel desempeñaba Julio Simón, también conocido como el Turco Julián?

B. Citas. Reacciona a las siguientes citas que provienen del documental. ¿Te sorprende lo que dice la cita? ¿Te enoja? ¿Te entristece? Explica tu reacción.

1. «Mugica fue una figura nacional que mezclaba la teología de la liberación con el peronismo en su lucha para que la gente humilde tuviera vivienda, agua potable y atención medica... Su asesinato sacudió al país. Si estas fuerzas oscuras podían matar a un cura tan popular, podían matar a cualquiera». (*Juan Mandelbaum*)

2. «El terror consiste no solo en matar a los que tienen que morir, sino en matar inocentes, para que todos tengan miedo». (*José Pablo Feinmann, escritor y periodista*)

3. «Aprendí a ser muy cauteloso, a hacerme a un lado cuando pasaban los Ford Falcons. Fui parado varias veces y registrado por soldados apuntándome con ametralladoras, listos a disparar... También yo pude haber desaparecido. Mi nombre pudo haber estado en la agenda de un detenido, o pude haber estado en un lugar equivocado en el momento equivocado». (*Juan Mandelbaum*)

4. «Well, I have high regard for the President [Videla] and I found it a very interesting meeting». (*Henry Kissinger*)

5. «Mini fue al zoológico con su hija Inés, de ocho meses, a compartir su dolor con amigos. Pero los militares la encontraron. Cuando Mini vio a los agentes, abandonó a Inés en el suelo y caminó hacia ellos para que no se llevaran a la beba». (*Juan Mandelbaum*)

6. «Y la vida sigue. Y si uno no aprendió de lo que pasó, que la vida tiene que seguir, más vale no vivirla. En mi vida llegó el momento cuando tuve que tomar la decisión: o sigo viviendo o no». (*Ruth Weisz*)

7. «El destino de Marcelo y Susana fue probablemente el mismo que el de muchos otros desaparecidos. Ser drogados, metidos en un avión, y tirados vivos al Río de la Plata». (*Juan Mandelbaum*)

8. «Me pregunto si Patricia alguna vez pensó en irse del país, o si prevaleció su lealtad con los Montoneros. Los comandantes de la organización, desde su exilio en México y Europa, ordenaron que todos los militantes se quedaran en la Argentina, amenazándolos de muerte si se iban». (*Juan Mandelbaum*)

9. «...me parece que es importante recuperar la memoria, denunciar lo que se hizo, pero también hay que recuperar la memoria de la posibilidad de cambiar y transformar este país, y eso es lo que hasta ahora no estuvo mucho y falta mucho por hacer». (*Mercedes Depino*)

10. «Hubo 340 campos de concentración entre el '76 y el '78. Y la tortura funcionó. Funcionó absolutamente». (*José Pablo Feinmann, escritor y periodista*)

C. VAMOS MÁS AL FONDO. En grupos pequeños, conversen sobre los conceptos culturales que se ilustran en la película, respondiendo a las siguientes preguntas.

1. ¿Qué sabían de la guerra sucia argentina antes de ver este documental? ¿Qué opinan de la técnica del director de mezclar imágenes de archivo con entrevistas con familiares y amigos de los desaparecidos? ¿Qué efecto produce esta variedad de perspectivas? ¿Se representan en el documental todas las perspectivas posibles, o se hace caso omiso de algún grupo que desempeñó un papel en la guerra sucia? Expliquen su interpretación de por qué se incluyeron o no ciertas perspectivas y cómo esto les afectó al ver el documental.

2. El documental comienza y termina con la lectura del poema que Alejandra escribió para Patricia y que se publicó en el diario *Página Doce* en 1992 como recordatorio del aniversario de la desaparición de su hermana. Comenten el uso cinematográfico del poema en estos dos momentos clave de la película y el impacto que tiene en el (la) espectador(a).

3. ¿Qué historia de los desaparecidos (Patricia, Jorge, Mini, los hermanos Beláustegui, y el matrimonio Weisz) te impactó más y por qué? Compartan sus razones y sentimientos.

4. El documental nos cuenta las historias de supervivencia de los hijos de los desaparecidos al ser recogidos y cuidados por familiares. Comenten el caso de Inés y lo que hizo Mini el día de su detención para intentar evitar que los militares no se llevaran a Inés también.

5. Nos enteramos de que Juan Manuel, el hijo de Marcelo y Susana Weisz, por ser hijo de desaparecidos ha recibido dinero del gobierno en compensación y que está usando este dinero para abrir una librería. ¿Qué opinan de esta política de compensación y el hecho de que otros hijos de desaparecidos la han rechazado alegando que es dinero sucio?

6. El documental mostró una entrevista que dio Julio Simón, alias 'El Turco Julián', cuando estaba cubierto por una amplia amnistía.

   • ¿Cómo se sentían mientras Ruth Weisz describía esa entrevista televisada y qué opinan de la amnistía? ¿Deben ser los crímenes contra los derechos humanos materia de amnistía o indulto (*pardon, reprieve*)?

   • En 2006 cuando Argentina anuló las leyes de amnistía a violadores de derechos humanos, el ex policía Julio Simón fue juzgado y sentenciado a veinticinco años de prisión. Y en 2010, él fue condenado a cadena perpetua, junto con once otros violadores de derechos humanos de la dictadura. ¿Qué opinan de la anulación de las leyes de amnistía? ¿Les parece justa la primera sentencia de veinticinco años de prisión que recibió el Turco Julián? ¿Y la segunda, de cadena perpetua?

7. Si pudieran hacerle una pregunta a una de las personas del documental, ¿qué preguntarían y a quién? Compartan sus preguntas con la clase.

Repasar y expandir: Estructura 2

EL IMPERFECTO DE SUBJUNTIVO (EL PASADO DE SUBJUNTIVO)

El pasado de subjuntivo suele llamarse **el imperfecto de subjuntivo** y lo usamos para expresar los dos aspectos del tiempo pasado —el imperfecto y el pretérito— en los contextos subjuntivos. Consulta el cuaderno electrónico para ver una explicación detallada y para completar actividades de práctica. Luego, practica el imperfecto de subjuntivo con las actividades que siguen.

A. ANÁLISIS

PASO 1. Lee las siguientes oraciones sobre los temas tratados en el documental. Subraya cada verbo en el imperfecto de subjuntivo. Luego, indica tu opinión sobre cada oración, usando la siguiente escala: **5=estoy muy de acuerdo** y **1=no estoy nada de acuerdo**.

1. Antes de que viera el documental, yo no sabía nada sobre la guerra sucia en la Argentina.   5 4 3 2 1

2. Me gustaba que el documental mezclara imágenes de archivo con entrevistas con familiares y amigos de los desaparecidos.   5 4 3 2 1

3. Me sorprendió que documentos desclasificados revelaran la complicidad de Henry Kissinger en abusos de los derechos humanos durante la guerra sucia en la Argentina.   5 4 3 2 1

4. Nos contó Juan Mandelbaum, el director, que no tuvo acceso a información sobre los horrores que estaban pasando en la Argentina hasta que se trasladara a los Estados Unidos. No pasaría lo mismo hoy en día porque tenemos más acceso a información, y por lo tanto menos censura, debido a la libertad de expresión en las redes sociales.   5 4 3 2 1

5. Me impresionó que los familiares de los desaparecidos pudieran salir adelante y seguir viviendo después de sufrir tanta pérdida y tanto dolor.   5 4 3 2 1

6. No me parecía bien que los padres adoptivos de Inés le mintieran sobre cómo murieron sus padres.   5 4 3 2 1

7. Como decía Ruth Weisz sobre las visitas de Marcelo y Susana, no era casualidad que el Turco Julián le pidiera que le pusiera algo de Wagner en el equipo de música.   5 4 3 2 1

8. Después de ver el documental, yo busqué más fuentes (artículos, filmes, etc.) que trataran el tema de los derechos humanos.   5 4 3 2 1

PASO 2. Ahora, compara tus respuestas con unos/as compañeros/as de clase. Explica tus opiniones usando vocabulario que has aprendido en este capítulo y el imperfecto de subjuntivo.

B. Oraciones lógicas: Emparejar. Empareja una frase de la primera columna con una frase de la segunda para formar citas del documental. Tendrás que conjugar los verbos en el imperfecto de subjuntivo.

1. «No creo que Patricia _____ (participar) en actos de violencia,

2. «Cuando Mini vio a los agentes,

3. "Los policías, al tanto del operativo en el zoológico les dijeron que _____ (dejar) a la beba

4. «Le pedí a Ruth que me

5. «No creo que _____ (tener – *ellos*) la dimensión real

6. «Lentamente, casi como para que _____ (darse cuenta – *nosotros*), una máquina de horror

7. «Los padres de Patricia fueron a las cortes y oficinas de gobierno,

8. «Mugica fue una figura nacional que mezclaba la teología de la liberación

a. fue desatando su iniquidad (*wickedness, injustice*) sobre los desprevenidos y los inocentes».

b. abandonó a Inés en el suelo y caminó hacia ellos para que no se _____ (llevar) a la beba».

c. pero todos los militantes Montoneros tenían que apoyar los métodos de la organización».

d. _____ (mostrar) algunas fotos de su familia... ».

e. de aquello que a lo que se exponían».

f. buscando cualquier información, aferrándose a la esperanza de que quizás _____ (aparecer)».

g. pero los suizos se negaron».

h. con el peronismo con su lucha para que la gente humilde _____ (tener) vivienda, agua potable y atención médica».

La plaquita de Inés

C. Diario: Una reacción. Escribe una reacción a *Nuestros desaparecidos*. ¿Qué aprendiste? ¿Qué te sorprendió? ¿Te gustó? ¿Por qué sí o no? ¿Qué preguntas tienes? Incorpora el imperfecto de subjuntivo cuando sea apropiado.

LEER

Antes de leer

INTRODUCCIÓN

¿Qué entiendes tú por 'derechos humanos'? Contesta la siguientes preguntas y luego lee el texto que provee una definición del concepto de los derechos humanos por La Secretaría de Derechos Humanos del gobierno argentino junto con un acercamiento histórico de la creación de la Organización de las Naciones Unidas (ONU) y su redacción de la *Declaración universal de derechos humanos* (1948).

Completa la siguiente oración con una lista de los derechos que, en tu opinión, deben poder gozar todos los individuos hoy en día. **Todo ser humano tiene derecho a _____.**

- ¿Quién garantiza el ejercicio de los derechos humanos?
- ¿Qué sabes de las Naciones Unidas? ¿Cuándo se fundó y para qué fin?
- ¿Cuándo se celebra cada año el Día de los Derechos Humanos?

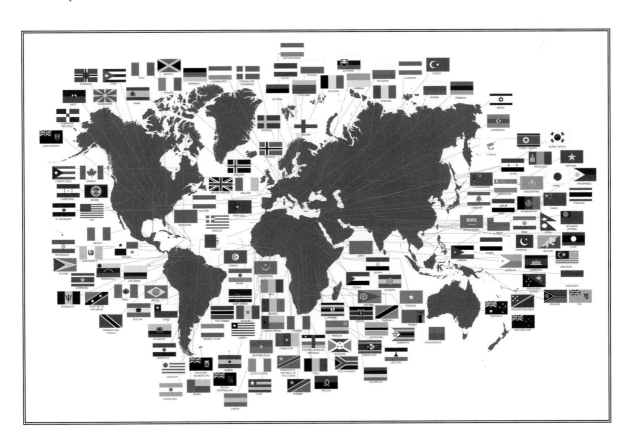

VOCABULARIO

la actualidad	the present, present time/situation
adecuado/a	sufficient
la alimentación	food
apoderarse (de)	to take over; to take control (of)
el asilo	refuge, asylum
degradante	degrading, humiliating
el desprecio	disdain, contempt
entrar en vigencia	to come into force; to take effect
la esclavitud	slavery
la pena	punishment
el plazo	period (*of time*)
la privacidad	privacy
promover	to promote
la servidumbre	servitude (*literal*); slavery (*figurative*)
venidero/a	coming, future
la vivienda	housing

Practiquemos el vocabulario

Llena los espacios en blanco con el vocabulario que mejor complete cada oración. Conjuga el verbo y cambia la forma de la palabra según el contexto.

1. Me alegró saber que la política de la empresa condenara cualquier conducta que suponga odio, _____ o violencia contra personas de otra raza, religión u origen étnico.

2. ¿Crees que necesitamos más leyes para garantizar la _____ de los usuarios de Internet?

3. En la _____, 193 Estados son miembros de las Naciones Unidas; el último Estado que ingresó fue Montenegro en 2006.

4. ¿Qué hace falta cambiar para que haya menos desigualdades económicas en la década _____?

5. La abogada pidió al juez que le redujera la _____ a su cliente por considerarla desproporcionada.

6. El acuerdo de paz va a _____ a partir del 1 de enero del año que viene.

7. Según un nuevo informe de la Organización Internacional del Trabajo publicado el 3 de junio de 2014, más del 70% de la población mundial no tiene una cobertura _____ de protección social.

8. La junta militar quiere _____ del país.

Los derechos humanos: ¿Cómo se definen y qué papel desempeña las Naciones Unidas?

**por la Secretaría de Derechos Humanos
del Gobierno argentino**

¿Qué son los derechos humanos?

Los derechos humanos son derechos inherentes a todos los seres humanos, sin distinción de sexo, nacionalidad, lugar de residencia, origen nacional o étnico, color, religión, lengua, edad, partido político o condición social, cultural o económica. Todos tenemos los mismos derechos humanos, sin discriminación alguna.

¿Cuáles son los derechos humanos?

Toda persona tiene derecho:

- A la vida.
- A la integridad personal —física, psíquica y moral.
- A la libertad personal.
- A la igualdad.
- A la libertad de expresión y opinión de ideas/culto.
- A la seguridad jurídica.
- A peticionar ante las autoridades.
- A no estar sometido[a] a **esclavitud** o **servidumbre**.
- A no ser sometido a torturas ni a **penas** o tratos crueles, inhumanos o **degradantes**.
- A la protección de la libertad de conciencia y de religión.
- A la **privacidad**.
- Al honor.
- A reunirse libremente y a asociarse.
- A la identidad.
- A la nacionalidad.
- A la propiedad privada.
- A buscar **asilo** y a disfrutar de él en cualquier país, en caso de persecución política.
- A circular libremente, a migrar y a elegir su residencia.
- A un juicio justo en un **plazo** razonable ante un tribunal objetivo, independiente e imparcial y a la doble instancia judicial.
- A la presunción de inocencia.
- A la defensa.
- A no ser discriminado.
- A trabajar en condiciones equitativas y satisfactorias.
- A la huelga.
- A la salud física y mental.
- A la cultura.

---

a   *subjected*

- A la protección y asistencia familiar.
- A la asistencia de niños y adolescentes.
- A recibir protección y asistencia durante el embarazo y parto.[b]
- A una **alimentación**, vestido y **vivienda adecuados**.
- A la educación pública y gratuita en todos los niveles de enseñanza.
- A un medio ambiente sano y equilibrado.
- A la autodeterminación de los pueblos.
- A la seguridad social.
- Al desarrollo humano económico y social sostenible.
- A vivir en paz.

La Organización de las Naciones Unidas (ONU) y la Declaración universal de derechos humanos

La Segunda Guerra Mundial se había librado violentamente de 1939 a 1945, y al aproximarse el fin, las ciudades de toda Europa y Asia yacían en ruinas humeantes.[c] Millones de personas murieron, millones más quedaron sin hogar o morían de hambre. Las fuerzas rusas se acercaban, rodeando los restos de la resistencia alemana en la bombardeada capital de Alemania, Berlín. En el Pacífico, los infantes de Marina de Estados Unidos todavía estaban luchando con las fuerzas japonesas atrincheradas[d] en islas como Okinawa.

En abril de 1945, delegados de cincuenta naciones se reunieron en San Francisco, llenos de optimismo y esperanza. La meta de la Conferencia de las Naciones Unidas sobre Organización Internacional era crear un organismo internacional para **promover** la paz y evitar guerras futuras. Los ideales de la organización se establecieron en el preámbulo al Acta Constitutiva que propusieron: «Nosotros, la gente de las Naciones Unidas, estamos decididos a proteger a las generaciones **venideras** del azote[e] de la guerra, la cual dos veces en nuestra vida ha producido un sufrimiento incalculable a la humanidad».

El Acta Constitutiva de la nueva organización de las Naciones Unidas **entró en vigencia** el 24 de octubre de 1945, fecha que se celebra cada año como Día de las Naciones Unidas.

Para 1948, la nueva Comisión de Derechos Humanos de las Naciones Unidas **se había apoderado** de la atención del mundo. Bajo la presidencia dinámica de Eleanor Roosevelt (viuda del presidente Franklin Roosevelt, defensora de los derechos humanos por derecho propio y delegada de Estados Unidos ante la

---

b **embarazo**... *pregnancy and childbirth*
c **yacían**... *were lying in smoking ruins*
d *entrenched*
e *scourge*

ONU), la Comisión se dispuso a redactar el documento que se convirtió en la *Declaración universal de derechos humanos*. Roosevelt, a quien se atribuyó la inspiración del documento, se refirió a la *Declaración* como la Carta Magna internacional para toda la humanidad. Fue adoptada por las Naciones Unidas el 10 de diciembre de 1948.

En su preámbulo y en el Artículo 1, la *Declaración* proclama, sin lugar a equivocaciones,[f] los derechos inherentes a todos los seres humanos: «La ignorancia y el **desprecio** de los derechos humanos han resultado en actos de barbarie ultrajantes[g] para la conciencia de la humanidad, y la llegada de un mundo donde los seres humanos gocen de libertad de expresión y creencia y sean libres del miedo y la miseria se ha proclamado como la más alta aspiración de la gente común... Todos los seres humanos nacen libres e iguales en dignidad y derechos».

Los países miembros de las Naciones Unidas se comprometieron a trabajar juntos para **promover** los 30 Artículos de los derechos humanos que, por primera vez en la historia, se habían reunido y sistematizado en un solo documento. En consecuencia, muchos de estos derechos, en diferentes formas, en la **actualidad** son parte de las leyes constitucionales de las naciones democráticas.

---

f **sin**... *unmistakably, without a doubt*

g *outrageous*

Después de leer

A. ¿ENTENDISTE? Contesta las siguientes preguntas sobre la lectura.

1. ¿Cuál de los siguientes derechos <u>no</u> forma parte de la definición de los derechos humanos por La Secretaría de Derechos Humanos del gobierno argentino? El derecho a...

    a. la libre expresión.
    b. la posesión de armas.
    c. la libertad religiosa.
    d. la no discriminación.

2. La Conferencia de las Naciones Unidas sobre Organización Internacional tuvo lugar en 1945 en:

    a. Berlín.
    b. Nueva York.
    c. Okinawa.
    d. San Francisco.

3. La Conferencia de las Naciones Unidas sobre Organización Internacional ocurrió tras la conclusión de este acontecimiento histórico:

    a. la Guerra del Pacífico.
    b. la Primera Guerra Mundial.
    c. la Segunda Guerra Mundial.
    d. la Guerra de Vietnam.

4. El 24 de octubre se celebra:

    a. el aniversario del fin de la Segunda Guerra Mundial.

    b. el aniversario de la primera Conferencia de las Naciones Unidas sobre Organización Internacional.

    c. el día de las Naciones Unidas.

    d. la adopción de la *Declaración universal de derechos humanos*.

5. La fuerza impulsora de la creación en 1948 de la *Declaración universal de derechos humanos* era:

    a. La Carta Magna (1215).

    b. La Primera y Segunda Guerra Mundial.

    c. El Presidente Franklin Roosevelt.

    d. Eleanor Roosevelt.

6. Hoy en día, los treinta Artículos de la *Declaración universal de derechos humanos*:

    a. son apoyados por todos los países del mundo.

    b. se manifiestan en las leyes de muchos países democráticos.

    c. son anticuados y no reflejan las necesidades de la sociedad moderna.

    d. ya no se aplican porque fueron reemplazados por otro documental oficial.

La sede de la ONU en Ginebra, Suiza

B. ¿QUÉ OPINAS TÚ?

PASO 1. Contesta las siguientes preguntas sobre el texto.

1. De los derechos mencionados en la lista escrita por la Secretaría de Derechos Humanos del gobierno argentino,...

   a. ¿cuáles son, en tu opinión, las tres más importantes y por qué?

   b. ¿faltaban derechos que tú incluiste en la lista que hiciste antes de leer el texto?

   c. ¿te sorprendió la inclusión de alguno y por qué?

   d. ¿cuáles fueron violados durante la guerra sucia en la Argentina y cuáles, en tu opinión, son los más violados hoy en día y dónde?

2. Según el *Libro Guinness de los récords*, la *Declaración universal de derechos humanos* (DUDH) es el documento traducido a más idiomas en el mundo (en 2016 había sido traducido a más de 473 idiomas). ¿Te sorprende este hecho? ¿Esto significa que toda persona en verdad conoce sus derechos humanos?

3. ¿Quién es responsable de proteger a las personas contra violaciones de los derechos humanos?

4. ¿Por qué hay gente que no respeta los derechos de los otros?

PASO 2. Comparte tus respuestas con tus compañeros/as de clase y juntos/as analicen de manera más profunda los temas y los puntos de vista tratados en la lectura.

Repasar y expandir: Estructura 3

LOS GERUNDIOS Y EL PROGRESIVO

El gerundio es un adverbio verbal que expresa una acción de duración limitada en proceso de ejecución o desarrollo (*p. ej.*, Pasé la tarde **viendo** más documentales sobre el tema de los derechos humanos.). Cuando usamos **estar** + *gerundio*, se llama el progresivo y lo empleamos para hablar del desarrollo de una acción en cualquier tiempo verbal (*p. ej.*, **Estaba viendo** un documental cuando mis compañeros llegaron a casa y me interrumpieron.). Consulta el cuaderno electrónico para ver una explicación detallada de los gerundios y el progresivo y cómo se usan y para completar actividades de práctica. Luego, practica los gerundios y el progresivo con las siguientes actividades.

A. ANÁLISIS. En cada una de las siguientes citas del documental hay un gerundio. Pon una caja alrededor de los **gerundios** y <u>subraya</u> los ejemplos de progresivo (**estar** + *gerundio*).

1. «Regreso para explorar una época terrible en la historia de mi país. Hay heridas profundas que nos siguen ensombreciendo».

2. «Derrocado por los militares en 1955, el expresidente Perón llevaba dieciocho años viviendo en el exilio».

3. «El 20 de junio iba a ser la gran celebración del pueblo reuniéndose con su líder».

4. «A principios de los años 70, el fervor revolucionario se extendía por toda América Latina, exigiendo justicia social para eliminar las profundas desigualdades que existían en el continente».

5. «En los Estados Unidos tuve acceso a información sobre los horrores que estaban pasando en la Argentina, donde debido a la fuerte censura no se publicaba nada sobre la represión».

6. «Me crié oyendo historias de cómo la violencia política había afectado a mi propia familia. Mis padres huyeron de Europa para escapar de los Nazis y perdí dos abuelos en la guerra. Mi madre, especialmente, era profundamente pacifista».

7. «Para los amigos más cercanos de Mercedes Depino, el final sucedió rápidamente. Cuando su primo Carlitos vio que lo esperaban agentes militares, sacó su pistola y murió disparando».

8. «Otros sospechaban que Marcelo y Susana estaban cooperando en el centro de detención y que estas visitas eran su perversa recompensa».

9. «Había un mes, del 7 de febrero al 7 de marzo [de 1979], perdí la mitad de mi familia. Dos hijos. Una nuera. Y un nieto, hijo de Claudio. La mitad. Y solidaridad en tal sentido, que empecé a trabajar en marzo como siempre. Me acuerdo como hoy que había un grupo, no me doy la corte, que me quieren mucho, mis alumnas. Tenía un grupo de diez, de eso no me olvido nunca, delante mío y veinte ojos llorando».

10. «Juan Manuel se crió en Olavarría. Ahora está abriendo una librería y centro cultural progresista con un grupo de amigos».

La librería de Juan Manuel Weisz

B. COMPLETAR. Anteriormente leíste información sobre las Naciones Unidas (ONU), la mayor organización internacional que facilita la cooperación en asuntos como los derechos humanos, la paz y la seguridad internacional, el desarrollo económico y social y otros más. Otra organización con objetivos parecidos pero una geografía más limitada es la Organización de Estados Americanos (OEA). Lee el siguiente texto y rellena los espacios en blanco con los gerundios de los verbos entre paréntesis.

La Organización de los Estados Americanos (OEA) es una organización panamericanista y regional creada en 1948 por los Estados del continente americano con el objetivo principal de conseguir entre sus Estados miembros, «un orden de paz y de justicia, fomentar su solidaridad, robustecer su colaboración y defender su soberanía, su integridad territorial y su independencia».

Trabajando juntos, los treinta y cinco Estados Miembros están _____ [1] (promover) la democracia, _____ [2] (defender) los derechos humanos, _____ [3] (garantizar) un enfoque multidimensional a la seguridad y _____ [4] (fomentar) el desarrollo integral y la prosperidad.

En el ámbito de los derechos humanos, la Comisión Interamericana de Derechos Humanos (CIDH) fue creada en 1959 y es un órgano principal y autónomo de la OEA que se encarga de promover y proteger los derechos humanos en el continente americano. En cumplimiento de su mandato, actualmente la CIDH está:

- _____ [5] (recibir), _____ [6] (analizar) e _____ [7] (investigar) peticiones individuales en que se alega que Estados Miembros de la OEA que han ratificado la Convención Americana o aquellos estados que aún no la han ratificado han violado derechos humanos.

- _____[8] (observar) la situación general de los derechos humanos en los Estados y _____[9] (publicar) informes especiales.

- _____[10] (realizar) visitas a los países para analizar en profundidad la situación general y/o para investigar una situación específica.

- _____[11] (estimular) la conciencia pública respecto de los derechos humanos en las Américas.

- _____[12] (presentar) casos ante la Corte Interamericana y compareciendo ante la misma durante la tramitación y consideración de los casos.

- Y mucho más...

Para más información sobre la OEA y la CIDH, visita su página web oficial: www.oas.org/es/.

C. UNA BREVE NARRACIÓN. En grupos pequeños, escojan una de las siguientes imágenes del documental (**A** o **B**) y narren lo que están haciendo las personas y los sentimientos que están experimentando en el momento. Asegúrense de emplear los gerundios y el tiempo progresivo (**estar** + *gerundio*).

MODELO

En la **Imagen B** parece que los niños están haciendo figuras en origami. Sus caras sonrientes nos indican que están divirtiéndose mucho... Están descansando ahora porque seguramente por la mañana estaban...

Imagen A: Una manifestación en Buenos Aires para conmemorar el aniversario del golpe militar (el 24 de marzo)

Imagen B: Los niños del campamento de verano en la Patagonia

ESCUCHAR

PERSPECTIVAS EN TU COMUNIDAD

PASO 1. Entrevista a hispanohablantes de tu comunidad para poder conocer mejor sus perspectivas culturales y personales sobre el tema de los derechos humanos. A continuación, hay preguntas que puedes adaptar y/o usar como punto de partida para las entrevistas. Se recomienda hacer una entrevista en video para luego poder compartirla con la clase.

1. ¿Cómo defines tú «los derechos humanos»?

2. En tu opinión, ¿cuáles son los problemas relacionados con los derechos humanos a que se ha enfrentado tu país en el pasado? ¿Y hoy en día sigue habiendo violaciones a los derechos humanos en tu país? Explica.

PASO 2. Reflexiona sobre lo que has aprendido al hacer las entrevistas y graba un video en el cual compartas tus perspectivas respecto a los derechos humanos. El video debe durar 1–2 minutos.

Canción: «Desapariciones» por Maná

ANTES DE ESCUCHAR

El cantante panameño Rubén Blades compuso «Desapariciones» en contra de las dictaduras en América como la de Videla en la Argentina, que has conocido mejor a través de ver y analizar el documental *Nuestros desaparecidos*, y también la de Pinochet en Chile. Esta canción aparece en su disco *Buscando América* (1984) y cuenta en primera persona los testimonios de diferentes familiares que preguntan por sus seres queridos que han desaparecido de repente, sin explicaciones. Posteriormente, dos bandas de rock hicieron sus propias versiones de «Desapariciones»: el grupo argentino Los Fabulosos Cadillacs en su álbum *El león* (1992) y el grupo mexicano Maná en su disco acústico *Maná MTV Unplugged* (1999). Vas a escuchar y analizar la versión de Maná. ¿Conoces la música de Maná? ¿Te gusta? ¿Cómo la describirías? ¿Cuáles serán el tono y el contenido de esta versión de «Desapariciones»?

> **NOTA:** *La canción menciona la PSN, que es la Policía Secreta Nacional de Panamá.*

DESPUÉS DE ESCUCHAR

A. ANÁLISIS DE LA CANCIÓN. En grupos pequeños, contesten las preguntas que siguen sobre la canción que acaban de escuchar.

1. Completen la información que falta de las descripciones de los familiares de los desaparecidos mencionados y de las respuestas a las preguntas que se repiten en la canción.

   Los desaparecidos:

   - Ernesto X, mi esposo: «...tiene cuarenta años; trabaja de celador (*security guard*) en un negocio de _____; llevaba camisa _____ y pantalón _____».

   - Altagracia, mi hermana: «...salió del trabajo pa' la _____; llevaba unos _____ y una camisa clara».

   - Agustín, mi hijo: «...es estudiante de _____... y es un buen muchacho; a veces es terco (*stubborn*) cuando opina; lo han detenido, no sé qué fuerza, pantalón claro, _____ a rayas (*striped*)».

   - Clara Quiñones, mi madre: «...ella es un _____ de Dios; no se mete con _____; y se la han llevado de _____ por un asunto que es nada más conmigo; y fui a entregarme hoy por la tarde y ahora dice que no saben quién se la llevó del cuartel».

   Las preguntas y respuestas:

   - ¿Adónde van los desaparecidos? Busca en el _____ y en los matorrales (*bushes, brush*).

   - ¿Y por qué es que se desaparecen? Porque no todos somos _____.

   - ¿Y cuándo vuelve el desaparecido? Cada ves que lo trae el _____.

   - ¿Cómo se le habla al desaparecido? Con la _____ apretando por dentro.

2. ¿Cuál es el mensaje principal de la canción?

3. ¿Cuál es el tono de la canción? ¿Es apropiado este tono, o sea, ayuda a transmitir las ideas de la canción?

4. ¿Te gusta la canción? Explica.

B. TE TOCA A TI: LOS RECUERDOS. Hemos visto como, para los familiares del documental y de esta canción, la importancia de guardar un vivo recuerdo de sus seres queridos que han desparecido es primordial. ¿Cuál es tu recuerdo (triste, amargo, dulce, etc.) más apreciado y por qué? Si te sientes suficientemente cómodo/a para compartirlo, cuéntaselo a un(a) compañero/a de clase.

ESCRIBIR

Repasar y expandir: Estructura 4

LOS PARTICIPIOS

El participio es un adjetivo verbal que expresa el resultado de un proceso (*p. ej.*, *Nuestros desaparecidos* es un filme **producido** por Geovisión, donde Juan Mandelbaum es director creativo. La obra fue **financiada** en parte por el Sundance Institute Documentary Fund, que dirige Robert Redford.) Cuando se emplea como adjetivo, siempre concuerda en género y número con el sustantivo al que se refiere. Consulta el cuaderno electrónico para ver una explicación detallada de los participios y para completar actividades de práctica. Luego, practica los participios con las actividades que siguen.

A. ANÁLISIS. Lee las siguientes oraciones sobre algunos monumentos, museos y actos conmemorativos cuyos diversos objetivos incluyen iniciativas educativas para que los abusos del pasado no se repitan, homenajes a diferentes grupos de personas e iniciativas democráticas. Subraya los **participios** y pon una caja alrededor de los **sustantivos** a los que se refieren.

> **OJO:** No subrayes los participios que sirven como sustantivos, como **desaparecidos** y **asesinados** en el modelo que sigue.

MODELO

Concebido como lugar de recuerdo y homenaje a los desaparecidos y asesinados por la más sangrienta dictadura en la historia de la Argentina, el Parque de la Memoria debe ser visto y comprendido por todos.

1. El Museo de la Memoria y los Derechos Humanos de Chile es un espacio destinado a dar visibilidad a las violaciones de los derechos humanos cometidas por el Estado de Chile entre 1973 y 1990.

2. En 1995, los jueces del Tribunal Constitucional de Sudáfrica decidieron que su sede debería estar en la prisión de Old Fort de Johannesburgo. Hoy en día, Constitution Hill es la corte más importante en el país en términos constitucionales y tiene un museo que intenta mostrar cómo era la prisión donde estuvieron detenidos Mahatma Gandhi y Nelson Mandela, entre muchos otros antes del final del apartheid.

3. En Berlín, Alemania, el Monumento a los judíos de Europa asesinados, también conocido como Monumento del Holocausto, recuerda a las víctimas judías.

4. El 9/11 Memorial Museum (Museo del 11-S), construido en el lugar donde se levantaban las Torres Gemelas del World Trade Center en Nueva York, mantiene fresca la historia de los ataques terroristas para que las futuras generaciones nunca la olviden.

5. Ubicado en el corazón de Bogotá, el Centro de Memoria, Paz y Reconciliación es un espacio público para incentivar la comprensión de las causas y las consecuencias de la violencia política y el conflicto armado en Colombia desde mediados del siglo XX.

6. El Monumento a las Víctimas del 11-M frente a la Estación de Atocha fue inaugurado el tercer aniversario de los ataques terroristas que ocurrieron el 11 de marzo de 2004 en Madrid, España.

Un monumento de cristal recuerda a las víctimas del 11-M

7. Una antigua casa convertida en un museo repasa la historia de Guatemala desde la ancestral cultura maya hasta la actualidad y honra a las víctimas de la guerra civil guatemalteca, el conflicto armado interno entre 1960–1996 que dejó más de 200.000 víctimas entre muertos y desaparecidos. Bajo el lema «para no olvidar», la Casa de la Memoria de Guatemala '*Kaji Tulam*' es un centro destinado principalmente para la reflexión de la juventud, para que conozcan la historia de la lucha y resistencia de sus antepasados.

8. El Museo de la Memoria (MUME) en Montevideo, Uruguay, es una institución dedicada a la construcción de la memoria sobre el terrorismo de Estado y la lucha del pueblo uruguayo contra la dictadura.

B. Citas. Completa las citas del documental con las formas correctas de los siguientes participios. Recuerda prestar atención a la concordancia entre el participio y el sustantivo al que se refiere.

amenazado	controlado
muerto	*desclasificado*
atado	elegido
causado	golpeado
colgado	secuestrado

MODELO

«Documentos recientemente **desclasificados** muestran que en 1976 el secretario de estado Henry Kissinger comunicó a los militares su deseo de que controlaran el problema del terrorismo a la mayor brevedad».

1. «Admirábamos la revolución cubana. El Che era nuestro héroe. En Chile, Salvador Allende fue el primer presidente socialista _____ democráticamente en América Latina».

2. «Jorge Chinetti, mi compañero del campamento, fue de los primeros en desaparecer, _____ en la escuela donde trabajaba. ¿Acaso merecía la pena de muerte por organizar a los maestros? No hubo ni cargos ni juicio».

3. «Durante la época de la clandestinidad llega un momento donde estaban todos tan _____ que era vivir con un miedo permanente, todos los días».

4. «El país estaba _____ por el miedo. Aprendí a ser muy cauteloso, a hacerme a un lado cuando pasaban los Ford Falcons».

5. «...Dejaron un camión frigorífico —esto es horrible— un camión frigorífico con cadáveres _____ como reses. Y lo abandonaban en algún lugar, y todo el mundo hablaba de eso. Era espeluznante, y la leyenda corría por todo... pero entonces sabía que el terror existía».

6. «Solo puedo imaginarme lo que le pasó a Patricia. El terror que habrá sentido mientras la llevaban a la ESMA, _____ y _____ entre gritos e insultos, sabiendo y no sabiendo lo que le esperaba».

7. «La política de los Estados Unidos hacia la Argentina cambió al asumir la presidencia Jimmy Carter en 1977. Yo admiraba a Patricia Derian, la subsecretaria de derechos humanos. Ella reconocía el daño _____ por los consejos de Kissinger a la junta».

8. «Le ofrecí ir a Brasil. Y él me dijo que sí, porque el otro argumento fuerte era que, "Mirá, los militantes de tu nivel o de tu condición, tu edad, están todos _____, y tus jefes están todos afuera...", le digo yo, "Si acá no hay ninguno... están todos en Roma o en México pero no están acá..." ».

C. Una prueba

Paso 1. Prepara una 'prueba', escribiendo 8 oraciones que un(a) compañero/a de clase completará utilizando la forma correcta de los participios que siguen.

amenazado	(des)armado	herido	refugiado
comprometido	encarcelado	juzgado	sospechado
derrocado	enterado	perdido	torturado
desaparecido	exiliado	reclutado	vencido

Modelo

Muchos estadounidenses no están _____ **enterados** _____ del papel que desempeñó su gobierno en la guerra sucia de la Argentina.

Paso 2. Intercambia tu prueba con un(a) compañero/a de clase y completa su prueba. Luego trabajen juntos/as para corregir las respuestas y hablar de cualquier error cometido.

Herramientas para la escritura

La carta formal: Ampliar el lenguaje

Mostrar interés	Pedir información	Agradecer la atención
Estoy interesado/a en...	Quisiera informarme sobre...	Agradeciéndole(s) de antemano...
Tengo mucho interés en...	¿Podría(n) informarme sobre...?	Dándole(s) las gracias por anticipado...
Me interesa mucho...	Me gustaría que me proporcionara(n) información sobre...	Muchas gracias por su atención.
Me parece interesante...	Agradecería que me explicara(n) / detallara(n)...	Le(s) agradezco su atención.

Escritura como proceso

Una carta formal para pedir información

Ahora tendrás la oportunidad de escribir una carta formal a una organización no gubernamental (ONG) local, estatal, nacional o internacional para pedir más información sobre su misión, cómo recaude fondos, sus desafíos, etc.

Paso 1. Determina a qué ONG quieres escribir y por qué. Considera lo siguiente y haz un bosquejo.

1. <u>La ONG</u>. Hay muchas organizaciones que se dedican a defender los derechos humanos, monitorizar, documentar y condenar públicamente violaciones y abusos de los derechos humanos, y tomar medidas para remediar los abusos ya cometidos y prevenir nuevas violaciones. A escala internacional, estas son algunas de las ONGs defensores de derechos humanos:

   - Amnistía Internacional
   - El Fondo para la Defensa de los Niños
   - Centro de Acción de los Derechos Humanos

- Human Rights Watch
- Derechos Humanos Sin Fronteras
- Asociación Nacional para la Progresión de la Gente de Color
- Witness for Peace

Decide si quieres aprender más sobre una ONG internacional como una de las anteriormente mencionadas o quizás una ONG en un país hispanohablante, tu país natal, tu estado o tu comunidad local que te interese conocer más a fondo y escoge <u>una</u>.

2. <u>La selección de preguntas</u>. Después de investigar la ONG que has escogido a través de la información disponible en su página web y/o oficina local (si se dispone de una que puedes visitar), empieza a formular preguntas que tienes sobre la ONG. Por ejemplo, puede que te interese saber más sobre:

- su misión
- sus campañas
- cómo recaude fondos
- sus desafíos, etc.
- cómo puedes participar tú en las actividades de la organización

PASO 2. Organiza tus ideas del **Paso 1** para escribir un borrador. La carta formal, de aproximadamente 250–300 palabras, debe escribirse a máquina, a doble espacio. Luego, revisa tu borrador, usando la siguiente lista de verificación como guía.

Contenido

☐ ¿He expresado mi interés en conocer mejor la ONG y por qué me interesa?

☐ ¿Incluyo suficientes preguntas para buscar respuestas a las preguntas que tengo sobre la ONG?

☐ ¿Empleo un tono formal, cortés y educado? ¿Empleo lenguaje formal y cordial? ¿Se conforma con el propósito de **pedir información**?

☐ ¿Le(s) agradezco su atención por adelantado e incluyo información sobre cómo puede(n) contactar conmigo?

Organización

☐ ¿Hay una secuencia lógica, con la estructura correcta (saludo, cuerpo, despedida) para una carta formal?

☐ ¿Es eficaz la división y organización de ideas en párrafos? ¿Hay párrafos que deban dividirse o reorganizarse? ¿Hay alguna frase/oración o frases/oraciones dentro de algún párrafo que deba(n) ser eliminada(s), elaborada(s), etc.?

Vocabulario/Gramática

☐ ¿He utilizado un vocabulario variado y apropiado para mostrar interés, pedir información y agradecer la atención (de **Herramientas para la escritura**)? ¿He evitado palabras básicas como **bueno, malo** y **cosas**? ¿También he verificado que no hay traducciones literales?

☐ ¿He usado correctamente las estructuras estudiadas en este capítulo (los demostrativos, el imperfecto de subjuntivo, los gerundios y el progresivo y los participios)?

☐ ¿Hay concordancia entre los sustantivos y sus modificadores (fem./masc./sing./pl.) y entre los verbos y los sujetos?

☐ ¿He revisado la ortografía y la puntuación?

Paso 3. Revisión en colaboración: Intercambia tu borrador con el de otro/a estudiante y utiliza la hoja que te ha dado tu instructor(a) para ayudar a tu compañero/a a mejorar su trabajo escrito. Él/Ella hará lo mismo con el tuyo.

Paso 4. Lee con cuidado los comentarios y sugerencias de tu compañero/a y revisa tu trabajo, incorporando las correcciones y los cambios necesarios. Entrégale a tu instructor(a) tu trabajo corregido.

EXPANDIR

A. Presentación. Como el tema de los derechos humanos conlleva muchas áreas, este capítulo no puede abarcar todas las cuestiones pertinentes. Para informarse de otros datos sobre los derechos humanos, van a trabajar en equipos para investigar uno de los siguientes temas para luego presentárselo a sus compañeros/as de clase.

- La desaparición forzada de personas y la Convención Interamericana sobre Desaparición Forzada de Personas (1994)
- La guerra sucia de Chile
- La teología de la liberación
- Las Abuelas de Plaza de Mayo
- La guerra civil de Guatemala, El Salvador o Nicaragua
- Los abusos de derechos humanos en México durante los años recientes

B. DEBATE. Trabajarán en equipo para preparar la defensa de una de las posturas que siguen. No se olviden de anticipar los argumentos del otro lado para poder refutarlos.

POSTURA 1. Se puede justificar una guerra en la cual la gente lucha por los derechos humanos, la justicia y/o el cambio social. Como dijo el Presidente Obama en su discurso tras recibir el Premio Nobel de la Paz en 2009: «Que no quede la menor duda: la maldad sí existe en el mundo. Un movimiento no violento no podría haber detenido los ejércitos de Hitler. La negociación no puede convencer a los líderes de Al Qaeda a deponer las armas. Decir que la fuerza es a veces necesaria no es un llamado al cinismo; es reconocer la historia, las imperfecciones del hombre y los límites de la razón».

POSTURA 2. Ninguna guerra está justificada. Como dijo Martin Luther King: «La violencia nunca produce paz permanente. No resuelve los problemas sociales: simplemente crea problemas nuevos y más complicados».

C. DIARIO: SÍNTESIS. Reflexiona sobre todo lo que has aprendido a lo largo de este capítulo (filme, lectura, canción, entrevistas, presentaciones y actividades) sobre los derechos humanos. Si pudieras conversar con un(a) amigo/a que supiera poco sobre temas relacionados con los derechos humanos en el mundo hispano, ¿qué le dirías? ¿Y cómo responderías si esa persona te hiciera la siguiente pregunta: «¿Y qué puedo hacer yo para proteger, respetar y fomentar los derechos humanos?»?

OBJETIVOS: CAPÍTULO 6

ACABO DE TERMINAR ESTE CAPÍTULO Y <u>PUEDO</u>:

☐ explicar en mis propias palabras la información cultural que he aprendido sobre los temas principales de este capítulo (los derechos humanos y en particular la guerra sucia argentina y sus consecuencias) a través del análisis de eventos históricos, de ver el documental *Nuestros desaparecidos* y de hacer otras actividades.

☐ hablar sobre los temas principales de este capítulo

    ☐ empleando vocabulario apropiado.

    ☐ usando de manera correcta los demostrativos, el imperfecto de subjuntivo, los gerundios y el progresivo y los participios.

☐ demostrar mi habilidad de pedir información mediante la escritura de una carta formal.

CAPÍTULO 7

LA GUERRA Y LA PAZ

NOTA: *Recuerda leer ahora la lista en la página 198 de lo que debes ser capaz de hacer al terminar este capítulo. ¿Vas a poder decir «Sí, puedo». para todos los objetivos? ¡Claro que sí!!*

PELÍCULA DOCUMENTAL:
La Sierra (2005)

ESTRUCTURAS GRAMATICALES:
El presente perfecto de indicativo; El pluscuamperfecto de indicativo;
El presente perfecto de subjuntivo; El pluscuamperfecto de subjuntivo

LECTURA:
El artículo periodístico «Colombia: Un viejo conflicto que
se ensaña con los más jóvenes» por Isabelle Schaefer

CANCIÓN:
«Sueños» por Juanes

HERRAMIENTAS PARA LA ESCRITURA:
Vocabulario para introducciones y conclusiones

ESCRITURA:
Un ensayo expositivo sobre un evento/movimiento de un país
hispano para incluir en una guía informativa

VER

Antes de ver

A. Acerquémonos al tema. Este capítulo trata de la guerra y la paz. Verás *La Sierra*, un documental filmado en Colombia que retrata la situación de unos jóvenes colombianos que viven el conflicto armado del país. Lee la siguiente información sobre la guerra civil de Colombia y luego contesta las preguntas.

Según el informe *¡BASTA YA! Colombia: Memorias de guerra y dignidad*, preparado por el Grupo de Memoria Histórica en 2013 (http://www.centro dememoriahistorica.gov.co), el conflicto armado interno de Colombia (conocido también como la guerra civil) ha causado 218.094 muertes entre 1958 y 2012, de las cuales 81% fueron civiles. También ha resultado en 25.007 personas desaparecidas y 5.712.506 de desplazadas entre 1985 y 2012. Otras víctimas del conflicto han sufrido secuestros, tortura, accidentes de minas antipersona, violencia sexual y reclutamiento forzado, entre otros crímenes. Se calcula que el número total de víctimas es más de 6 millones. Los grupos más vulnerables han sido los indígenas, los afrocolombianos, los campesinos y los líderes de las comunidades tales como activistas sociales y políticos, abogados por los derechos humanos y sindicalistas laborales. Los grupos marginados como los indígenas, los afrocolombianos, y los campesinos se encuentran muchas veces atrapados en medio de las diferentes facciones y sin otra opción que unirse a una de ellas para sobrevivir o dejar su comunidad y convertirse en unos de los muchos desplazados del país. El departamento más afectado por el conflicto ha sido Antioquia, donde se encuentra La Sierra, el barrio pobre de Medellín sobre el cual se enfoca el documental.

Como se puede imaginar, la historia del conflicto es larga y complicada, pero los participantes principales en el conflicto, los cuales controlan diferentes zonas de Colombia, son:

1. la guerrilla izquierdista

    a. las FARC (Fuerzas Armadas Revolucionarias de Colombia)

    b. el ELN (Ejército de Liberación Nacional)

2. los grupos paramilitares derechistas

    a. las AUC (Autodefensas Unidas de Colombia)

    b. otras facciones

3. el Estado colombiano y sus fuerzas armadas

Como es el caso con muchos conflictos, la guerra en Colombia tiene raíces en la desigualdad socioeconómica y política. A lo largo de la historia colombiana, el dinero y el poder se han concentrado en las manos de una pequeña élite de terratenientes, mientras la mayoría de la población ha vivido en pobreza. Unos grupos guerrilleros surgieron en la década de los 50, y las FARC y el ELN se formaron en la década de los 60, con el objetivo de llegar al poder para ayudar a los pobres marginados, redistribuyendo las riquezas y la tierra. Los terratenientes, para protegerse contra la guerrilla, contrataron y armaron a grupos vigilantes que se transformaron en lo que hoy son los grupos paramilitares. El débil Estado colombiano no ha podido controlar las diferentes facciones, las cuales se financian con las ganancias de la industria del narcotráfico. A lo largo del conflicto, el gobierno de Colombia ha recurrido a Estados Unidos para que le proporcione dinero, armas y otra ayuda militar.

En 1999, este apoyo se formalizó y se incrementó con la firma del Plan Colombia, un acuerdo controvertido entre los dos gobiernos que sigue en vigor hoy en día. El propósito del acuerdo es disminuir el cultivo, la producción y el tráfico de drogas ilegales y promover paz y desarrollo económico en Colombia. Entre las críticas del Plan Colombia, sin embargo, es la acusación de que las fuerzas armadas de Colombia han usado las armas proveídas por los EE. UU. para cometer violaciones de derechos humanos. Muchos creen que las fuerzas armadas, con la ayuda del Plan Colombia, ya han llegado a abusar de su poder y que quedan en impunidad. Otra crítica del acuerdo se relaciona con la fumigación que se lleva a cabo para erradicar el cultivo de coca. Consecuencias de la fumigación han incluido el destrozo de otros cultivos, (como el maíz, la papa y el frijol), la contaminación de la tierra, del aire y del agua (y los correspondientes problemas de salud) y el desplazamiento de indígenas de sus tierras por estos problemas. Cómo se interpreta la situación actual y la historia del conflicto en Colombia está abierto a debate, pero basta decir que las tres facciones (la guerrilla, los paramilitares y las fuerzas armadas) han contribuido a mucho sufrimiento entre el pueblo colombiano.

En la actividad **Investiguemos** de la página 182, aprenderás más detalles sobre estos grupos y el conflicto en Colombia, y en la sección **Leer** aprenderás sobre iniciativas para construir la paz en Colombia desde sus comunidades.

B. PREGUNTAS

1. Reacciona a las estadísticas mencionadas anteriormente. ¿Qué cifra te sorprende más?

2. ¿Por qué serán vulnerables cada uno de los grupos mencionados (indígenas, activistas, sindicalistas, etc.)?

3. ¿Por qué habrá ayudado tanto EE. UU. al gobierno de Colombia con el acuerdo del Plan Colombia? ¿Qué opinas tú sobre este tipo de ayuda económica y militar?

4. Hay quienes culpan a los Estados Unidos por los problemas relacionados con el narcotráfico y la industria de drogas ilícitas ya que EE. UU. es el país líder en el consumo de drogas en el mundo. ¿Qué piensas tú?

5. ¿Qué otros países latinoamericanos han sufrido una larga guerra civil como la de Colombia? ¿Cuáles son las semejanzas y las diferencias entre las situaciones que conoces? ¿Conoces otros países en los que haya habido un gran número de desplazamientos forzados?

C. Diario: ¿Qué sabes? Antes de ver la película de este capítulo, toma un momento para reflexionar sobre lo que ya sabes sobre estos temas.

1. Antes de leer la información de la sección anterior, ¿qué sabías sobre la historia de Colombia? ¿Cómo aprendiste esa información?

2. ¿Por qué hay guerras y violencia en el mundo?

3. ¿Cuáles son las consecuencias de la guerra, a corto y a largo plazo?

VOCABULARIO

acostumbrarse (a)	to become accustomed (to); to get used (to)
el acuerdo de paz	peace treaty
agradable	pleasant
agradecido/a (agradecer)	grateful (to thank; to be thankful for)
aguantar	to put up with; to tolerate, to stand
el (la) aliado (*m. y f.*); la alianza	ally; alliance
el (la) anciano/a	elderly man/woman
el arma	weapon
arrepentirse	to repent
astuto/a	clever
la autodefensa	paramilitary group
la bala; la balacera	bullet; shoot-out
la banda	gang
el camello	job (*Colombian slang*)
la cédula (de identidad)	(ID) document
celoso/a	jealous
el chisme (chismear)	gossip (to gossip)
coger	to catch (e.g., *a criminal*) (*Am. Cen., Arg., Bol., Méx., Par., R. Dom., Ur. y Ven.: vulg.*)
el confite	candy
el conflicto armado interno	internal armed conflict
el (la) delincuente	criminal
derechista	right-wing
desmovilizar	demobilize
el desplazamiento; el (la) desplazado/a (desplazar)	displacement; displaced person (to displace)
el destino	destiny, fate
el disparo (disparar)	gunshot (to shoot)
el (la) enemigo/a	enemy
estallar(se)	to explode
extrañar	to miss, to long for
el fierro	gun (*Colombian slang*)
la fila	row, line
la fuerza de voluntad	willpower
las fuerzas armadas	armed forces
el fusil	rifle
grosero/a	rude

el grupo paramilitar	paramilitary group
la ingeniería (civil);	(civil) engineering; (civil) engineer
el (la) ingeniero/a (civil)	
involucrarse	to get involved
izquierdista	left-wing
el luto	mourning
mandar	to be in charge; to command
la paz	peace
el petardo	grenade
quedarse callado/a	to keep quiet
riesgoso/a	risky
salir adelante	to move forward; to get ahead (*job, money*)
sobrevivir	to survive
el (la) soldado	soldier
el tiro	gunshot
el valor	courage
el vicio	drugs (*slang*)
el (la) viudo/a	widower/widow

Practiquemos el vocabulario

A. ANTÓNIMOS. Empareja cada palabra o expresión de vocabulario con su antónimo.

1.	_____ el luto	a.	la guerra
2.	_____ sobrevivir	b.	hablar
3.	_____ el delincuente	c.	la alegría
4.	_____ la paz	d.	ingenuo
5.	_____ el aliado	e.	el enemigo
6.	_____ quedarse callado	f.	callar
7.	_____ astuto	g.	el policía
8.	_____ chismear	h.	el joven
9.	_____ el valor	i.	morir
10.	_____ el anciano	j.	el miedo

B. DEFINICIONES. Lee las definiciones que siguen y escribe la palabra de vocabulario que corresponda.

1. _____ *tr.* Hacer que un arma lance un proyectil.

2. _____ *tr.* Mover o sacar a alguien o algo del lugar en que está.

3. _____ *prnl.* Pesarle a uno haber hecho o haber dejado de hacer alguna cosa.

4. _____ *m.* Tubo que se rellena de pólvora u otro explosivo para producir una detonación.

5. _____ *adj. y s.* Persona a quien se le ha muerto su cónyuge.

6. _____ *adj. y s.* Descortés, desatento y sin educación.

7. _____ *tr.* Echar de menos a una persona o cosa.

8. _____ *loc. col.* Triunfar, superando ciertas dificultades o situaciones adversas.

9. _____ *m.* Fuerza desconocida que se cree que actúa sobre las personas y los eventos.

10. _____ *adj.* (*Amer.*) Peligroso.

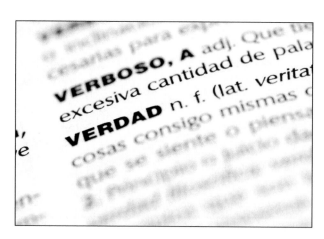

C. DEFINICIONES ORIGINALES. Ahora, escribe una definición original para ocho de las palabras que quedan y luego léeselas a un(a) compañero/a de clase para que él/ella adivine qué palabras describes.

Repasar y expandir: Estructura 1

EL PRESENTE PERFECTO DE INDICATIVO

El presente perfecto de indicativo (*p. ej.*, Nunca **he visto** un documental sobre el conflicto en Colombia.) se usa para expresar eventos del pasado que tienen una conexión con el presente. Consulta el cuaderno electrónico para una explicación detallada de las formas y el uso del presente perfecto de indicativo y para completar actividades de práctica. Luego, practica este tiempo perfecto con las actividades que siguen.

A. ANÁLISIS

PASO 1. Lee las siguientes afirmaciones sobre la guerra y la paz, el tema de este capítulo, y el conflicto de Colombia, <u>subrayando</u> cada ejemplo del presente perfecto de indicativo. Luego, indica tu opinión sobre cada oración, usando la siguiente escala: **5 = estoy muy de acuerdo; 1 = no estoy nada de acuerdo**.

"It always seems impossible until it's done."
-Nelson Mandela

1. Ninguna guerra en la historia del mundo ha sido necesaria. 5 4 3 2 1

2. Entre los ganadores del Premio Nobel de la Paz, Nelson Mandela, el ex presidente sudafricano, quien pasó casi un tercio de su vida en la cárcel por haber luchado contra el apartheid, es el que más ha merecido ganar el premio. 5 4 3 2 1

3. Desde su fundación en 1945 al finalizar la Segunda Guerra Mundial, la Organización de las Naciones Unidas (ONU) ha desempeñado un papel importante para lograr la paz y la seguridad en el mundo. 5 4 3 2 1

4. El gobierno de EE. UU. ha tenido la obligación de ayudar a Colombia a combatir el narcotráfico. 5 4 3 2 1

5. Al intentar ayudar a los pobres, los grupos guerrilleros han hecho algo
justificable.   5 4 3 2 1

6. Al consumir drogas ilícitas, muchos estadounidenses han contribuido
al conflicto.   5 4 3 2 1

7. El comunismo ha causado muchos problemas en el mundo, como el
conflicto en Colombia.   5 4 3 2 1

PASO 2. Compara tus respuestas con las de unos/as compañeros/as de clase, explicando tus opiniones.

B. COMPLETAR. Lee las siguientes citas del documental y llena los espacios con la forma correcta del presente perfecto de indicativo del verbo entre paréntesis.

1. «Yo nunca _____ (vivir) sin guerra. Siempre _____ (haber) guerra».

2. «_____ (suceder) casos en que tú vas y al voltear la esquina encuentres muchachos asesinados... ».

3. «Mi bebé es hermoso. Ya tiene tres meses. Es lo mejor que me _____ (pasar)».

4. «El hombre siempre _____ (ser) más resistente que la mujer».

5. «Apenas estamos en la etapa de nosotros. Y eso, seguro, que pasa, como _____ (pasar) la etapa de todos los comandantes».

6. «Gracias a Dios (yo) _____ (sobrevivir) esta guerra».

7. «Yo nunca _____ (pensar) en perder».

C. UNA ENTREVISTA. Imagina que vas a entrevistar a un(a) inmigrante colombiano/a sobre cómo le ha afectado la guerra civil. Escribe una lista de preguntas que te gustaría hacerle, usando el presente perfecto de indicativo cuando sea posible.

MODELOS

¿Algún miembro de su familia ha sido víctima de un secuestro?

¿Ha inmigrado Ud. a EE. UU. por la violencia relacionada con la guerra?

El filme

FICHA TÉCNICA

Título: *La Sierra*

Año: 2005

Duración: 84 minutos

Guionistas y Directores: Scott Dalton y Margarita Martínez

Distribuidora: Icarus Films

SOBRE EL FILME

El documental retrata un año en la vida de tres jóvenes que habitan un barrio pobre y violento de Medellín, Colombia. El barrio se llama La Sierra y está controlado por el grupo paramilitar Bloque Metro. Otro grupo paramilitar, Cacique Nutibara, controla un barrio vecino, y el grupo guerrillero ELN es otra facción contra la cual pelea Bloque Metro. Los tres protagonistas principales del documental incluyen:

1. **Edison** Flórez, de 22 años, es el comandante del grupo paramilitar del barrio, Bloque Metro.

2. **Cielo** Muñoz, quien tiene 17 años, fue desplazada de su casa en el campo cuando estaba en el sexto grado, después de que su hermano y su padre fueron asesinados por la guerrilla. Su novio, Carlos, es un paramilitar que está en la cárcel.

3. **Jesús** Martínez, de 19 años, es un paramilitar del grupo Bloque Metro. Perdió una mano cuando se estalló un petardo.

A. INVESTIGUEMOS. Para estar preparado/a para ver la película, busca información sobre los temas que siguen. Tu instructor(a) te pedirá que compartas lo que aprendas con la clase.

1. las FARC
2. el ELN
3. las AUC
4. los desplazamientos forzados en Colombia
5. Plan Colombia
6. la desmovilización de los paramilitares (las AUC) (2003–2006)

NOTA: *El documental incluye escenas violentas y gráficas.*

Después de ver

A. ¿QUÉ APRENDISTE? Después de ver el documental, contesta las preguntas que siguen.

1. Comenta la actitud que tiene Edison hacia las mujeres y la relación que tiene con sus novias (Geidy, Jasmín, Marleny y Yurani). También comenta la relación que tiene con sus hijos. ¿Es 'buen papá'?

2. Comenta la vida de las jóvenes de La Sierra (Cielo y las novias de Edison), las opciones que se les ofrecen y las decisiones que toman.

3. Ahora, haz lo mismo con los jóvenes paramilitares, en particular, Edison y Jesús. ¿Por qué son paramilitares? ¿Han escogido esa vida violenta o fue 'su destino'? ¿Podrían haber escogido otra vida?

4. Parece que Edison y Jesús ya no quieren luchar. ¿Por qué no abandonan esa vida llena de violencia?

5. ¿Cuáles son los sueños y las metas que mencionan Edison, Cielo y Jesús a lo largo del documental?

6. ¿Cuáles han sido las consecuencias de la guerra para los tres protagonistas principales?

7. ¿Qué hacen los jóvenes de La Sierra para divertirse?

8. Comenta el final de la película. ¿Hay esperanza? ¿Cómo será la vida de los hijos de Edison, Cielo y Jesús, y de todos los niños de La Sierra?

B. CITAS. Reacciona a las siguientes citas que provienen del documental. ¿Te sorprende lo que dice la cita? ¿Te enoja? ¿Te entristece? Explica tu reacción.

1. «Los de allá matan a los de aquí porque son de aquí. Y los de aquí matan a los de allá porque son de allá. Son muchachos. Los muchachos. Que estamos en manos de muchachos armados. (...) La vida de nadie no vale nada».

2. «Cuando desde la adolescencia uno no quiere, todo lo fuerte, si alguien tiene un fierro yo quiero, como, ser de ese grupo. Yo quiero cogerlo. Yo quiero disparar. (...) Me tocó salirme de estudiar».

3. «Tenía 15 años cuando quedé viuda. (...) Y me dejó un recuerdo que nunca voy a olvidar, que es mi hijo. (...) Y mi hijo dice que, que él va a matar a los que mataron al papá de él».

4. «Pues, esta guerra la podemos sobrevivir, pero llegará otra, y llegará otra, y llegará otra. Hasta que llegue el momento en que Ud. cae. Entonces hay que gozar de esta vida, no importa lo poco que uno tenga».

5. «Aquí en Medellín hay un dicho que dice que las mujeres, donde están las armas, la gasolina, o los comandantes, allí las tienen».

6. «No, pues mi destino, más bien... destino... Pues pienso más bien en un presente siempre. Nosotros no pensamos en el futuro. Pensamos en el presente, en qué va a pasar mañana, si vamos a estar vivos o vamos a estar muertos. Futuro todavía no hay».

7. «No me gusta recordar los muertos, porque es como mirar el pasado. Me gusta mirar adelante».

8. «Estamos acostumbrados a esto. Estamos acostumbrados a controlar el miedo».

9. «La vida de un hombre siempre va a ser guerrera. El hombre siempre ha sido más resistente que la mujer. Pero me habría gustado tener todas hijas mujeres. Porque al menos van a, van a sobrevivir más. Pero la mayoría son hombres».

10. «Casi no he vivido en un mundo sin guerra. Siempre estamos en guerra. Pero ya, gracias a Dios, no vamos a tener más guerra. (...) Con mi hijo aquí en mis brazos, pienso sacarlo adelante. Enseñarle a hacer cosas buenas, y nada de cosas malas. Y luego contar el pasado mío, para que no siga el mismo camino».

C. VAMOS MÁS AL FONDO. En grupos pequeños, conversen sobre los conceptos culturales que se ilustran en la película, respondiendo a las siguientes preguntas.

1. Si pudieran hacerle una pregunta a una de las personas del documental, ¿qué preguntarían y a quién? Expliquen.

2. En su opinión, ¿cuáles serán las consecuencias a largo plazo de la guerra civil y la violencia que han durado tantas décadas en Colombia?

3. Comenten la yuxtaposición entre la primera escena del documental, con el descubrimiento del cadáver y la segunda escena, con música, gente que juega a las cartas, etc. ¿Por qué decidieron los directores empezar la película de esa manera? ¿Cómo les afectó al verlo?

4. ¿Cómo caracterizarían a Edison como líder? ¿Es buen líder? Expliquen.

5. Comenten cómo expresan su dolor la familia y las novias de Edison después de su muerte. ¿Cómo se compara con los funerales y el duelo después de la muerte de un ser querido en los EE. UU.?

6. ¿Qué papeles parecen desempeñar la religión y la familia en las vidas de la gente de La Sierra?

7. La directora del documental, Margarita Martínez, dijo en una entrevista: «But you're in their homes, seeing their lifestyle, the lack of opportunities, then you don't judge anymore». ¿Les parece cierto? O sea, ¿dejaron Uds. de juzgar a los paramilitares al conocerlos a lo largo de la película? ¿Les culpan por vivir una vida tan violenta o creen que no tuvieron otras opciones?

8. Analicen las intenciones de los directores de *La Sierra*. ¿Por qué lo produjeron?

Repasar y expandir: Estructura 2

EL PLUSCUAMPERFECTO DE INDICATIVO

El pluscuamperfecto de indicativo se usa para expresar eventos que tuvieron lugar antes de otro evento del pasado (*p. ej.*, Yo ya **había estudiado** el conflicto armado en Colombia en una clase de historia cuando vi *La Sierra* para la clase de español). **Estudiar el conflicto** pasó antes del acto de ver la película. Consulta el cuaderno electrónico para una explicación detallada de las formas y el uso del pluscuamperfecto de indicativo y para completar actividades de práctica. Luego, practica este tiempo perfecto con las actividades que siguen.

A. ANÁLISIS: ¿CIERTO O FALSO? Lee las siguientes oraciones sobre el documental y decide si son ciertas o falsas. Si una oración es falsa, corrígela. Luego, subraya cada ejemplo del pluscuamperfecto de indicativo.

MODELO

[C] / F   El padre de Edison había estado en la cárcel antes de convertirse al cristianismo.

C / F   1.   Edison ya había conocido a todos sus hijos cuando murió.

C / F   2.   Al comenzar a filmarse el documental, Jesús ya había perdido la mano.

C / F   3.   Cielo y Carlos ya se habían casado antes de encarcelarse él.

C / F   4.   Aunque siempre habían sido enemigos el Bloque Metro y el Cacique Nutibara, estos rivales se unieron para poder derrotar al ELN.

C / F   5.   Antes de su muerte, Edison había predicho su destino.

C / F   6.   Cuando Cielo fue desplazada a La Sierra, su madre ya se había muerto.

B. VIDAS DISTINTAS. Es probable que las vidas de los jóvenes de La Sierra sean muy diferentes de las vidas de tus compañeros/as de clase y de la tuya. Escribe una lista de cinco cosas que Cielo ya había hecho (o no) antes de cumplir 18 años y luego cinco cosas que tú ya habías hecho (o no) a la misma edad. Usa el pluscuamperfecto de indicativo.

Cielo	Yo
MODELOS: No había completado el séptimo grado.	Me había graduado de la escuela secundaria.
1.	1.
2.	2.
3.	3.
4.	4.
5.	5.

LEER

Antes de leer

INTRODUCCIÓN

Vas a leer «Colombia: Un viejo conflicto que se ensaña con los más jóvenes», un artículo del periódico español *El país*. El artículo, publicado a finales de 2013, describe unos esfuerzos por ayudar a los jóvenes colombianos mientras el país anticipa tiempos de paz. Antes de leer el artículo, considera las siguientes preguntas.

- Considera el título del artículo y relaciónalo con lo que aprendiste al ver *La Sierra*.
- El primer punto bajo el título del artículo es «Nuevas iniciativas tratan de evitar que la juventud vea la violencia como una opción de vida por la falta de oportunidades». ¿Qué tipos de iniciativas crees que se han implementado para crear nuevas oportunidades para los jóvenes?

VOCABULARIO

atropellar	to run over
clave	key (*adj.*), essential
la (des)confianza	(dis)trust
desenvolverse	to manage; to become assured/confident
ensañarse (con)	to be merciless, cruel (to)
el entorno	surroundings
el (la) esclavo/a	slave
el esfuerzo	effort
evitar	to avoid
exponer	to expose
la garra	claw
hacer frente (a)	to face; to confront
el oficio	trade, profession
patrocinar	to sponsor
rodeado/a (de)	surrounded (by)
sin fines de lucro	nonprofit
superar	to overcome
el taller	workshop

Practiquemos el vocabulario

Llena los espacios en blanco con el vocabulario que mejor complete cada oración. Conjuga el verbo y cambia la forma de la palabra según el contexto.

1. Ayer un coche casi me _____, pero me moví al lado justo a tiempo.

2. UNICEF es una organización _____, o sea, su meta no es beneficiarse económicamente.

3. Yo no tengo _____ en la gente que no me mira a los ojos.

4. El punto _____ del artículo es que los jóvenes necesitan oportunidades para salir de la vida de violencia y pobreza.

5. Mañana en la biblioteca van a ofrecer un _____ sobre herramientas digitales para tabletas.

6. La esperanza de todos es poder _____ sus problemas y ser felices.

7. Cuando los jóvenes se ven _____ de otros que participan en el conflicto, es difícil _____ que ellos también lo hagan.

8. El _____ de mi padre es el de cocinero.

«Colombia: Un viejo conflicto que se ensaña con los más jóvenes» Nuevas iniciativas tratan de evitar que la juventud vea la violencia como una opción de vida por la falta de oportunidades

por Isabelle Schaefer

Mientras los negociadores del gobierno y las FARC avanzan en sus acuerdos en La Habana,[*] miles de colombianos que han vivido de cerca las consecuencias de 50 años de conflicto, impulsan **esfuerzos** paralelos para construir la paz en sus comunidades y, especialmente, proteger a los más jóvenes de las **garras** de la violencia.

Estos **esfuerzos** son **claves** en el desarrollo y construcción de la paz en Colombia, porque parten de las propias comunidades, según afirman los expertos.

[1]"Colombia ha acumulado experiencias exitosas de construcción de paz desde las comunidades. La sociedad civil del país es muy dinámica y las poblaciones en zonas de conflicto armado se han movilizado para buscar alternativas a la violencia y la guerra", explica Margarita Puerto, especialista en seguridad ciudadana del Banco Mundial.

Un gran número de estas iniciativas se centran en la juventud, específicamente en **evitar** que los jóvenes vean la violencia como una opción de vida. La falta de oportunidades y los **entornos** violentos en los que

---

1 Nota: Se ha presentado el texto original del artículo, en el cual no se prefirió usar comillas españolas, « ».

* Empezando en octubre de 2012, el gobierno colombiano, bajo el mando del Presidente Juan Manuel Santos, ha participado en negociaciones de paz con las FARC.

recen, impulsan a muchos a ver en las armas la posibilidad de **superar** la pobreza y el aislamiento. Otros jóvenes son forzados a adoptar conductas violentas. De acuerdo al gobierno de Colombia casi 13 millones de menores de edad en el país están **expuestos** a factores de riesgo que los hacen susceptibles al reclutamiento forzado por los grupos armados ilícitos.

Pero las propias comunidades afectadas están tomando cartas en el asunto[a] en estrecha alianza con organizaciones **sin fines de lucro** y el sector público. Se trata de dar a los jóvenes oportunidades de formación y desarrollo de aptitudes que los mantengan alejados de la violencia y, en última instancia, les sirvan para generar un ingreso.

Por ejemplo, la Fundación Mi Sangre, **patrocinada** por el cantante Juanes, imparte **talleres** de arte y música para enseñar a los jóvenes a afrontar los conflictos de manera pacífica.

Sebastián Álvarez, un joven de la Comuna 13 en Medellín, descubrió su pasión por escribir gracias a esos **talleres** que, según afirma, buscan "crear personas con la capacidad de perdonar, de amar, de dialogar y comunicarse entre nosotros".

Los expertos están de acuerdo con Álvarez. Sostienen que el arte y el deporte ayudan a controlar emociones como el miedo, el rencor y la **desconfianza** en el ámbito de lo social, y a instalar en la cultura emociones como la **confianza**, la felicidad, la compasión, la empatía y el amor.

"El desarrollo de estas competencias socioemocionales refuerza el desarrollo de aquellas competencias básicas que el joven necesita para **desenvolverse** en el mercado laboral o en el sistema educativo", afirma la especialista en educación Martha Laverde, del Banco Mundial.

Otros proyectos comunitarios se han enfocado en la mujer. En barrios populares de Cúcuta, una ciudad cercana a la frontera con Venezuela, muchas mujeres que dejaron sus pueblos para escapar de la violencia, encontraron el apoyo necesario para, a pesar de todo, ejercer su derecho a un trabajo digno. Con la ayuda de la Corporación Desarrollo y Paz de Norte de Santander, aprendieron el **oficio** de la confección[b] y algunas de ellas ya son dueñas de sus propios **talleres**. Además de un ingreso estable, han podido recobrar también el sentido de comunidad y de la vida en familia.

"Comparto con mi hija, con mi madre, con mis tíos… Vivo **rodeada** de mi familia, estoy con ellos casi todo el día, porque trabajo ahí mismo en el barrio con ellos", dice Ana Lida Gamboa, una participante del proyecto.

Apoyo a las minorías

Como en muchos otros conflictos armados, los sectores más vulnerables, los más pobres y las minorías, son los que más sufren. Esto ha sido particularmente cierto en Colombia con las comunidades afro descendientes, muchas de ellas ubicadas en las zonas más disputadas por los grupos armados.

En Palenque de San Basilio, por ejemplo, un pueblo de descendientes de **esclavos** en el departamento de Bolívar, la comunidad se organizó para **hacer frente** a la violencia pero también para **superar** la pobreza.

---

a   **están**… *taking matters into their own hands*
b   *dressmaking*

Saray Zúñiga cuenta que dejó Palenque cuando comenzaron a actuar los grupos armados. Pero ahora que la comunidad está organizada, gracias a iniciativas como Afropaz, "ya no vienen a **atropellarla** a uno, porque ahora tendrán que atropellar a todo el pueblo", según explica.

Todas estas iniciativas de construcción de la paz se caracterizan por ser "desde abajo", pero el gobierno debe hacer su parte. Sus retos^c son pocos pero importantes: fortalecer las instituciones, proporcionar seguridad, justicia y empleo, e incluir a toda la sociedad en la construcción de la paz.

---

c   *challenges*

Después de leer

A. ¿ENTENDISTE? Completa las siguientes frases de una manera lógica según lo que leíste en el artículo.

1. Muchos jóvenes colombianos…

2. Los programas mencionados en el artículo fueron empezados por…

3. Las metas principales de los programas incluyen…

4. Los grupos que más sufren durante los conflictos armados son…

5. Las comunidades afrocolombianas han sufrido mucho porque…

B. ¿QUÉ OPINAS TÚ?

PASO 1. Contesta las siguientes preguntas sobre el artículo.

1. ¿Qué opinas de los programas descritos en el artículo? ¿Podrán ayudar a jóvenes colombianos como los de *La Sierra* a salir de la pobreza y escapar de la violencia?

2. Además de las iniciativas mencionadas, ¿qué más se puede hacer para ayudar a los jóvenes colombianos y para construir la paz?

3. En el artículo, Schaefer afirma que el gobierno colombiano «debe hacer su parte». ¿También tiene una responsabilidad el gobierno de EE. UU. de ayudar en el proceso de construir la paz en Colombia?

4. De las iniciativas mencionadas en el artículo, ¿cuál te interesa más? Consulta la página web de uno de los programas y prepara un pequeño resumen de lo que aprendas.

PASO 2. Comparte tus respuestas con tus compañeros/as de clase y juntos/as analicen de manera más profunda los temas y los puntos de vista tratados en la lectura.

Repasar y expandir: Estructura 3

EL PRESENTE PERFECTO DE SUBJUNTIVO

El presente perfecto de subjuntivo, como el presente perfecto de indicativo, se usa para expresar eventos del pasado que tienen una conexión con el presente. El presente perfecto de subjuntivo se utiliza en los mismos contextos que el presente de subjuntivo (repasa los **Capítulos 4–6**), menos que el verbo de la cláusula subordinada expresa algo del pasado (*p. ej.*, Me alegro de que **hayamos visto** *La Sierra*, porque me enseñó mucho sobre la historia de Colombia). Consulta el cuaderno electrónico para ver una explicación detallada y para completar actividades de práctica. Luego, practica el presente perfecto de subjuntivo con las actividades que siguen.

A. ANÁLISIS. Lee las siguientes oraciones e indica si estás de acuerdo o no con cada afirmación (A = acuerdo, D = desacuerdo). Luego, <u>subraya</u> cada ejemplo del presente perfecto de subjuntivo y determina por qué se usa el subjuntivo en cada caso. Finalmente, compara tus respuestas con las de un(a) compañero/a de clase. ¿Comparten las mismas respuestas y las mismas opiniones?

MODELO

[A]/ D   Me alegro de que las comunidades colombianas mismas <u>hayan creado</u> programas educacionales para ayudar a sus jóvenes. (**reacción emocional**)

A / D 1. No hay ninguna guerra civil que haya ayudado a la gente de su país.

A / D 2. No creo que los estadounidenses hayan prestado suficiente atención a la situación en Colombia.

A / D 3. Es una lástima que tantos jóvenes colombianos no hayan tenido otra opción menos la de luchar en la guerra.

A / D 4. Es mejor que Edison haya muerto antes de que algunos de sus hijos lo hubieran podido conocer, porque así es menos probable que ellos también participen en la guerra.

A / D 5. Es probable que las vidas de los jóvenes de *La Sierra* hayan mejorado después de la desmovilización.

B. REACCIONES. Reacciona a las siguientes afirmaciones. Combina una de las frases de la lista que sigue con las oraciones de abajo y utiliza el presente perfecto de subjuntivo.

Es posible que	Es una lástima que	Me alegro de que	Es probable que
No creo que	Qué pena que	Es triste que	Es increíble que

1. Los EE. UU. le han proporcionado armas, dinero y entrenamiento militar a Colombia.

2. Más de 200.000 colombianos han muerto durante el conflicto armado interno.

3. Más de cinco millones de colombianos han sido desplazados durante el conflicto.

4. Los miembros de muchos grupos paramilitares se han desmovilizado.

5. Muchos jóvenes colombianos han escogido una vida violenta aun teniendo otras opciones.

6. Muchas jóvenes colombianas se han convertido en madres a una edad muy joven.

C. ESPERANZAS PARA LA GENTE DE *LA SIERRA*. ¿Cómo estarán Cielo, Jesús y las otras personas de *La Sierra* hoy en día? ¿Qué les habrá pasado? Expresa tus deseos, dudas, reacciones emocionales y opiniones sobre los protagonistas usando el presente perfecto de subjuntivo.

> MODELOS
>
> Espero que Cielo haya encontrado un buen trabajo.
>
> Es probable que Jesús haya tenido otro hijo.

ESCUCHAR

PERSPECTIVAS EN TU COMUNIDAD

PASO 1. Entrevista a hispanohablantes de tu comunidad para poder conocer mejor sus perspectivas culturales y personales sobre el tema de la guerra. A continuación, hay preguntas que puedes adaptar y/o usar como punto de partida para las entrevistas. Se recomienda hacer una entrevista en video para luego poder compartirla con la clase.

1. ¿Cuál es tu opinión de la guerra? ¿Te consideras pacifista o crees que a veces la guerra es un mal necesario? Explica.

2. Comenta la guerra en relación a tu país nativo. ¿Qué sabes de las guerras en que ha participado tu país? ¿Te ha afectado personalmente la guerra?

PASO 2. Reflexiona sobre lo que has aprendido al hacer las entrevistas y graba un video en el cual compartas tus perspectivas respecto a la guerra. El video debe durar 1–2 minutos.

Canción: «Sueños» por Juanes

ANTES DE ESCUCHAR

Juan Esteban Aristizábal Vásquez, más conocido como Juanes, es un cantante colombiano de pop y rock. Nacido en Medellín, Juanes es activista de causas sociales y humanitarias, creyendo en el poder de la música como factor de cambio social. Su canción «Sueños» es del álbum *Mi sangre* (2004), el cual ganó cuatro Grammys Latinos y vendió 4.000.000 de copias a nivel mundial. ¿Cuáles serán los sueños de que Juanes canta en la canción?

DESPUÉS DE ESCUCHAR

A. ANÁLISIS DE LA CANCIÓN. En grupos pequeños, contesten las preguntas que siguen sobre la canción que acaban de escuchar.

1. En tus propias palabras, ¿cuáles son los sueños del cantante?

2. ¿Son realistas estos sueños? ¿Qué hace falta para que se hagan realidad?

3. ¿Es una canción activista/política, de amor o los dos?

4. ¿Qué opinas del contenido de la canción?

5. ¿Te gusta la canción? Explica.

B. Te toca a ti: Tus sueños. Si escribieras una canción sobre tus sueños, ¿sobre qué escribirías? O sea, ¿cuáles son tus sueños, para el mundo, para tu país, y para tu vida personal? Escribe una lista de tus sueños para cada uno, y luego compárala con un(a) compañero/a de clase.

El mundo	Mi país	Mi vida

ESCRIBIR

Repasar y expandir: Estructura 4

El pluscuamperfecto de subjuntivo

El pluscuamperfecto de subjuntivo, como el pluscuamperfecto de indicativo, se usa para expresar eventos que tuvieron lugar antes de otro evento del pasado. El pluscuamperfecto de subjuntivo se utiliza en los mismos contextos que el presente de subjuntivo (repasa los **Capítulos 4–6**), menos que los verbos de las dos cláusulas expresan algo del pasado (*p. ej.*, Mientras veía el documental, no podía creer que Edison **hubiera muerto**). Consulta el cuaderno electrónico para ver una explicación detallada y para completar actividades de práctica. Luego, practica el pluscuamperfecto de subjuntivo con las actividades que siguen.

A. Análisis. Lee el siguiente párrafo sobre la organización que fundó Juanes, Fundación Mi Sangre, la cual se mencionó en el artículo que leíste. <u>Subraya</u> e identifica cada ejemplo del perfecto (presente perfecto de indicativo o subjuntivo y pluscuamperfecto de indicativo o subjuntivo). Luego, explica por qué se usa el tiempo y el modo verbal en cada caso.

Antes de fundarse la Fundación Mi Sangre en 2006, no había ninguna organización que hubiera proveído atención psicosocial a través de actividades artísticas y lúdicas a las víctimas de la guerra colombiana. En sus orígenes, la Fundación servía para ayudar a cualquier persona que hubiera sido víctima de minas antipersonales. En 2009, se amplió su enfoque para incluir también a niños, niñas y jóvenes que habían sido afectados por distintos tipos de violencia, y ese mismo año se inició el programa Educación para la Paz. A los que empezaron el programa no les gustó que la gente se hubiera sentido impotente ante la violencia que reinaba en su país; por eso el programa tenía la meta de ayudar a los participantes a convertirse en agentes activos en la construcción de la paz. En los años recientes, la Fundación ha implementado nuevos programas innovadores como la Campaña Soñar es un Derecho, la cual tiene como meta prevenir el reclutamiento de niños, niñas y jóvenes para la guerrilla y las autodefensas. Es admirable que la Fundación haya mejorado la vida de muchos colombianos y que haya ayudado a construir la paz.

B. Nuestro legado. Aunque la historia está repleta de conflictos y problemas socioeconómicos, hay esperanza para un futuro mejor ya que los seres humanos somos capaces de aprender de los errores del pasado. Completa la siguiente carta en la cual explicas a los jóvenes de las generaciones futuras lo que tú y las otras personas de tu generación han hecho para mejorar el mundo para ellos. Usa una variedad de modos y tiempos verbales, incluyendo el presente de indicativo o subjuntivo, el presente perfecto de indicativo o subjuntivo y el pluscuamperfecto de indicativo o subjuntivo.

Querida generación futura:

Esperamos que nuestros esfuerzos les _____ [1] (servir) como inspiración para que Uds. _____ [2] (continuar) soñando, luchando y trabajando juntos. Es verdad que nuestra lucha para conseguir un mundo mejor _____ [3] (haber) tenido muchos altibajos (*ups and down*). Lamentamos que no _____ [4] (haber – *nosotros*) podido erradicar toda la pobreza en el mundo ni conseguir que todo el mundo viva en armonía, pero cada logro, aunque pequeño, _____ [5] (haber) contribuido a concienciar a más y más personas que juntos _____ [6] (poder – *nosotros*) afectar cambios verdaderos y duraderos.

Para inspirarles y llamarles a actuar y seguir luchando, estas son algunos de nuestros logros.

- Lamentamos que _____ [7] (haber – *nosotros*) elegido representantes del Senado y la Casa de Representantes que no representaban nuestros verdaderos intereses y para remediar esto, nosotros _____ _____ [8]

- Sentíamos mucho que las generaciones pasadas no _____ [9] (haber) cuidado bien el medio ambiente, por eso nosotros _____ _____. [10]

- Como la educación es una de las maneras más eficaces de empoderar a la gente, nosotros _____ [11] (haber) priorizado mejoramientos en el sistema de educación. Todavía queda mucho por hacer, y es necesario que su generación _____ _____. [12]

Sabemos que Uds. pueden seguir luchando por la paz y la justicia para hacer que el mundo _____ [13] (ser) un lugar más armonioso y feliz para todos.

Mucho ánimo por parte de todos nosotros

C. COMPLETAR. Completa las frases que siguen según tu reacción personal, utilizando correctamente el pluscuamperfecto de subjuntivo. También explica, en tus propias palabras, por qué era necesario usar el subjuntivo.

1. Ojalá que Edison...
2. Habría sido mejor que Cielo...
3. Era una lástima que Jesús...
4. Me alegró que el padre de Edison...
5. No podía creer que Edison...
6. Sentía mucho que Edison muriera antes de que sus hijos...
7. No había ningún joven en La Sierra que...
8. Les habría recomendado a las novias de Edison que...

Herramientas para la escritura

VOCABULARIO PARA INTRODUCCIONES Y CONCLUSIONES

Al escribir un ensayo expositivo, es esencial incluir una introducción, un cuerpo y una conclusión bien definidos y claros. La introducción define el evento/movimiento que vas a exponer (o sea, explicar), y también tiene la función de llamar la atención. El 'gancho' (*hook*) puede ser una pregunta retórica, una cita llamativa, unas cifras reveladoras o una anécdota interesante. Además, la introducción debe incluir la tesis, o sea, el propósito o la idea principal del ensayo. Luego, el escritor dedica el cuerpo de su exposición a desarrollar el concepto, cuerpo y conclusión, comenzando con lo más importante. En cada párrafo hace falta incluir una oración temática que apoye el plan general de la exposición e indique lo que el escritor planea luego expresar en ese párrafo. Finalmente, la conclusión sirve para resumir las ideas principales del ensayo, para reafirmar la tesis de una manera clara, y para darle a entender al lector que el texto ha terminado. También se puede ofrecer una opinión, comentar las implicaciones de las ideas presentadas o sugerir una acción que el lector puede tomar.

El vocabulario que sigue puede ayudarte a redactar la introducción y la conclusión del ensayo expositivo que vas a escribir en la siguiente sección del capítulo.

Vocabulario para introducciones

Conviene... / Es conveniente (*It is advisable. . .*)

Es importante...

Es necesario... / Es preciso (*It is necessary. . .*)

+

...aclarar
...conocer
...dar a entender
...destacar (*emphasize*)
...examinar
...investigar
...reconocer
...responder a
...ver de cerca

Con respecto a... / En cuanto a... / Por lo que se refiere a... (*Regarding. . ., In relation to. . .*)

Se trata de... / Se tiene que ver con... (*It concerns / is about. . .*)

Hay que tener en cuenta... / Es necesario tener en cuenta... (*It is necessary to consider. . .*)

Para empezar... (*To begin with. . .*)

En primer lugar... (*In the first place. . .*)

Vocabulario para conclusiones

a fin de cuentas / al fin y al cabo (*in the end, all in all*)

como consecuencia / por consiguiente (*as a result, as a consequence, consequently*)

en consecuencia / por lo tanto (*consequently*)

Comoquiera que se examina el tema... (*However one analyzes the subject. . .*)

de lo anterior, se puede concluir que... (*from the above, one can conclude that. . .*)

después de todo (*in the end, after all*) / en conclusión / para concluir (*in short, in conclusion, to sum up*)

en resumen / en resumidas cuentas / en resumidas palabras / en suma (*in summary, to sum up, summarizing*)

para recapitular / para resumir (*to sum up*)

recapitulando / resumiendo (*summing up*)

Escritura como proceso

UN ENSAYO EXPOSITIVO

Vas a escribir un ensayo expositivo sobre un evento/movimiento (de la historia o de la actualidad) de un país hispano para incluir en una guía informativa para estudiantes universitarios/as que van a estudiar en el extranjero. El propósito de una exposición es didáctico, o sea, se enseña algo para que el lector lo entienda mejor. Como la meta es informar, el tono debe ser objetivo y serio. Vas a seguir los siguientes pasos para redactar tu ensayo.

PASO 1. Determina qué evento vas a describir. Puede ser un conflicto / una guerra, unas elecciones, un cambio/movimiento social, político o económico, o cualquier otro evento importante en la historia de un país hispano. Considera lo siguiente y haz un bosquejo.

1. Tu público: Estudiantes universitarios/as que van a estudiar en el país. ¿Qué información debe saber un(a) estudiante sobre el evento/movimiento seleccionado antes de estudiar en ese país? Intenta anticipar sus preguntas para así poder abordarlas en tu exposición.

2. La selección de información para el ensayo. Ahora, piensa en los puntos más importantes y cómo puedes organizarlos en tu ensayo.

   - Destaca los puntos clave que ayudarán al público lector a entender el evento/movimiento. Incluye también el contexto social, histórico, político, etc., que forma el trasfondo para el evento/movimiento que vas a explicar.

   - ¿Cómo atraerás la atención del público lector en la introducción? ¿Cuál será tu tesis?

   - ¿Cómo vas a organizar la información? ¿En orden cronológico? Escribe la oración temática para cada párrafo del cuerpo.

   - ¿Cómo concluirás tu ensayo para que tu público lector recuerde las ideas principales?

Paso 2. Organiza tus ideas del **Paso 1** para escribir un borrador. La exposición, de entre 400–450 palabras, debe escribirse a máquina, a doble espacio. Luego, revisa tu borrador, usando la siguiente lista de verificación como guía.

Contenido

- [ ] En la introducción, ¿he incluido un gancho y una tesis?
- [ ] ¿He incluido suficiente información sobre el evento/movimiento?
- [ ] ¿Explico de manera completa y concisa los puntos clave?
- [ ] ¿Incluyo información sobre el trasfondo político, social, etc.?
- [ ] ¿Es apropiado el tono? ¿Se conforma con el propósito de **enseñar**? ¿Es objetivo y serio?
- [ ] ¿He incluido una conclusión apropiada, en la cual resumo las ideas principales del ensayo, reafirmo la tesis de una manera clara y le doy a entender al público lector que el texto ha terminado?

Organización

- [ ] ¿Hay una secuencia lógica, con una introducción, un cuerpo y una conclusión?
- [ ] ¿Es eficaz la división y organización de ideas en párrafos? ¿Contiene cada párrafo una oración temática? ¿Hay párrafos que deban dividirse o reorganizarse? ¿Hay alguna frase/oración o frases/oraciones dentro de algún párrafo que deba(n) ser eliminada(s), elaborada(s), etc.?
- [ ] ¿Hay palabras de enlace (sin embargo, aunque, además, por consiguiente, etc.)?

Vocabulario/Gramática

- [ ] ¿He utilizado un vocabulario variado y apropiado para introducciones y conclusiones (de **Herramientas para la escritura**)? ¿He evitado palabras básicas como **bueno, malo** y **cosas**? ¿También he verificado que no hay tradicciones literales?
- [ ] ¿He usado correctamente las estructuras estudiadas en este capítulo (el presente perfecto de indicativo, el pluscuamperfecto de indicativo, el presente perfecto de subjuntivo y el pluscuamperfecto de subjuntivo)?
- [ ] ¿Hay concordancia entre los sustantivos y sus modificadores (fem./masc./sing./pl.) y entre los verbos y los sujetos?
- [ ] ¿He revisado la ortografía y la puntuación?

Paso 3. Revisión en colaboración: Intercambia tu borrador con el de otro/a estudiante y utiliza la hoja que te ha dado tu instructor(a) para ayudar a tu compañero/a a mejorar su trabajo escrito. Él/Ella hará lo mismo con el tuyo.

Paso 4. Lee con cuidado los comentarios y sugerencias de tu compañero/a y revisa tu trabajo, incorporando las correcciones y los cambios necesarios. Entrégale a tu instructor(a) tu trabajo corregido.

EXPANDIR

A. PRESENTACIÓN. Como el tema de la guerra y la paz conlleva muchas áreas, este capítulo no puede abarcar todas las cuestiones pertinentes. Para informarse de otros datos sobre la guerra y la paz en el mundo hispano, van a trabajar en equipos para investigar uno de los siguientes temas para luego presentárselo a sus compañeros/as de clase.

- Pablo Escobar
- Las negociaciones de paz entre el Gobierno colombiano y las FARC en La Habana y el cese al fuego declarado en junio de 2016
- La situación actual de Colombia (o de Medellín en particular)
- Una guerra civil de otro país hispano
- El Premio Nobel de la Paz
- La Organización Mundial por la Paz (OMPP)
- La Caravana por la Paz en Estados Unidos
- La organización Witness for Peace

B. DEBATE. Trabajarán en equipo para preparar la defensa de una de las posturas que siguen. No se olviden de anticipar los argumentos del otro lado para poder refutarlos.

POSTURA 1. Se debe legalizar las drogas tales como la marihuana y la cocaína para reducir la violencia cometida en Colombia y en otras partes del mundo como consecuencia de la producción y el tráfico de drogas ilícitas.

POSTURA 2. Legalizar las drogas ilícitas no es una solución al problema de la violencia relacionada con la producción y el tráfico de drogas, sino que resultaría en más problemas y más drogadicción.

C. DIARIO: SÍNTESIS. Reflexiona sobre todo lo que has aprendido a lo largo de este capítulo (filme, lectura, canción, entrevistas, presentaciones y actividades) sobre el tema de la guerra y la paz, particularmente el conflicto armado interno de Colombia. Si pudieras conversar con un(a) amigo/a que supiera poco sobre este tema, ¿qué le dirías? ¿Y cómo responderías si esa persona te hiciera la siguiente pregunta: «¿Y por qué debe importarme a mí?»?

OBJETIVOS: CAPÍTULO 7

ACABO DE TERMINAR ESTE CAPÍTULO Y <u>PUEDO</u>:

☐ explicar en mis propias palabras la información cultural que he aprendido sobre los temas principales de este capítulo (la guerra y la paz, y en particular, el conflicto armado interno en Colombia y sus consecuencias) a través del análisis de estadísticas, de ver el documental *La Sierra* y de completar otras actividades.

☐ hablar sobre los temas principales de este capítulo

    ☐ empleando vocabulario apropiado.

    ☐ usando de manera correcta el presente perfecto de indicativo y de subjuntivo y el pluscuamperfecto de indicativo y de subjuntivo.

☐ demostrar mi habilidad de utilizar vocabulario para introducciones y conclusiones al escribir un ensayo expositivo.

CAPÍTULO 8

EL FEMINISMO

> **NOTA:** *Recuerda leer ahora la lista en la página 232 de lo que debes ser capaz de hacer al terminar este capítulo. ¿Vas a poder decir «Sí, puedo». para todos los objetivos? ¡Claro que sí!*

PELÍCULA DOCUMENTAL:
Nosotras, centroamericanas (2011)

ESTRUCTURAS GRAMATICALES:
El **se** impersonal y el **se** pasivo; La voz pasiva con **ser**;
La secuencia de tiempos verbales; El discurso indirecto

LECTURA:
«La Cenicienta que no quería comer perdices» por Nunila
López Salamero y Myriam Cameros Sierra (ilustraciones)

CANCIÓN:
«Todas juntas, todas libres» por Gaby Baca,
Clara Grun y Elsa Basil Mosaico

HERRAMIENTAS PARA LA ESCRITURA:
Verbos para usar en diálogos

ESCRITURA:
Un cuento de hadas feminista

VER

Antes de ver

A. Acerquémonos al tema. Este capítulo trata del feminismo. Verás *Nosotras, centroamericanas*, un documental de Unai Aranzadi filmado en El Salvador, Guatemala, Honduras y Nicaragua. La película se enfoca específicamente en la lucha de las mujeres por la reivindicación de sus derechos. Abajo puedes ver unas estadísticas sobre los salarios según el género y la participación política de las mujeres. La primera figura muestra la diferencia entre los salarios de los hombres y las mujeres de los diferentes países latinoamericanos, mientras la segunda figura muestra los salarios mensuales de hombres y mujeres de Latinoamérica y el Caribe según profesión. Finalmente, la tabla muestra la representación política de las mujeres en las legislaturas nacionales de varios países. Examina las estadísticas y luego contesta las preguntas que siguen.

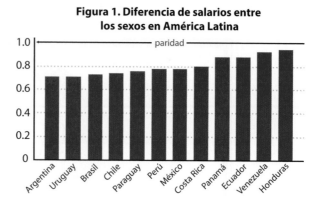

Figura 1. Diferencia de salarios entre los sexos en América Latina

Fuente: UN Women, con base en datos de la OIT

Figura 2. Salarios por género de las diez profesiones mejor pagadas en la región

En las diez profesiones mejor pagadas de la región, la mujeres están menos representadas y sus salarios son inferiores a los de los hombres

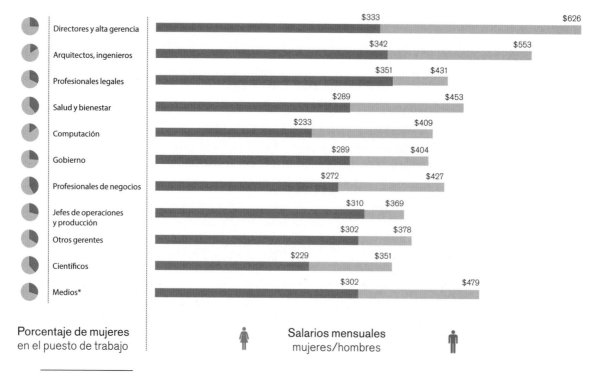

Porcentaje de mujeres en el puesto de trabajo

Salarios mensuales mujeres/hombres

* *medios de comunicación*

Tabla. La representación política de las mujeres en las legislaturas nacionales

País	Cámara baja (% de mujeres)	Senado (% de mujeres)
Cuba	48,9	—
Nicaragua	40,2	—
Ecuador	38,7	—
Costa Rica	38,6	—
México	36,8	32,8
Argentina	36,6	38,9
España	36,0	34,2
El Salvador	26,2	—
Bolivia	25,4	47,2
Canadá	24,7	37,9
Perú	21,5	—
República Dominicana	20,8	9,4
Estados Unidos	17,8	20,0
Paraguay	17,5	20,0
Venezuela	17,0	—
Chile	15,8	18,4
Guatemala	13,3	—
Colombia	12,1	16,0
Uruguay	12,1	12,9
Panamá	8,5	—

Fuente: la Unión Interparlamentaria, 2013, http://www.ipu.org/wmn-e/classif.htm

1. Comenta la diferencia entre los salarios de los hombres y los de las mujeres que se evidencia en las dos figuras. ¿Te sorprenden las estadísticas? Explica.

2. Según la Oficina del Censo de los EE. UU., en 2014 las mujeres que trabajaban a tiempo completo ganaban 79% de lo que ganaban los hombres.[*] Compara este porcentaje con las estadísticas de Latinoamérica y coméntalo. ¿A qué se debe esta brecha salarial?

3. ¿Cuáles son las profesiones en las que trabajan más mujeres que hombres? ¿Y más hombres que mujeres? ¿Por qué existen estas tendencias?

4. Examina la tabla «La representación política de las mujeres en las legislaturas nacionales» y coméntala. ¿Te sorprenden los porcentajes de algunos países en particular?

5. Hasta la llegada de Hillary Clinton como candidata para la presidencia, ni había habido la más remota posibilidad de elegir a una mujer presidenta de EE. UU. Por el contrario, varios países latinoamericanos sí han tenido presidentas, incluyendo: Dilma Rousseff (Brasil), Cristina Fernández de Kirchner (Argentina), Lidia Gueiler Tejada (Bolivia), Laura Chinchilla (Costa Rica), Michelle Bachelet (Chile), Isabel Martínez de Perón (Argentina), Violeta Barrios de Chamorro (Nicaragua), Mireya Moscoso (Panamá), Lidia Gueiler Tejada (Bolivia) y Rosalía Arteaga Serrano (Ecuador). ¿A qué se debe esta diferencia?

[*] *http://www.census.gov/hhes/www/income/data/incpovhlth/2014/figure2.pdf*

B. DIARIO: ¿QUÉ SABES? Antes de ver la película de este capítulo, toma un momento para reflexionar sobre lo que ya sabes sobre el feminismo.

1. Para ti, ¿qué es 'el feminismo'? ¿Te consideras feminista? Explica.

2. Hay quienes dicen que ya no es necesario el feminismo, que las mujeres ya han conseguido los mismos derechos y oportunidades que los hombres. ¿Estás de acuerdo? Explica.

3. ¿Qué sabes de la situación de la mujer en Centroamérica? ¿Cuáles serán los factores que influyen en el sexismo y en la discriminación y desigualdad de género, tanto en Centroamérica como en todo el mundo?

VOCABULARIO

el aborto	abortion; miscarriage
el acoso sexual	sexual harrassment
el anuncio	commercial; advertisement
aprovecharse (de)	to take advantage (of)
la brecha	gap, divide
el (la) campesino/a; campesino/a	peasant, country boy/girl; rural (*adj.*)
el comercial	commercial; advertisement
la (des)igualdad	(in)equality
la discriminación (discriminar)	discrimination (to discriminate)
elegir	to elect
el embarazo (embarazarse)	pregnancy (to get pregnant)
empoderamiento (empoderar[se])	empowerment (to empower [oneself])
la empresa transnacional	transnational company/business
enfrentar(se) a/con	to confront; to face
engañar	to deceive; to cheat
la equidad	equity, equality
el estereotipo (estereotipar)	stereotype (to stereotype)
el femicidio	murder of a female
el feminismo	feminism
el (la) feminista	feminist
el género	gender
incrementar(se)	to increase
la libertad	liberty, freedom
la madre soltera	single mother
los medios (de comunicación)	the media
la mejora	improvement
parir	to give birth
el partido político	political party
la política (de salud reproductiva)	policy (of reproductive health)
la propuesta de ley	bill of law

quedarse embarazada	to get pregnant
repartir	to distribute
el reto	challenge
el rol	role
el salario mínimo	minimum wage
señalar	to point (at, out); to signal
el sexismo	sexism
someter(se)	to submit (oneself)
la sumisión; sumiso/a	submission; submissive
tener en cuenta	to keep in mind; to consider
tomar conciencia (de)	to become aware (of)
el varón	male

Practiquemos el vocabulario

A. Sinónimos. Empareja el vocabulario de la primera columna con un sinónimo de la segunda columna.

1. _____	la mejora	a. aumentar
2. _____	el varón	b. diferenciar
3. _____	el rol	c. el desafío
4. _____	repartir	d. el avance
5. _____	engañar	e. el hombre
6. _____	el reto	f. la autonomía
7. _____	incrementar	g. considerar
8. _____	la libertad	h. el papel
9. _____	tener en cuenta	i. distribuir
10. _____	discriminar	j. mentir

B. Llenar los espacios. Llena los espacios con las palabras que mejor completen las oraciones.

someterse   el salario mínimo   elegir   el feminismo   acoso sexual

las madres solteras   los medios de comunicación   la discriminación

1. _____ contribuyen al sexismo y a _____ contra las mujeres.

2. Incrementar _____ mejorará la situación económica de muchas mujeres que trabajan.

3. Las vidas de _____ están llenas de retos.

4. Las mujeres deben _____ a sus esposos.

5. _____ es la lucha por la igualdad de oportunidades entre los hombres y las mujeres.

6. Aunque varias mujeres latinoamericanas han ejercido el cargo de presidenta en sus países por sucesión constitucional o por encargo del Parlamento o regímenes de facto en transición, Nicaragua hizo historia en 1990 al _____ a Violeta Barrios de Chamorro, en las urnas (*ballot boxes*).

7. Tanto los hombres como las mujeres pueden ser víctimas del _____.

C. OPINIONES. Trabaja con unos/as compañeros/as para expresar sus opiniones sobre las afirmaciones de la actividad **B**. ¿Están de acuerdo con la idea expresada en cada oración? Expliquen sus opiniones, usando el vocabulario del capítulo cuando sea posible. Luego, su instructor(a) les pedirá que compartan con la clase una de las ideas con que todos/as están de acuerdo y una de las cuales <u>no</u> están de acuerdo.

MODELO
Todos/as estamos de acuerdo con el número ____ porque_____, pero no estamos de acuerdo con el número ____ porque _____.

Repasar y expandir: Estructura 1

EL *SE* IMPERSONAL Y EL *SE* PASIVO

En español se usa con frecuencia el **se** cuando el agente (o sea, la entidad que realiza la acción del verbo) no se sabe, no es importante o no se quiere expresar. Este **se** puede ser el **se** impersonal o el **se** pasivo. Consulta el cuaderno electrónico para ver una explicación detallada y para completar actividades de práctica. Luego, practica el **se** impersonal y pasivo con las actividades que siguen.

A. Análisis: Una receta feminista. Las recetas muchas veces incluyen el **se** impersonal y pasivo en sus instrucciones. Lee «Receta para guiso (*stew*) feminista» y luego: (1) subraya cada ejemplo del **se** impersonal o pasivo, (2) pon un círculo alrededor del sujeto del verbo, si lo hay.

RECETA PARA GUISO FEMINISTA

Se corta y se saltea una cebolla, para que no se llore mucho.

Los derechos se deben incluir en gran cantidad, bien fresquitos y sin recortar ni escatimar (*skimping*). Y tienen que ser diversos, para que se mejore el sabor: que sean derechos sexuales, derechos reproductivos, laborales, migratorios, sociales, políticos, culturales y medio ambientales.

Se le pone un ají bien picante, relleno de rebelión, fuerza e indignación.

Se le agrega, bien mezclado, un caldo de paridad política, sistema de cuidados y ley de medios que promueva la igualdad.

Cuando empiece a hervir, se le sacan —hasta que no quede ni una gota— la violencia, discriminación y falta de respeto que suban a la superficie.

Ojo con el fundamentalismo, es mejor que no entre a la cocina mientras se hace el guiso.

Se sazona con una pizca de alegría, picardía, humor a gusto y mucho entusiasmo.

Y lo más importante: se cocina el guiso en casa, en la calle, en el trabajo, con la familia, las amistades, las colegas, solas o acompañadas.

Y así se cocina por la igualdad.

B. Un mundo más justo: ¿Qué pasará si...? Llena los espacios en blanco con el **se** pasivo/impersonal y la forma correcta del verbo en el presente de indicativo. Luego, completa la frase con tus ideas personales, usando o el futuro o **ir** + **a** + *infinitivo*.

MODELO

Si se crean anuncios comerciales que no muestren tantos estereotipos, habrá menos sexismo en el mundo.

1. Si _____ (elegir) a más mujeres como líderes políticas,...

2. Si _____ (incrementar) el salario mínimo,...

3. Si _____ (repartir) los recursos de manera más justa,...

4. Si _____ (luchar) por los derechos iguales,...

5. Si _____ (tomar) conciencia de la discriminación,...

6. Si _____ (respetar) la dignidad de todos los humanos,...

7. Si _____ (aprobar) leyes más estrictas contra el acoso sexual,...

C. Los estereotipos de género

Paso 1. Hoy en día, tanto los hombres como las mujeres luchan por romper con viejos estereotipos sobre su comportamiento y manera de ser. Crea una lista de cuatro comportamientos que tradicionalmente se adscriben a las mujeres/niñas y cuatro que se adscriben a los hombres/niños. Utiliza el **se** impersonal.

Hombres/niños	Mujeres/niñas
Modelos No se llora.	Se juega con las muñecas.
1.	1.
2.	2.
3.	3.
4.	4.

Paso 2. Compara tus listas con las de un(a) compañero/a de clase. ¿Cuáles son los estereotipos que aparecen en sus listas? ¿Por qué existen estos estereotipos? ¿Son positivos o negativos? ¿Qué consecuencias pueden tener?

El filme

Ficha técnica

Título: *Nosotras, centroamericanas*

Año: 2011

Duración: 29 minutos

Guionista y Director: Unai Aranzadi

Fotografía: Unai Aranzadi

Productora: PTM Mundubat

Montaje: Independent Docs TV

Sobre el filme

El documental, producido y dirigido por Unai Aranzadi en colaboración con la Organización No Gubernamental de Cooperación al Desarrollo (ONGD) vasca Mundubat ("un mundo" en lengua vasca), retrata el sufrimiento y la lucha por sus derechos de las mujeres centroamericanas y también los factores que contribuyen a la desigualdad y la discriminación de género.

A. INVESTIGUEMOS. Para estar preparado/a para ver la película, busca información sobre los temas que siguen. Tu instructor(a) te pedirá que compartas lo que aprendas con la clase.

1. El machismo y el marianismo
2. El patriarcado
3. El neoliberalismo
4. Los tratados de libre comercio (TLC) y sus efectos
5. El golpe de estado de Honduras en junio 2009
6. Las leyes sobre el aborto terapéutico en los países centroamericanos

B. CONOZCAMOS A LAS MUJERES QUE HABLAN. *Nosotras, centroamericanas* incluye entrevistas con muchas mujeres diferentes y abarca diversos temas. Para ayudarte a entender mejor el contenido del documental, aquí se presenta a algunas de las mujeres entrevistadas junto con los temas principales que cada una comenta.

Klemen Altamirano participa en la Colectiva Mujeres de Masaya, NICARAGUA. Ella comenta las causas de la **discriminación** y la **violencia contra la mujer**, el papel que desempeña la **economía**, los **derechos reproductivos** y la **participación política de la mujer**.

Marta Julia Gabriel y **Carmelina Xalin** son dos mujeres indígenas de GUATEMALA que hablan de la **vida de la mujer indígena**, la **madre tierra**, las **empresas transnacionales,** el **acceso a la educación** y la **participación política**.

Sandra Guevara participa en Las Mélidas, una organización feminista de EL SALVADOR. Ella examina el **neoliberalismo**, la **violencia contra la mujer**, los **derechos reproductivos** y la **participación política de la mujer**.

Jessica Sánchez es miembro del grupo Feministas en Resistencia de HONDURAS. Los temas que comenta incluyen el **capitalismo**, el **neoliberalismo**, el **golpe de estado en Honduras,** la **violencia**, los **derechos reproductivos** y la **esperanza**.

Gaby Baca es una cantante de NICARAGUA que se enfoca en la **lucha de las mujeres a reclamar justicia** y la **participación política**.

Esta mujer (no se nombra) participa en el Colectivo Feminista de los Barrios: Frente Nacional de Resistencia Popular de HONDURAS. Comparte su opinión sobre muchos temas, pero se enfoca más en el **rol tradicional de la mujer** y el **empoderamiento de las mujeres**.

Berta María Rojas y Rosalía Méndez son ex trabajadoras de una transnacional bananera en NICARAGUA. Las dos comentan las **compañías transnacionales** y las **condiciones laborales de las mujeres**.

Después de ver

A. ¿QUÉ APRENDISTE? Después de ver el documental, contesta las preguntas que siguen.

1. Describe las imágenes de los primeros dos minutos del documental. ¿Qué ves? ¿Por qué incluye el director esas escenas? ¿Qué sentimientos o reacciones te provocan?

2. Según lo que viste en el documental, ¿cuáles son las instituciones y los factores que contribuyen a la violencia y la discriminación contra las mujeres centroamericanas?

3. Comenta las escenas breves de televisión que se incluyen en el documental (por ejemplo, los anuncios comerciales, el concurso para ganar cien dólares, la escena de una iglesia, el programa que muestra una foto de Salma Hayek y la introducción al programa *La fea más bella*). ¿Qué mensajes se transmiten sobre las mujeres? ¿Por qué se incluyen en el documental?

4. ¿Por qué protesta la gente contra las empresas minera y cementera?

5. Describe la vida de las mujeres que aparecen en el documental. ¿Qué notas? ¿Qué te llama la atención?

6. ¿Para qué luchan las mujeres entrevistadas? O sea, ¿qué esperan lograr? Y según ellas, ¿cómo se pueden realizar sus metas?

B. CITAS. Reacciona a las siguientes citas que provienen del documental. ¿Te sorprende lo que dice la cita? ¿Te enoja? ¿Te entristece? Explica tu reacción.

1. «El patriarcado y el neoliberalismo juntos hacen una alianza social, una alianza muy letal para las mujeres. Por un lado tenemos el patriarcado como sistema social y el neoliberalismo como, como sistema económico, que persigue hacer más ricos a los ricos y los pobres más pobres. Entre estos las pobres son las que se quedan más relegadas, más discriminadas, y más afectadas por estas políticas». (*Klemen Altamirano*)

2. «Hay zonas, que son las identificadas como zonas de alta pobreza y donde la cantidad de mujeres muertas es mayor. Eso nos dice de que la más pobreza, hay más deterioro social y hay menos respeto por la vida de las mujeres». (*Klemen Altamirano*)

3. «La mayoría de las mujeres, como regular, aquí en Guatemala, nos hemos dado cuenta que tienen un nivel económico muy bajo, ya que por lo regular, por la necesidad de, de trabajo, se someten a andar a veces en las calles». (*Lesbia Queme, bombera voluntaria de Guatemala*)

Lesbia Queme

4. «Tenemos que empoderarnos y ser parte de los cambios, y vamos a luchar por una Asamblea Nacional Constituyente en la que los derechos de las mujeres estén representados, así como los derechos de la población negra, ¿verdad?, pero diferenciándose completamente. No es lo mismo ser negro que ser negra. Que no es lo mismo ser campesino que ser campesina». (*la hondureña del Colectivo Feminista de los Barrios*)

5. «La vida de la mujer indígena, campesina, es muy dura. Trabajamos en la cocina, y trabajamos en el campo». (*Carmelina Xalin*)

6. «Estamos defendiendo nuestra madre tierra porque, porque la madre tierra nos está dando de qué comer». (*Carmelina Xalin*)

7. «Es un reto muy grande en términos de este derecho de poder, digamos, tener la autonomía propia de decidir cuántos hijos quiero tener, cuándo los quiero tener, si quiero controlar, planificar, tener placer para tener una relación sexual, y con quién yo quiera». (*Sandra Guevara*)

8. «Ser mujer aquí es cocinar, lavar, planchar, atender al marido, las que tienen marido. Bueno, eso es, no, eso no es mujer». (*Doña Coco*)

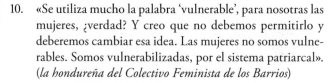

9. «Pero el hecho de tener ya grupos organizados, mujeres con conciencia, mujeres dispuestas a salir, a luchar, a defender sus derechos, a organizarse, yo creo que eso es superim —o sea, no es superimportante, es tal vez el único camino en el que poco a poco podremos ir cambiando esta realidad». (*una mujer de Nicaragua*)

10. «Se utiliza mucho la palabra 'vulnerable', para nosotras las mujeres, ¿verdad? Y creo que no debemos permitirlo y deberemos cambiar esa idea. Las mujeres no somos vulnerables. Somos vulnerabilizadas, por el sistema patriarcal». (*la hondureña del Colectivo Feminista de los Barrios*)

C. VAMOS MÁS AL FONDO. En grupos pequeños, conversen sobre los conceptos culturales que se ilustran en la película, respondiendo a las siguientes preguntas.

1. Según las mujeres entrevistadas en el documental, el capitalismo, el neoliberalismo, los golpes de estado, la religión / las iglesias, la televisión y la publicidad contribuyen a la discriminación contra la mujer en Centroamérica. Examinen cada tema con respecto a las siguientes preguntas:

- ¿Por qué se podría decir que contribuye a la discriminación?

- ¿Están de acuerdo con que es parte del problema?

- ¿Contribuye a la discriminación y el sexismo en Estados Unidos también?

- ¿Hay otros factores contribuyentes que no se mencionan en el documental?

2. Comparen la situación de la mujer centroamericana, como se retrata en el documental, con la situación de la mujer en Estados Unidos. ¿Qué semejanzas y diferencias hay?

3. Comenten las perspectivas que el director, Unai Aranzadi, decidió incluir en el documental. ¿Falta(n) alguna(s) perspectiva(s)? Expliquen. ¿Cuál fue la intención de Aranzadi al producir el documental?

4. Si pudieran hacerle una pregunta a una de las mujeres del documental, ¿qué preguntarían y a quién? Expliquen.

5. ¿Es optimista o pesimista el documental? Expliquen.

Repasar y expandir: Estructura 2

LA VOZ PASIVA CON *SER*

Además de usar el **se** pasivo, la pasividad se puede expresar con **ser** + *participio pasado* (*p. ej.*, El documental **fue dirigido** por Unai Aranzadi). Consulta el cuaderno electrónico para ver una explicación detallada de la voz pasiva con **ser** y para completar actividades de práctica. Luego, practica la estructura con las actividades que siguen.

A. ANÁLISIS. Lee las siguientes citas del documental. <u>Subraya</u> cada ejemplo de la voz pasiva (**ser** + *participio pasado*) y traduce el verbo y el participio al inglés.

MODELO

«Muchas mujeres centroamericanas <u>fueron entrevistadas</u> durante el rodaje de este documental». **were interviewed**

1. «No quiso ser señalada como madre soltera».

2. «Tener identidad de género, saber que hemos sido formadas de esta manera pero que tenemos que romper, romper ese rol tradicional que hemos jugado las mujeres».

3. «El cultivo de alimentos básicos y flores, sustento de su economía, es defendido como parte de una estrategia de soberanía alimentaria en clave femenina».

4. «Antes era admitido el aborto terapéutico».

5. «En Nicaragua, las trabajadoras de las bananeras fueron explotadas como mano de obra barata».

6. «Ya demandando, proponiendo, y ofertando los saberes de las mujeres para que sean incluidas en la agenda nacional».

B. LOGROS DE MUJERES DEL MUNDO HISPANO. Lee las siguientes oraciones sobre unos logros de mujeres hispanas y luego cámbialas de la voz activa a la voz pasiva con **ser** + participio.

OJO: Usa el pretérito.

MODELO

Margarita Salas publicó más de 200 trabajos científicos. → Más de 200 trabajos científicos fueron publicados por Margarita Salas.

1. Sor Juana Inés de la Cruz defendió el derecho de la mujer a la educación en el siglo XVII.

2. Gabriela Mistral escribió muchos poemas premiados.

3. Evita Perón apoyó los derechos de los pobres y los obreros.

4. Frida Kahlo pintó muchos autorretratos muy famosos.

5. Violeta Parra cantó canciones de protesta en las décadas de los 60 y 70.

6. Rigoberta Menchú ganó el Premio Nobel de la Paz en 1992.

C. DIARIO: UNA REACCIÓN. Escribe una reacción a *Nosotras, centroamericanas*. ¿Qué aprendiste? ¿Qué te sorprendió? ¿Te gustó? ¿Por qué sí o no? ¿Qué preguntas tienes? Incorpora la voz pasiva con **ser** + participio cuando sea posible.

LEER

Antes de leer

INTRODUCCIÓN

Vas a leer «La Cenicienta que no quería comer perdices», un cuento escrito por Nunila López Salamero e ilustrado por Myriam Cameros Sierra. Antes de publicarse en 2009 (Editorial Planeta), el cuento se divulgó a través de Internet por email, foros y blogs. Este cuento moderno y escrito para adultos reinventa el cuento clásico de «La Cenicienta» («Cinderella»). A través de su protagonista vegetariana, vividora y rebelde, el breve texto desmonta los cuentos de hadas de nuestra niñez, criticando con un tono sarcástico el papel tradicional de la mujer en la sociedad.

Antes de leer «La Cenicienta que no quería comer perdices», considera las siguientes preguntas.

- ¿Conoces a los siguientes protagonistas de los cuentos infantiles? ¿Cómo son y qué características tienen en común?

La Cenicienta

La Bella Durmiente

Blancanieves

Caperucita Roja

El Hombre de Hojalata (de *El maravilloso mago de Oz*)

Pinocho

- ¿Cómo suelen ser los personajes femeninos de los cuentos infantiles? ¿Y los masculinos? Haz una lista de adjetivos que usarías para describirlos.

- ¿Qué significará el título del cuento? (Pista: Muchos cuentos de hadas terminan con la siguiente frase: «Y fueron felices y comieron perdices [*partridges*]».)

- Resume en 2 o 3 oraciones el argumento del clásico cuento de «La Cenicienta».

- En el **Capítulo 5,** leíste el cuento «Las mazorcas prodigiosas de Candelaria Soledad» de Carlos Rubio, que se narra en el estilo de un cuento de hadas. ¿Qué diferencias crees que encontrarás entre el cuento que escribió Rubio para una colección de libros dirigidos a niños y este cuento moderno dirigido a adultos?
- A continuación se reproduce la dedicatoria que acompaña el cuento:

> Este cuento es un canto al amor, pero ~~no al amor dependiente y posesivo~~ que nos han enseñado, sino al verdadero, basado en EL PLACER Y LA LIBERTAD, y se lo dedicamos a todas las mujeres valientes que están haciendo ese cambio en su vida y a las que la perdieron, que desde el cielo nos iluminan.

Comenta tanto el contenido como el estilo, o sea, el uso de diferentes tamaños de fuente (*font*) y cómo una frase está ~~tachada~~ (*crossed out*).

VOCABULARIO

apretar	squeeze
arrancar	to rip
¡basta!	enough!, that's enough!
basto/a	rude, impolite
caber	to fit
el (la) colega	friend (*colloquial*)
el (la) consorte	spouse, partner
da igual	it makes no difference
la danza del vientre	belly dance
el danzarín / la danzarina	dancer
deprimido/a	depressed
descalzo/a	barefoot, barefooted
engordar	to gain weight
escondido/a	hidden
estar harto/a (de)	to be fed up (with); to be sick to death (of) (*figurative slang*)
estrujar	to squeeze; to hug
el hada (*f. only*.); **el Hada Madrina**	fairy; Fairy Godmother
malhumorado/a	bad tempered, grumpy
el palmo	handspan (*measure of length*)
el palo	stick
la perdiz (*pl.* **las perdices**)	partridge(s)
probarse	to try on
quejarse (de)	to complain, to gripe (about)
qué rollo	what a bore/drag (*colloquial*)
el tacón	heel (of a shoe)
vacío/a	empty

Practiquemos el vocabulario

Llena los espacios en blanco con el vocabulario que mejor complete cada oración sobre el mundo de los cuentos de hadas. Conjuga el verbo y cambia la forma de la palabra según el contexto.

1. Un cuento de hadas es una historia ficticia que puede contener personajes folclóricos tales como _____, duendes, elfos, brujas, sirenas, troles, gigantes, gnomos y animales parlantes.

2. ¿Por qué estaba permanentemente _____ el enanito Gruñón de los siete enanitos de Blancanieves? Los otros, y en particular el enanito Feliz, siempre estaban contentos.

3. La vanidosa y malvada madrastra de Blancanieves _____ porque tenía envidia y no soportaba que hubiera otra más hermosa que ella.

4. La malvada madrastra de Blancanieves puso veneno _____ en la manzana.

5. En otra versión de «Blancanieves», la malvada reina se volvió completamente loca y en un ataque de rabia _____ entre sus manos la rosa envenenada y murió víctima de su propia trampa.

6. Mientras que muchos cuentos de hadas en inglés suelen terminar con la frase «...*and they lived happily ever after*», los que están en español acaban diciendo «... y fueron felices y comieron _____».

7. Cuando Cenicienta _____ la zapatilla de cristal, le encajó perfectamente y todos se dieron cuenta de que fue ella la futura princesa.

8. Cenicienta _____ de tener que hacer todos los quehaceres mientras sus hermanastras no hacían nada.

«La Cenicienta que no quería comer perdices»

por Nunila López Salamero
ilustraciones Myriam Cameros Sierra

La Cenicienta tenía tantas, tantas ganas de ir a la fiesta que al final lo consiguió. Pero se puso tan ansiosa que a la mañana siguiente no se acordaba de nada (llegó a las 12, pero a las 12 del día siguiente). Pero ahí estaban esos dos señores, con el zapato de cristal de **tacón** de **palmo** y de punta esperando para que **se lo probara**. Al principio no le **cabía** el pie pero **apretó** y **apretó** hasta que le «**cabió**» y metió la pata[a] ¡porque se tuvo que casar con el príncipe! Al príncipe le encantaban las **perdices**, pero la Cenicienta es vegatariana. No come ni carne, ni pescado, ni lleva chupa de cuero.[b] Aun así tenía que cocinar las **perdices** porque era la comida preferida del príncipe.

> **NOTA:** *La palabra* **vegatariana** *fue inventada por la autora y la ilustradora. Puesto que la autora quería que la Cenicienta fuera vegana y la ilustradora que fuera vegetariana, se pusieron de acuerdo al llamarla* **vegatariana**.

---

a   meter la pata *has a double meaning in this context, as Cinderella is (1) literally putting* (meter) *her foot* (pata = *the leg of an animal, e.g.,* la pata del caballo) *into the glass slipper and (2) by doing so she is making a big mistake* (meter la pata, *verbal phrase = to put one's foot in it, to make a mess of*).

b   **chupa**... *leather jacket*

NOTA: *En esta descripción de cómo preparó Cenicienta las perdices y la reacción del príncipe hay vocabulario que puedes usar en tu vida cotidiana para describir la comida que preparas o que comes:* **al horno** *(*Capítulo 3*)*, **a la plancha** *(grilled)*, **crudo/a** *(raw)*, **quemado/a** *(burned)*, **relleno/a** *(stuffed)*, **salado/a** *(salty). Y, ahora conociendo estas palabras, ¿cómo te gustaría que te preparen las perdices?* ☺

Se las cocinaba a la plancha, al horno, rellenas, fritas... «¡Éstas están saladas! ¡Éstas están crudas! ¡Éstas están quemadas!» gritaba el príncipe **malhumorado** porque nunca cocinaba las **perdices** a su gusto. ¡Qué disgusto! Y lo peor: tenía que ir subida en los zapatos de cristal, de **tacón** de **palmo**... ¡y de punta! ¡Qué vértigo! Al principio intentó poner la espalda recta, pero se caía hacia atrás, así que se fue inclinando, y por su espalda se le fueron deslizando todas sus ideas e ilusiones.

Y la planta del pie chafada[c] completamente. ¡Eso es horrible! En la planta del pie están reflejados todos nuestros órganos. ¿Qué hacemos en Occidente con todos los órganos chafados? Por ejemplo, el útero atrofiado y el pecho «machakrado». Así bailamos la **danza del vientre**... ¡**Parecemos palos**, en vez de serpientes!

La Cenicienta cada vez se encontraba peor: Enferma, **Deprimida**, Perdida. Un día decidió contarlo: «¡**Qué rollo** de príncipe, de zapatos y de **perdices**!».

Vecina moderna: «No **te quejes** de los zapatos, mi príncipe es moderno y yo voy subida en unas plataformas de medio metro».

Amiga autóctona: «No **te quejes**. A mi príncipe le encantan las vacas. Y necesito ocho microondas para calentarle la cena».

Una reina madre: «No **te quejes**. ¿Dónde vas a estar mejor que con un príncipe?»

Colega republicano con perro: «¿Pero tú no eres vegetariana y te gusta andar **descalza**?»

Así que la Cenicienta aún se confundió más con los comentarios de la gente, dejó de contarlo y se quedó sola. Solo tenía a su príncipe 'amado', la espalda torcida, los pies chafados y el corazón destrozado. Y un día tuvo la suerte de verse a sí misma... Y le dio por reírse de sí misma, de lo inocente que había sido al pensar que un príncipe la salvaría. Después de años viviendo con uno, se dio cuenta que los príncipes no te salvan... tampoco los camioneros, ni los disc-jockeys, ni las pasteleras. Dejó de sentirse culpable, se perdonó y se dio cuenta de que la única capaz de salvarte eres tú misma. Así que la Cenicienta dijo «**BASTA**»

---

c *squashed*

y apareció la* **hada** que era una basta (he de contaros que las **hadas** son gorditas, peludas y morenas, que están dentro de nosotras y que salen cuando dices «**basta**»).

En cuanto la **hada** vio a la Cenicienta la abrazó y la **estrujó**, y la Cenicienta, en el momento en que se sintió recogida, se puso a llorar. ¡Hacía tanto, tanto que no lloraba! Primero empezó llorando por el príncipe, por tantas **perdices** muertas y por los zapatos. Luego, siguió llorando al recordar que su madrastra la maltrataba, que su padre la trataba peor y que sus hermanas casi se mueren por querer usar una 38 de Zahara. Lo lloró todo todo... (hasta lo de haber nacido en el hospital porque la **arrancaron** de los brazos de su madre). Lloró también dos vidas anteriores... por si acaso (para no repetir karma) y se sintió mejor que nunca... ¡**vacía**! (con el miedo que le daba a ella quedarse **vacía**). Ahora solo tenía que llenarse de cosas bonitas. Sabía que, teniendo a la **hada** Basta al lado, lo conseguiría.

> **NOTA:** *La tienda marca Zahara seguramente se refiere a Zara, la empresa española que es una de las compañías más grandes en el mundo internacional de la moda. Una talla 38 en España corresponde a una talla 6 en Estados Unidos.*

En primer lugar dejó al príncipe (a pesar de que cuesta mucho dejarlos, es tan difícil que a veces repitas 2 o 3 príncipes más). Luego, dejó los zapatos y las **perdices**. Y, una vez sola, descubrió que quería disfrutar de su cuerpo, que tan castigado había estado. Descubrió la danza, y comprendió que para bailar solo hace

---

* *No es una falta de ortografía. Ponemos **la** en vez de **el** porque no nos parece bien tanto artículo machista en la lengua castellana.*

falta tener ganas. **Da igual** que calces un 42, que peses 90 kilos, que midas 1,92 o que tengas 80 años. Todas llevamos una **danzarina escondida**.

Aprendió a recogerse,[d] a tomarse su tiempo y a confiar. Y así fue como en el camino de la transformación conoció a otros seres a los que les pasaba lo mismo que a ella.

A la Ratita Presumida[e] que ha empezado a **engordar** y ahora liga[f] más...

A la Bella Durmiente y a Blancanieves, que se están despertando (desintoxicándose del Prozak).

A Caperucita Roja, que le había salido violento el cazador. Debido a sus dioptrías[g] emocionales, ella no le vio la escopeta.

A Pinocho, que **está harto de** sus mentiras y sabe que necesita la verdad, y al Hombre de Hojalata, que llorando y llorando, encontró su corazón.

Una vez libres, pudieron realizar sus sueños, ayudándose entre sí. La Cenicienta montó un restaurante/ cabaret vegetariano llamado 'Me sobra armonía', donde además de comer, no paraban de bailar. Ahora están encantadas de haberse conocido pero también muy enfadadas por el papel que han tenido que representar en los cuentos durante siglos: «Niñas pasivas esperando que les pidan la mano y les quiten la vida». SE ACABÓ, han empezado un cuento nuevo: ÉRASE UNAS MUJERES QUE NO ESTABAN SOLAS Y UNAS **PERDICES** QUE VOLABAN FELICES... Fin

(bueno fin, fin... ya sabemos que los finales no existen. Todo continúa...)

---

d   *to take time for oneself* (aislarse un poco del exterior)
e   «La ratita presumida» *is a Spanish folktale about a vain little mouse and her many suitors.*
f   *hook up (casually date)*
g   *A unit of measurement of the refractive power of lenses*

A la Cenicienta le va muy bien en el restaurante y ha contratado a un montón de **colegas**. Ahora abre también, por las noches con el nombre 'Me falta armonía'. La Ratita Presumida ha conseguido llegar a una talla 44. Vive sola y feliz. La Bella Durmiente y Blancanieves han conseguido cambiar el Prozak por otras yerbitas curativas. Se han hecho muy, muy muy amigas. Caperucita da talleres a mujeres maltratadas de 'Cómo superar la ceguera familiar'.[h] El Hombre de Hojalata está enseñando a llorar a hombres y ha montado un grupo llamado 'Hombres que aúllan con los lobos'.[i] Pinocho sigue buscando la verdad: a ha probado con la Gestalt, el Diafreo, las constelaciones familiares, las flores de Bach[j]... La reina madre ha abdicado y se ha ido de cocinera al restaurante vegetariano. Insiste en que el jamón bueno no es carne. Su **consorte** ya casi no la ve, está encantado de tener tiempo libre. El amigo republicano con perro desde que ha salido en este cuento no para de ligar.

Y la hada **Basta** sigue apareciéndose cada vez que una mujer dice: **¡BASTA!**

---

h   **'Como**... *"How to Overcome Blinding Familiar Beliefs"*
i   '**Hombres**... *"Men Who Howl with the Wolves"*
j   **Gestalt**... *Gestalt Psychology (the study of perception and behavior); Diafreotherapy (the study of the interrelationship between the body and the psyche); Family Constellations (a therapeutic method that believes that present-day problems and difficulties may be influenced by traumas suffered in previous generations of the family); Bach Flower Remedies (plant- and flower-based essences used to help manage different emotions)*

Después de leer

A. ¿ENTENDISTE? Decide si las siguientes frases son ciertas o falsas. Si son falsas, corrígelas.

C / F   1.   Al principio del cuento, a la Cenicienta le alegraba mucho la idea de conocer al príncipe en el baile, enamorarse y casarse con él.

C / F   2.   Aunque se quejaba el príncipe de cómo cocinaba las perdices, la Cenicienta disfrutaba de cenar junto con su marido y comer las riquísimas perdices que preparaba.

C / F   3.   Cuando por fin compartió sus verdaderos sentimientos sobre el príncipe, los zapatos de tacón y las perdices, la Cenicienta recibió el apoyo emocional que buscaba de su vecina, amigos y la reina madre.

C / F   4.   Un día cuando la Cenicienta por fin se dio cuenta de su ingenuidad de haber pensado que los príncipes existían para salvar a mujeres como ella, exclamó "BASTA" y se le apareció un hada.

C / F   5.   Al ver al hada tan elegante, alta y rubia que vino para rescatarla, la Cenicienta empezó a llorar de alegría.

C / F   6.   La Cenicienta decidió dejar al príncipe y, por primera vez en su vida, pensar en sí misma y lo que a ella le hacía feliz.

C / F   7.   La Cenicienta empezó a trabajar en un Centro de Asistencia Social de su comunidad local y ahí conoció a la Ratita Presumida, la Bella Durmiente, Blancanieves, Caperucita Roja, Pinocho y el Hombre de Hojalata e intentó ayudarles a buscar la felicidad personal.

C / F   8.   El cuento contiene un epílogo en el cual se revela qué le pasó al príncipe después de que lo abandonó la Cenicienta.

B. ¿QUÉ OPINAS TÚ?

PASO 1. Contesta las siguientes preguntas.

1. Piensa en tanto el contendio de los cuentos infantiles tradicionales («La Bella Durmiente», «Blancanieves», «Caperucita Roja», etc.) como el de «La Cenicienta que no quería comer perdices» para interpretar los cuentos según estos temas.

   - ¿Quiénes son los personajes? ¿Hay princesas hermosas, príncipes valientes, brujas malvadas, ogros, dragones, seres malvados, lobos feroces y héroes? ¿Son personajes masculinos o femeninos, cómo son y qué valoran?

   - ¿Qué lecciones enseñan los cuentos a los lectores, especialmente respecto a ser obediente, arriesgado, etc.? ¿Son iguales para los niños y las niñas?

   - ¿Cómo se representan el amor y el matrimonio? Y en las relaciones de amor, ¿asumen los hombres y las mujeres roles diferentes en cuanto ser activo (dominante) o pasivo (sumiso)?

   - ¿Es importante ser atractivo/a? ¿Para quién(es)? Gracias a la belleza, ¿tendrá alguien el éxito asegurado en la vida?

2. En tu opinión, es «La Cenicienta que no quería comer perdices» un buen ejemplo de cómo se puede luchar contra el sexismo? Explica.

3. Busca ejemplos específicos en el cuento de lenguaje no sexista (pista: mira el género de los sustantivos y los adjetivos). ¿Crees que la autora, a través de este lenguaje, consigue valorar ambos sexos de igual modo? Explica.

4. ¿Cómo te parece la conclusión del cuento? Comenta el uso del epílogo (todo lo que sigue la frase «Todo continúa... »). ¿Es común incluir este tipo de epílogo en los cuentos, libros o películas?

PASO 2. Comparte tus respuestas con tus compañeros/as de clase y juntos/as analicen de manera más profunda los temas y los puntos de vista tratados en la lectura.

Repasar y expandir: Estructura 3

LA SECUENCIA DE TIEMPOS VERBALES

Ya has estudiado todos los tiempos verbales del indicativo (presente, imperfecto, pretérito, presente perfecto, pluscuamperfecto, futuro, condicional, futuro perfecto y condicional perfecto) y del subjuntivo (presente, imperfecto, presente perfecto y pluscuamperfecto), y también has estudiado el uso del progresivo y de los mandatos. Ahora vas a repasar esas formas verbales, enfocándote en cómo se combinan en las oraciones compuestas. Consulta el cuaderno electrónico para ver una explicación detallada y para completar actividades de práctica. Luego, practica la secuencia de tiempos verbales con las actividades que siguen.

A. ANÁLISIS. Lee las siguientes citas de *Nosotras, centroamericanas* y de «La Cenicienta que no quería comer perdices». <u>Subraya</u> cada **verbo** y nombra el tiempo verbal del indicativo y del subjuntivo usado. Luego, trabaja con un(a) compañero/a de clase para explicar su uso.

1. «La verdad, hay países donde el número de mujeres es más alto, producto de la misma situación por conflictos que vivimos en Centroamérica».

2. «Hemos prevenido aquí que los niños, que los jóvenes, los adolescentes tengan mucho con quién se relacionan... ».

3. «Vamos a luchar por una Asamblea Nacional Constituyente en la que los derechos de las mujeres estén representados».

4. «Ellos no les han dado (...) la oportunidad a sus hijas para que se vayan a estudiar... ».

5. «Pero hoy las mujeres pagamos cárcel si tenemos un aborto, y aunque nos hayan violado un delincuente, una persona no deseada, o sea que las mujeres tenemos la obligación de poder tener ese hijo».

6. «Yo creo que este cambio político debe hacer algo».

7. «Sabemos que en este país, se ha penalizado, desde el 98, se da la penalización de todo tipo de aborto».

8. «Tenemos tres años de estar aquí, esperando que las transnacionales se hagan responsables de los daños que nos vinieron a hacer a nosotros aquí a Nicaragua».

9. «Y a nosotros no nos dieron ninguna protección, ni botas ni nada por el estilo para que nos protegiéramos nosotros, toditas remojadas».

10. «Y nosotras, siempre nosotras las mujeres, tenemos que ir ganando la mitad de lo que gane el varón».

11. «Tenemos que empoderarnos y ser parte de los cambios, y vamos a luchar por una Asamblea Nacional Constituyente en la que los derechos de las mujeres estén representados, así como los derechos de la población negra, ¿verdad?»

12. «Somos mayoría y podemos quitar y poner a quien queramos en los puestos públicos».

13. «Nos interesa que haya mujeres comprometidas con la agenda y, los intereses de las mujeres en la Asamblea Legislativa, en los concejos municipales, y también en los ministerios».

14. «Porque siempre hemos estado presentes. Nada ha sido posible sin nosotras. Pero, a la hora de decidir siempre han sido los hombres los que toman las decisiones».

15. «Es decir, si una mujer no tiene temor de Dios, le será imposible someterse, ¡porque siempre mirará al marido como a alguien que la va a pisar!»

B. Completar: El cuento tradicional de Cenicienta

Paso 1. Lee el cuento tradicional de Cenicienta y completa las oraciones a continuación con la forma correcta del verbo en el tiempo y el modo apropiados.

Había una vez, en un reino muy lejano, una muchacha muy bella llamada Cenicienta. Ella _____[1] (tener) una madrastra que siempre le _____[2] (exigir) que _____[3] (limpiar) la casa y que _____[4] (servir) a sus dos hermanastras crueles.

Un día el rey _____[5] (anunciar) que _____[6] (haber) un baile extravagante el próximo sábado. Cenicienta _____[7] (querer) asistir, pero cuando le preguntó a su madrastra si podría, esta _____[8] (responder):

—De ninguna manera. No es posible que _____[9] (ir). Es necesario que _____[10] (quedarse) en casa para limpiar y cocinar.

Sus hermanastras _____[11] (reírse). —¿Puedes imaginarlo? ¡Es increíble que Cenicienta _____[12] (pensar) que _____[13] (poder) asistir al baile!

La noche del baile, Cenicienta _____[14] (estar) sola, lavando los platos, cuando de repente le _____[15] (aparecer) su Hada Madrina.

—Cenicienta, pobrecita —sonrió el Hada—. No _____[16] (preocuparse). Tú también _____[17] (poder) ir al baile. Ya _____[18] (sufrir) lo suficiente.

Paso 2. Ahora, termina el cuento de manera original, usando correctamente las formas verbales necesarias.

C. Opiniones.

Completa las siguientes frases con tu opinión, utilizando la forma correcta del indicativo o del subjuntivo, según el caso. Luego, compararás tus ideas con las de un(a) compañero/a de clase.

1. Creo que las mujeres y los hombres...

2. Hace muchos años, no era posible que las mujeres...

3. Si las mujeres no hubieran luchado por sus derechos, sería probable que...

4. Vivo en una sociedad en la que...

5. Ojalá que en diez años...

6. Dudo que las mujeres ya...

7. Mis abuelos no creían que...

8. Era cierto que antes del sigo XX las mujeres ya...

9. Ha sido bueno que los anuncios comerciales...

10. Antes de los años recientes, había sido necesario que las mujeres...

ESCUCHAR

PERSPECTIVAS EN TU COMUNIDAD

PASO 1. Entrevista a hispanohablantes de tu comunidad para poder conocer mejor sus perspectivas culturales y personales sobre el tema del feminismo. A continuación, hay preguntas que puedes adaptar y/o usar como punto de partida para las entrevistas. Se recomienda hacer una entrevista en video para luego poder compartirla con la clase.

1. En tu opinion, ¿qué es el feminismo? ¿Te consideras feminista?

2. ¿Por qué existe el sexismo y la discriminación de género? ¿Cuáles son sus consecuencias y qué podemos hacer para combatirlos?

3. Comenta el feminismo y la situación de la mujer en relación a tu país nativo. ¿Te ha afectado personalmente la discriminación de género?

PASO 2. Reflexiona sobre lo que has aprendido al hacer las entrevistas y graba un video en el cual compartas tus perspectivas respecto al feminismo. El video debe durar 1–2 minutos.

Canción: «Todas juntas, todas libres» por Gaby Baca, Clara Grun y Elsa Basil

ANTES DE ESCUCHAR

Gaby Baca es la cantante nicaragüense que aparece en *Nosotras, centroamericanas*. Sus canciones se enfocan en las injusticias sociales y políticas. Clara Grun y Elsa Basil también son cantantes nicaragüenses. La canción «Todas juntas, todas libres», fue producida como parte de la campaña del mismo nombre, la cual se celebró en Nicaragua en el Día Internacional de las Mujeres, el 8 de marzo del año 2011 para promover los derechos de las mujeres. Como ya has visto hablar a Gaby Baca en el documental, ¿qué predicciones tienes respecto al contenido y tono de la canción? ¿Conoces otras canciones feministas en inglés o en español?

DESPUÉS DE ESCUCHAR

A. ANÁLISIS DE LA CANCIÓN. En grupos pequeños, contesten las preguntas que siguen sobre la canción que acaban de escuchar.

1. ¿Cuál es el mensaje principal de la canción?

2. Comenten el uso de pronombres en la canción. ¿Quién es el **tú** de la canción? ¿el **vos**? ¿Y la primera persona plural?

3. ¿Cuál es el tono de la canción? ¿Optimista, pesimista, triste, enojado, feliz? Expliquen.

4. ¿Por qué se titula la canción «Todas juntas, todas libres»? ¿Les parece adecuado el título? Sugieran otro título.

5. Relacionen la canción con *¿Nosotras, centroamericanas?* y con «La Cenicienta que no quería comer perdices». ¿Qué tienen en común la canción, el documental y el cuento? ¿Ven algunas diferencias?

6. ¿Cuáles son los problemas principales de las mujeres que se mencionan en la canción?

7. ¿Les gusta la canción? Expliquen.

B. TE TOCA A TI: UNA CANCIÓN O POEMA ORIGINAL. Trabajando en grupos pequeños, consideren otra vez los problemas de que hablaron para la pregunta #6 de la actividad anterior. ¿Cuáles son otros problemas que sufren las mujeres del mundo? ¿Y otras soluciones a esos problemas? Ahora, escriban una canción o un poema original que se enfoque en uno de esos problemas.

ESCRIBIR

Repasar y expandir: Estructura 4

EL DISCURSO INDIRECTO

El discurso indirecto se usa para reportar lo que una persona dice, como en la oración «Gaby Baca **afirma que** las mujeres tienen el derecho de vivir sus sueños». Consulta el cuaderno electrónico para ver una explicación detallada y para completar actividades de práctica. Luego, practica el discurso indirecto con las actividades que siguen.

A. ANÁLISIS: EL DISCURSO INDIRECTO EN LOS CUENTOS DE HADAS. ¿Recuerdas lo que dijeron los personajes de los cuentos de hadas tradicionales? Termina cada frase con una de las opciones dadas (A–H). Escribe la letra en el espacio en blanco y recuerda considerar el significado de cada frase y el uso correcto del discurso indirecto.

A. que alguien se había sentado en su silla y que la había roto.

B. que comieran sin parar porque quería engordarlos para luego comerlos.

C. que su madrastra había querido matarla.

D. que soplaría para tumbar las casas de los tres cerditos.

E. que no fuera la mujer más bella del reino.

F. que le hubiera mentido a Geppetto.

G. que dejara caer su abundante cabello para que él pudiera subir la torre.

H. que iba a la casa de su abuelita.

1. El lobo dijo _____

2. El príncipe le gritó a Rapunzel _____

3. La madrastra de Blancanieves lamentó _____

4. Caperucita Roja le informó al lobo _____

5. Blancanieves les contó a los siete enanitos _____

6. El osito exclamó _____

7. Pinocho sintió _____

8. La bruja de la casita construida de dulces les pidió a Hansel y Gretel _____

B. Una conversación entre la autora y la ilustradora de «La Cenicienta que no quería comer perdices». Lo que sigue es una breve conversación que se incluye al final del libro impreso entre Nunila López Salamero, la autora, y Myriam Cameros Sierra, la ilustradora. Convierte el diálogo en discurso indirecto en presente.

—Nunila, ¿cómo sabes cuándo hay que decir «BASTA»?

—Siempre que haya algo que no te haga feliz.

—Oye, Nunila.

—Dime.

—¿Sabes? Te pareces mucho a la hada BASTA.

—¡Si me has dibujado igual!

C. Un diálogo original

Paso 1. En grupos pequeños, escriban un breve diálogo (6–8 líneas) entre dos personajes del cuento «La Cenicienta que no quería comer perdices».

Paso 2. Intercambien su diálogo con otro grupo. Cada grupo convertirá el diálogo en discurso indirecto en presente y luego corregirá el discurso indirecto del otro grupo.

Herramientas para la escritura

Verbos para usar en diálogos

rogar, suplicar; pedir: to beg; to ask (someone to do something)

llorar; sollozar: to cry; to sob

suspirar: to sigh

gritar; chillar; exclamar: to shout; to scream; to exclaim

reírse; bromear: to laugh; to joke

susurrar: to whisper

gemir: to moan, to whine

lamentarse: to lament

quejarse; protestar: to complain; to protest

insistir: to insist

aconsejar; recomendar; sugerir: to advise; to recommend; to suggest

sostener; afirmar; mantener: to sustain; to affirm; to maintain

proclamar; anunciar: to proclaim; to announce

prometer; jurar; asegurar: to promise; to swear; to assure

negar; refutar: to deny; to refute

continuar; seguir: to continue; to follow/continue

preguntar: to ask

responder; replicar; contestar: to respond; to reply/answer; to answer

Los verbos de la lista de arriba se usan para reportar diálogo directo. El verbo más común que se usa para este propósito es **decir**, pero usar un verbo más específico y descriptivo mejora la calidad del cuento.

En español, el guion largo (—) se puede usar en vez de las comillas («...») para reportar diálogo directo. Lee el pasaje que sigue, el cual es del cuento que leíste en el **Capítulo 5**, «Las mazorcas prodigiosas de Candelaria Soledad», para ver su uso.

—¿Es acaso otra cocinera? —gritó, mientras bajaba los escalones—. Ninguna me ha gustado, he tenido que despedir a tantas.

Abrió la puerta y se encontró a Candelaria Soledad, con los pies inflamados y un destello de hambre en sus ojos.

—Ajá, pareces extranjera —continuó la Patrona Coronada—. A ver, jovencita, pasa, y enséñame lo que sabes hacer con la cuchara.

Escritura como proceso

UN CUENTO DE HADAS FEMINISTA

Ahora tendrás la oportunidad de escribir tu propio cuento de hadas feminista, usando «La Cenicienta que no quería comer perdices» como modelo. Tienes dos opciones:

1. Escoge un cuento de hadas famoso y reescríbelo, dándole un tono y un mensaje feminista.

2. Escribe un cuento de hadas original, con un tono y un mensaje feminista.

PASO 1. Determina si vas a revisar un cuento existente (y si es así, cuál) o escribir un cuento original. Haz un bosquejo que incluye lo siguiente.

1. El trasfondo / la situación (incluyendo los personajes principales del cuento y sus características)

2. La trama (incluyendo el problema a que se enfrenta el/la protagonista y el clímax)

3. La resolución del problema / el desenlace

4. Los aspectos no tradicionales y/o feministas del cuento

5. El público lector y el propósito (¿Para quiénes y por qué escribes el cuento?)

PASO 2. Organiza tus ideas del **Paso 1** para escribir un borrador. Al escribir, recuerda incluir el vocabulario de la sección **Herramientas para la escritura** de este capítulo, y también repasa los conectores discursivos de causa y consecuencia del **Capítulo 2**. El cuento, de entre 450–500 palabras, debe escribirse a máquina, a doble espacio. Luego, revisa tu borrador, usando la siguiente lista de verificación como guía:

Contenido

☐ ¿He incluido suficiente (y no demasiada) descripción del escenario en mi narración?

☐ ¿Narro con suficiente detalle lo que pasó?

☐ ¿Es apropiado el tono? ¿Se conforma con el propósito de narrar?

☐ ¿Incluyo suficientes aspectos no tradicionales y/o feministas?

Organización

☐ ¿Hay una secuencia lógica, con una introducción, un cuerpo y una conclusión?

☐ ¿Incluyo conectores de orden (*p. ej.*, primero, todo comenzó, luego, por último, etc.)?

☐ ¿Hay conectores discursivos (como, ya que, por eso, de modo que, etc.)?

☐ ¿Es eficaz la división y organización de ideas en párrafos? ¿Hay párrafos que deban dividirse o reorganizarse? ¿Hay alguna frase/oración o frases/oraciones dentro de algún párrafo que deba(n) ser eliminada(s), elaborada(s), etc.?

Vocabulario/Gramática

- ☐ ¿He utilizado un vocabulario variado y descriptivo y he evitado palabras básicas como **bueno, malo** y **cosas**? ¿También he verificado que no hay traducciones literales?

- ☐ ¿He utilizado una variedad de verbos para reportar diálogo (de **Herrmientas para la escritura**) y he incorporado correctamente el guion largo para ese diálogo?

- ☐ ¿He usado correctamente las estructuras estudiadas en este capítulo (el **se** pasivo e impersonal, la voz pasiva con **ser**, la secuencia de tiempos verbales y el discurso indirecto)?

- ☐ ¿Hay concordancia entre los sustantivos y sus modificadores (fem./masc./sing./pl.) y entre los verbos y los sujetos?

- ☐ ¿He revisado la ortografía y la puntuación?

PASO 3. Revisión en colaboración: Intercambia tu borrador con el de otro/a estudiante y utiliza la hoja que te ha dado tu instructor(a) para ayudar a tu compañero/a a mejorar su trabajo escrito. Él/Ella hará lo mismo con el tuyo.

PASO 4. Lee con cuidado los comentarios y sugerencias de tu compañero/a y revisa tu trabajo, incorporando las correcciones y los cambios necesarios. Entrégale a tu instructor(a) tu trabajo corregido.

EXPANDIR

A. PRESENTACIÓN. Como el tema del feminismo y la situación de la mujer conlleva muchas áreas, *Nosotras, centroamericanas* no abarca todas las cuestiones pertinentes. Para informarse de otros datos sobre el tema, van a trabajar en equipos para investigar uno de los siguientes temas para luego presentarlo a sus compañeros/as de clase:

- La vida y los logros de una mujer famosa del mundo hispano
- Los derechos y la situación de la mujer en un país específico
- El acceso de la mujer a la educación en una región del mundo hispanohablante
- El lenguaje sexista
- La mujer y el techo de cristal
- La imagen de la mujer en los medios de comunicación
- El Día Internacional de la Mujer (8 de marzo) y cómo se celebra en los países hispanos

B. DEBATE. Trabajarán en equipo para preparar la defensa de una de las posturas que siguen. No se olviden de anticipar los argumentos del otro lado para poder refutarlos.

1. El feminismo ya no es necesario en Estados Unidos porque las mujeres ya han logrado conseguir todos los derechos iguales que los hombres.

2. Los hombres deben portarse como 'caballeros', o sea, deben abrirles las puertas a las mujeres, pagar cuando salen en una cita romántica, etc.

3. El lenguaje sexista contribuye al sexismo y todos debemos cambiar nuestra manera de escribir y de hablar.

4. Las mujeres no deben cambiar su apellido cuando se casan.

5. Los juguetes estereotípicos (*p. ej.*, muñecas para las niñas y herramientas para los niños) contribuyen al sexismo y a la discriminación.

6. Todavía existe la expectativa de que las mujeres deben quedarse en casa con sus hijos y no trabajar fuera de la casa.

7. Hay juicios negativos hacia las mujeres que nunca se casan o que nunca tienen hijos, pero no los hay hacia los hombres.

8. Las películas de Disney y los cuentos de hadas tradicionales solo son para entretener y no contribuyen a los estereotipos de género.

C. DIARIO: SÍNTESIS. Reflexiona sobre todo lo que has aprendido a lo largo de este capítulo (filme, lectura, canción, entrevistas, presentaciones y actividades) sobre el tema del feminismo. Si pudieras conversar con un(a) amigo/a que supiera poco sobre el feminismo y la situación de la mujer en los países hispanohablantes, ¿qué le dirías?

OBJETIVOS: CAPÍTULO 8

ACABO DE TERMINAR ESTE CAPÍTULO Y PUEDO:

☐ explicar en mis propias palabras la información cultural que he aprendido sobre los temas principales de este capítulo (el feminismo y la situación de la mujer en los países hispanos) a través del análisis de estadísticas, de ver el documental *Nosotras, centroamericanas* y de hacer otras actividades.

☐ hablar sobre los temas principales de este capítulo

☐ empleando vocabulario apropiado.

☐ usando de manera correcta el **se** impersonal y el **se** pasivo, la voz pasiva con **ser**, la secuencia de tiempos verbales y el discurso indirecto.

☐ demostrar mi habilidad de utilizar vocabulario apropiado para escribir un cuento de hadas feminista.

Glosario

NOTA: *El vocabulario de la sección LEER de cada capítulo se indica con un asterisco (p. ej., C1*).*

The following abbreviations are used in the vocabulary lists.

adj.	adjective (**adjetivo**)		*n.*	noun
C	chapter (**capítulo**)		*pl.*	plural
f.	feminine (**femenino**)		*reflex.*	reflexive
inf.	infinitive		*sing.*	singular
lit.	literally		*vulg.*	vulgar
m.	masculine (**masculino**)			

el aborto: abortion; miscarriage (C8, p. 202)

abrumador(a): overwhelming (C3, p. 56)

acariciar: to caress (C3, p. 56)

el acoso sexual: sexual harrassment (C8, p. 202)

acordarse (de): to remember (C6, p. 140)

acostumbrarse (a): to become accustomed (to); to get used (to) (C7, p. 178)

la actualidad: the present, present time/situation (C6*, p. 156)

acudir: to attend (C5*, p. 119)

el acuerdo de paz: peace treaty (C7, p. 178)

adaptarse: to adapt; to get used to (C5, p. 109)

adecuado/a: sufficient (C6*, p. 156)

el (la) aficionado/a: fan, enthusiast (C2, p. 33)

agacharse: to duck (C5, p. 109)

agarrar: to catch; to grab; to hold (C5, p. 109)

agradable: pleasant (C7, p. 178)

agradecido/a (agradecer): grateful (to thank; to be thankful for) (C7, p. 178)

la agricultura; el (la) agricultor(a); agrícola: agriculture; farmer, farmworker; farming (*adj.*) (C1, p. 4)

aguantar: to put up with; to tolerate, to stand (C7, p. 178)

el ahorro (ahorrar): savings (to save [*money, resources*]) (C4, p. 83)

la alabanza (alabar): praise (to praise) (C4, p. 83)

el albergue: shelter (C5, p. 109)

el (la) aliado (*m. y f.*)**; la alianza:** ally; alliance (C7, p. 178)

la alimentación: food (C6*, p. 156)

el alimento; alimentario/a (alimentar): food; food (*adj.*) (to feed) (C1, p. 4)

el alma (*f.*)**:** soul (C3, p. 56)

el amanecer: dawn (C4*, p. 92)

la Amazonia; amazónico/a: Amazonia; Amazon/Amazonian (C1, p. 4)

la amenaza: threat (C1*, p. 16)

amenazado/a (amenazar): threatened (to threaten) (C6, p. 140)

la amnistía: amnesty (C5, p. 109)

el (la) anciano/a: elderly man/woman (C7, p. 178)

el ánimo; animado/a (animar): encouragement; in high spirits, lively (to encourage) (C2, p. 33)

angosto/a: narrow (C4, p. 83)

anotar: to score (C2, p. 33)

el anuncio: commercial; advertisement (C8, p. 202)

añadir: to add (*a comment; something to something else*) (C3, p. 56)

apoderarse (de): to take over; to take control (of) (C6*, p. 156)

el apoyo (apoyar): support (to support) (C2, p. 33)

apretar: squeeze (C8*, p. 215)

aprovecharse (de): to take advantage (of) (C8, p. 202)

apurarse: to hurry (C2, p. 33)

el arma: weapon (C7, p. 178)

el (la) árbitro/a: umpire, referee (C2, p. 33)

arrancar: to rip (C8*, p. 215)

arrasar: to destroy; to devastate (C3*, p. 67)

arrepentirse: to repent (C7, p. 178)

arriesgar(se): to risk (C2*, p. 41)

la artesanía: craft (C4*, p. 92)

el asesinato; asesinado/a (asesinar): murder, assassination; murdered, assassinated (to murder, to assassinate) (C6, p. 140)

el asilo: refuge, asylum (C6*, p. 156)

asistir (a): to attend, to go (to) (*an event*) (C2, p. 33)

asombrar(se): to amaze/astonish; to be amazed/astonished (*reflex.*) (C5*, p. 119)

astuto/a: clever (C7, p. 178)

el atentado: assault, attack; (*violent*) attempt (C6, p. 140)

el (la) atleta: athlete (C2, p. 33)

atravesar: to cross (C5, p. 109)

atropellar: to run over (C7*, p. 186)

el atún; atunero/a: tuna; tuna (*adj.*) (C1, p. 4)

el aumento (aumentar): increase (to increase) (C1, p. 4)

la autodefensa: paramilitary group (C7, p. 178)

el ave (*f.*): bird (C4*, p. 92)

averiguar: to figure out; to find out, discover (C6, p. 140)

el aviso (avisar): warning (to warn) (C4, p. 83)

la bala; la balacera: bullet (C4*, p. 92; C7, p. 178); shoot-out (C7, p. 178)

la banda: gang (C7, p. 178)

la bandera: flag (C3, p. 56)

el barco: ship (C3*, p. 67)

¡basta!: enough!, that's enough! (C8*, p. 215)

basto/a: rude, impolite (C8*, p. 215)

el bate (batear): bat (to bat) (C2, p. 33)

bautizar: to baptize (C3*, p. 67)

el (la) beisbolista: baseball player (C2, p. 33)

el beneficio; beneficioso/a (beneficiar[se]): profit; beneficial, useful (to benefit, to profit) (C1, p. 4)

los bienes raíces: real estate (C3, p. 56)

el bienestar: well-being (C1, p. 4)

la biodiversidad: biodiversity (C1, p. 4)

el bocado: bite (*of food*) (C3, p. 56)

el boleto: ticket (*for an event*) (C2, p. 33)

borracho/a: drunk (C3*, p. 67)

el bosque (tropical): (rain)forest (C1, p. 4)

botar: to kick out (C4, p. 83)

la brecha: gap, divide (C8, p. 202)

buey: dude, buddy (*Mexican slang, used among friends*) (C5, p. 109)

el cabello: hair (C4, p. 83)

caber: to fit (C8*, p. 215)

la cadena: chain (C3, p. 57)

caer en la cuenta: to realize (C6, p. 140)

la calefacción (calentar): heat, heating (to heat) (C4, p. 83)

callado/a, calladito/a: quiet, shy (C4, p. 83)

los calzados: shoes (C4, p. 83)

el camello: job (*Colombian slang*) (C7, p. 178)

el campeón, la campeona; el campeonato: winner; championship, tournament (C2, p. 33)

el (la) campesino/a; campesino/a: peasant, country boy/girl; rural (*adj.*) (C8, p. 202)

el campo de golf; el campo de fútbol: golf course; soccer field (C2, p. 33)

la cancha de tenis: tennis court (C2, p. 33)

el cansancio: tiredness, fatigue (C2*, p. 41)

el capital: capital, resources (C1, p. 4)

la carrera: career (C2, p. 33)

la casa hogar: foster home (C5, p. 109)

la cascada: waterfall (C1*, p. 16)

el casco: helmet (C4, p. 83)

casero/a: homemade (C3, p. 57)

el castigo (castigar): punishment (to punish) (C4, p. 83)

la cédula (de indentidad): (ID) document (C7, p. 178)

celoso/a: jealous (C7, p. 178)

la censura (censurar): censure (to censure) (C6, p. 140)

el cerro: mountain (C4, p. 83)

el (la) chavo/a: kid (*Mexican slang*) (C5, p. 109)

el chisme (chismear): gossip (to gossip) (C7, p. 178)

la chispa: spark (C2, p. 33)

el choclo: corn (*in the Andes*) (C3, p. 57)

el (la) cholo/a: indigenous person (*in the Andes*) (C3, p. 57)

la cintura: waist (C3*, p. 67)

el (la) ciudadano/a; la ciudadanía: citizen; citizenship (C5, p. 109)

la clandestinidad; clandestino/a: hiding; clandestine, secret (C6, p. 140)

la clase social (baja, media, alta): (lower, middle, upper) social class (C4, p. 83)

clave: key (*adj.*), essential (C7*, p. 186)

el (la) cliente: customer (C3, p. 57)

el clima; el cambio climático: climate; climate change (C1, p. 4)

cocer: to cook (C3, p. 57)

el (la) cocinero/a: cook (C3, p. 57)

coger: to catch (*e.g., a criminal*) (*vulg.: Am. Cen., Arg., Bol., Méx., Par., R. Dom., Ur. y Ven.*) (C7, p. 178)

el (la) colega: friend (*colloquial*) (C8*, p. 215)

colocar: to place; to put (C3, p. 57)

el (la) compa: friend (*slang*) (C5, p. 109)

el comal: griddle (C5*, p. 119)

el (la) combatiente (combatir): fighter (to battle) (C6, p. 140)

el comercial: commercial; advertisement (C8, p. 202)

la competición; el deporte de competición: competition; competitive sport (C2, p. 33)

competitivo/a: competitive (C2, p. 33)

el compromiso: commitment (C2*, p. 41)

comprometido/a (comprometer[se]): committed (to commit) (C6, p. 140)

el condimento (condimentar): condiment, seasoning, spice (to season) (C3, p. 57)

confiar: to trust (C3, p. 57)

el confite: candy (C7, p. 178)

la confitería: bakery (C3, p. 57)

el conflicto armado interno: internal armed conflict (C7, p. 178)

la conservación (conservar): conservation (to conserve) (C1, p. 4)

el (la) consorte: spouse, partner (C8*, p. 215)

el consumo; el (la) consumidor(a) (consumir): consumption; consumer (to consume) (C1, p. 4)

la contaminación (acústica, ambiental, atmosférica): (noise, environmental, atmospheric) pollution, contamination (C1, p. 4)

contratar: to hire (C5*, p. 119)

coqueta (*adj., m. y f.*) **(coquetear):** flirtatious (to flirt) (C3, p. 57)

el coraje: courage; anger (C4, p. 83)

la corona; la Corona: crown; Crown (*monarchy*) (C3*, p. 67)

las cortes: courts (C6, p. 140)

la cosecha (cosechar): harvest (to harvest) (C1, p. 4)

cotidiano/a: daily, everyday, routine (C3, p. 57)

el (la) coyote: coyote, illegal human trafficker (C5, p. 109)

crecer: to grow (up) (C3, p. 57)

criar: to raise (*children, animals*) (C3, p. 57)

el crisol: melting pot (C5, p. 109)

cruzar: to cross (C5, p. 109)

cuidadoso/a (cuidar): careful, cautious (to take care of) (C1, p. 4)

el cultivo (cultivar): farming (to farm; to grow/cultivate) (C1, p. 4)

da igual: it makes no difference (C8*, p. 215)

la danza del vientre: belly dance (C8*, p. 215)

el danzarín / la danzarina: dancer (C8*, p. 215)

darle (a la pelota): to hit (the ball) (C2, p. 33)

de escasos recursos: of limited resources (C4, p. 83)

degradante: degrading, humiliating (C6*, p. 156)

el (la) delincuente: criminal (C7, p. 178)

de lujo: luxury (*adj.*) (C2, p. 33)

demorar: to delay, to hold up (C3, p. 57)

la deportación (deportar): deportation (to deport) (C5, p. 109)

el (la) deportista: athlete, sportsman/sportswoman (C2, p. 33)

deprimido/a: depressed (C8*, p. 215)

derechista: right-wing (C7, p. 178)

los derechos humanos: human rights (C6, p. 140)

derrocar: to overthrow; to oust (C6, p. 140)

el derroche: waste (C3, p. 57)

el desafío (desafiar): challenge, defiance (to challenge, to defy) (C6, p. 140)

el desamparo; desamparado/a (desamparar): helplessness, abandonment; helpless, defenseless (to abandon) (C4, p. 83)

la desaparición; desaparecido/a (desaparecer): disappearance; disappeared (*person*) (to disappear; to go missing) (C6, p. 140)

(des)armado/a (armar): (un)armed (to arm) (C6, p. 140)

el desarrollo (desarrollar): development (to develop) (C1, p. 4)

descalzo/a: barefoot, barefooted (C8*, p. 215)

la (des)confianza: (dis)trust (C7*, p. 186)

desenvolverse: to manage; to become assured/confident (C7*, p. 186)

la desesperación: desperation; hopelessness (C4, p. 84)

el desfile: parade (C3, p. 57)

la (des)igualdad: (in)equality (C8, p. 202)

desmovilizar: demobilize (C7, p. 178)

la desnutrición: malnutrition (C4, p. 84)

la despedida: farewell, goodbye (C3, p. 57)

el desplazamiento; el (la) desplazado/a (desplazar): displacement; displaced person (to displace) (C7, p. 178)

el desprecio: disdain, contempt (C6*, p. 156)

el destino: destiny, fate (C7, p. 178)

desviarse: to derail (*train*) (C5, p. 109)

la detención; detenido/a (detener): detention; detainee (to detain; to arrest) (C6, p. 140)

la dictadura (militar): (military) dictatorship (C6, p. 140)

digno/a de confiar: trustworthy (C5*, p. 119)

la discriminación (discriminar): discrimination (to discriminate) (C8, p. 202)

disfrutar (de): to enjoy (C2, p. 33)

el disparo (disparar): gunshot (to shoot) (C7, p. 178)

dispuesto/a: ready, prepared, willing (C2*, p. 41)

la doble: double shift (C4, p. 84)

el dolor; doloroso/a (doler): pain; painful (to hurt, ache) (C6, p. 140)

el (la) dueño/a: owner (C4*, p. 92)

duro/a: hard, difficult (C4, p. 84)

el edificio: building (C4*, p. 92)

educar: to educate; to raise (*a child*); to teach manners (C3, p. 57)

el ejército: army (C6, p. 140)

elegir: to elect (C8, p. 202)

la emigración (emigrar): emigration (to emigrate; to leave your country) (C5, p. 109)

el embarazo (embarazarse): pregnancy (to get pregnant) (C8, p. 202)

emocionado/a: excited (C2, p. 33)

el empate (empatar): tie (*score*) (to tie [*a score*]) (C2, p. 33)

el empleo; el (la) empleado/a: work (*n.*); worker (C1, p. 4)

empoderamiento (empoderar[se]): empowerment (to empower [oneself]) (C8, p. 202)

la empresa: business (C3, p. 57); **la empresa transnacional:** transnational company/business (C8, p. 202)

el empujón: boost, momentum (C2*, p. 41)

encarcelar: to incarcerate, imprison (C6, p. 141)

encerrado/a (encerrar): locked up (to lock up) (C5, p. 109)

el (la) enemigo/a: enemy (C7, p. 178)

enfrentar(se) a/con: to confront; to face (C8, p. 202)

engañar: to deceive; to cheat (C8, p. 202)

engordar: to gain weight (C8*, p. 215)

ensañarse (con): to be merciless, cruel (to) (C7*, p. 186)

enterarse (de): to realize; to find out (about) (C6, p. 141)

el entorno: surroundings (C7*, p. 186)

entrar en vigencia: to come into force; to take effect (C6*, p. 156)

entregar: to turn in/over (*to authorities, a coyote, etc.*) (C5, p. 109)

el (la) entrenador(a) (entrenar): coach (to train, practice) (C2, p. 33)

la envidia: envy (C3, p. 57)

la equidad: equity, equality (C8, p. 202)

el equipo: team; equipment (C2, p. 33)

el equilibrio: balance (C1, p. 4)

escaso/a: scarce, rare (C1*, p. 16)

el (la) esclavo/a; la esclavitud: slave (C7*, p. 186); slavery (C6*, p. 156)

escondido/a: hidden (C8*, p. 215)

el esfuerzo: effort (C7*, p. 186)

espantoso/a: atrocious, frightful, horrible (C6, p. 141)

la especie: species (C1, p. 4)

la esperanza: hope (C4, p. 84)

estallar(se): to explode (C7, p. 178)

estar harto/a (de): to be fed up (with); to be sick to death (of) (*figurative slang*) (C8*, p. 215)

el estereotipo (estereotipar): stereotype (to stereotype) (C8, p. 202)

estrujar: to squeeze; to hug (C8*, p. 215)

los estudios de ADN: DNA tests (C5, p. 109)

evitar: to avoid (C7*, p. 186)

exigente: demanding (C2, p. 33)

el exilio (exiliarse): exile (to be exiled) (C6, p. 141)

explotar: to exploit (C2, p. 33)

exponer: to expose (C7*, p. 186)

la exportación (exportar): exportation, export (to export) (C1, p. 4)

el (la) extranjero/a: foreigner (C5*, p. 119)

extrañar: to miss, to long for (C7, p. 178)

el (la) fabricante (fabricar): manufacturer (to manufacture) (C1, p. 4)

la facultad: (*university*) department, school (C6, p. 141)

el (la) fanático/a: fan, enthusiast (C2, p. 33)

el femicidio: murder of a female (C8, p. 202)

el feminismo: feminism (C8, p. 202)

el (la) feminista: feminist (C8, p. 202)

el ferrocarril: train (C5, p. 109)

el fierro: gun (*Colombian slang*) (C7, p. 178)

la fila: row, line (C7, p. 178)

fijarse (en): to notice; to pay attention (to) (C2*, p. 41)

la firma (firmar): signature (to sign) (C2, p. 33)

la fonda: inn (C5*, p. 119)

la franquicia: franchise (C3, p. 57)

el frasco: jar, bottle (C3, p. 57)

los frenos (frenar): brakes (to brake) (C4, p. 84)

la frontera; fronterizo/a: border; border (*adj.*) (C5, p. 109)

la fuerza de voluntad: willpower (C7, p. 178)

las fuerzas armadas: armed forces (C7, p. 178)

el fusil: rifle (C7, p. 178)

el (la) ganador(a) (ganar): winner (to win) (C2, p. 33)

la ganancia: profit (C1, p. 4)

la garra: claw (C7*, p. 186)

el género: gender (C8, p. 202)

el gimnasio: gym (C2, p. 33)

el golpe de estado: coup d'état (C6, p. 141)

golpear: to hit (C2, p. 33)

la gorra (de béisbol): (baseball) cap (C2, p. 33)

gozar (de): to enjoy (C3, p. 57)

grosero/a: rude (C7, p. 178)

el grupo paramilitar: paramilitary group (C7, p. 179)

el (la) guagua: small child (*in parts of South America*) (C3, p. 57)

la guerra: war, conflict (C6, p. 141)

la guerrilla; grupo(s) guerrillero(s): guerilla group; guerrilla armed forces (C6, p. 141)

güey: dude, buddy (*Mexican slang, used among friends*) (C5, p. 109)

la habilidad: ability (C2, p. 33)

habitar: to live (C1, p. 4)

hacer daño: to hurt (C3, p. 57)

hacer frente (a): to face; to confront (C7*, p. 186)

hacer trampa: to cheat (C2*, p. 41)

el hada (*f.*)**; el Hada Madrina:** fairy; Fairy Godmother (C8*, p. 215)

el hambre (*f.*)**:** hunger (C4, p. 84)

la herida; el (la) herido/a (herir): wound, injury; wounded, injured (*person*) (to wound; to injure) (C2, p. 33)

la herramienta: tool (C4, p. 84)

la hierba: herb (C3, p. 57)

la hoja: leaf (C1*, p. 16)

la huelga: (labor) strike (C6, p. 141)

el (la) huérfano/a: orphan (C4, p. 84)

la huida (huir): escape, flight (to escape; to flee) (C6, p. 141)

humilde: humble (C4, p. 84)

el idioma: language (C4*, p. 92)

la ilusión: dream, hope (C5, p. 109)

el (la) indígena; indígena (*m. y f.*)**:** native, indigenous person; native, indigenous (C1, p. 4)

incrementar(se): to increase (C8, p. 202)

indocumentado/a: undocumented (C5, p. 109)

la ingeniería (civil); el (la) ingeniero/a (civil): (civil) engineering; (civil) engineer (C7, p. 179)

los ingresos: revenue, income (C1, p. 4)

la inmigración; el (la) inmigrante (inmigrar): immigration; immigrant (to immigrate) (C5, p. 109)

la (in)justicia (social): (social) (in)justice (C6, p. 141)

la inundación (inundar): flood; flooding (to flood) (C1, p. 4)

la inversión (invertir): investment (to invest) (C3, p. 57)

involucrarse: to get involved (C7, p. 179)

el interrogatorio (interrogar): interrogation (to interrogate, to question) (C6, p. 141)

izquierdista: left-wing (C7, p. 179)

el jonrón: home run (C2, p. 33)

el (la) jugador(a) (jugar): player (to play) (C2, p. 33)

jugoso/a: juicy (C3*, p. 67)

el juicio (juzgar): legal trial (to try; to judge) (C6, p. 141)

la jungla (de concreto): (concrete) jungle (C1, p. 4)

la junta militar: military junta (C6, p. 141)

juzgar: to judge (C2*, p. 41)

el ladrón / la ladrona: thief (C4, p. 84)

el (la) lanzador(a) (lanzar): thrower, pitcher (*baseball*) (to throw) (C2, p. 33)

lastimar(se): to hurt (*reflex*); to get hurt (C2, p. 33)

la lesión: injury (C2*, p. 41)

la libertad: liberty, freedom (C8, p. 202)

la llanta: tire (C5, p. 109)

llevarse bien (mal): to get along well (poorly) (C2, p. 33)

llover a cántaros: to rain hard, pour (C4*, p. 92)

la lloviznita; la llovizna: drizzle (C4*, p. 92)

lograr: to accomplish, achieve (C2, p. 33)

la lucha (armada) (luchar): (armed) struggle (to fight) (C6, p. 141)

lustrar: to shine (C5, p. 109)

el luto: mourning (C7, p. 179)

la madre soltera: single mother (C8, p. 202)

maduro/a: mature, ripe (*fruit*) (C1*, p. 16)

malhumorado/a: bad tempered, grumpy (C8*, p. 215)

mandar: to be in charge; to command (C7, p. 179)

la manifestación (manifestarse): demonstration, protest (to demonstrate; to protest) (C6, p. 141)

mantenerse en forma: to keep fit (C2, p. 33)

el (la) maquinista: train engineer (C5, p. 109)

el¹ mar; marino/a: sea, ocean; marine (*adj.*) (C1, p. 4)

la marca: brand (C3, p. 57)

marcar: to score (C2, p. 33)

la mariposa: butterfly (C1*, p. 16)

la masa: dough (C5*, p. 119)

la mazorca: (corn)cob (C5*, p. 119)

el medio ambiente: environment (C1, p. 4)

los medios (de comunicación): the media (C8, p. 202)

---

1 *Mar* puede ser femenino en algunas zonas y en textos poéticos (C1, p. 4)

la mejora: improvement (C8, p. 202)

el (la) menor de edad: (legal) minor (C5, p. 109)

la mentira (mentir): lie (to lie, to not tell the truth) (C2, p. 33)

merecer: to deserve (C2, p. 33)

el (la) mestizo/a: person of mixed race (*white European and indigenous*) (C3, p. 57)

la meta: goal, objective (C2, p. 34)

la migración; migrante (migrar): migration; migrant (to migrate) (C5, p. 109)

el milagro: miracle (C1*, p. 16)

la militancia; el (la) militante (militar): militancy; militant (to serve; to be active in; to be a member of) (C6, p. 141)

la mina; el (la) minero/a: mine; miner (C4, p. 84)

la misa: mass (*religious*) (C4, p. 84)

el (la) mojado/a: wetback (C5, p. 109)

moler: to mash; to grind (C3, p. 57)

el mono araña: spider monkey (C1*, p. 16)

el mono aullador (congo o saraguato): howler monkey (C1*, p. 16)

la montaña: mountain (C1, p. 4)

la mosca: fly (C3*, p. 67)

la muñeca: doll (C2, p. 34)

el narcotráfico; el (la) narcotraficante: drugtrafficking; drug trafficker, drug dealer (C5, p. 109)

la naturaleza: nature (C1, p. 4)

el negocio: business (C1, p. 4)

el número de seguridad social: social security number (C5, p. 109)

el odio (odiar): hate (to hate) (C4, p. 84)

la oferta: offer (C2, p. 34)

el oficio: trade, profession (C7*, p. 186)

la ofrenda: offering (C1*, p. 16)

la olla: cooking pot (C3, p. 57)

el olor: smell (C3, p. 57)

la orilla: shore (C1*, p. 16)

el oro: gold (C2, p. 34)

el padrastro: stepfather (C5, p. 109)

el paisaje: landscape (C1*, p. 16)

el palmo: handspan (*measure of length*) (C8*, p. 215)

el palo: stick (C8*, p. 215)

la panadería: bakery (C3, p. 57)

la pandilla: gang (C5, p. 109)

el (la) pandillero/a: gang member (C5, p. 109)

parir: to give birth (C8, p. 202)

el partido político: political party (C8, p. 202)

patrocinar: to sponsor (C7*, p. 186)

la patrulla fronteriza: border patrol (C5, p. 109)

la paz: peace (C7, p. 179)

el pecado: sin (C3, p. 57)

el peligro; peligroso/a: danger; dangerous (C4, p. 84)

el (la) pelotero/a: baseball player (C2, p. 34)

la pena: punishment (C6*, p. 156)

la pena de muerte: death penalty (C6, p. 141)

perder el rastro (de): to lose track (of) (C6, p. 141)

la pérdida; perdedor(a) (perder): loss; losing (*adj.*) (to lose) (C2, p. 34)

la perdiz (*pl.* las perdices): partridge(s) (C8*, p. 215)

el (la) perforista (perforar): driller (to drill) (C4, p. 84)

perjudicial: harmful (C2*, p. 41)

la pesadilla: nightmare (C5*, p. 119)

el pésame (mi/nuestro más sentido pésame): condolence (my/our sincere condolences) (C5, p. 109)

la pesca / la pesquería; el (la) pescador(a) / el (la) pesquero/a; pesquero/a / pescador(a): fishing (*n.*); fisher, fisherman/woman; fishing (*adj.*) (C1, p. 4)

el petardo: grenade (C7, p. 179)

el pisto: cash (*Central American slang*) (C5, p. 109)

el (la) pícher: pitcher (*sports*) (C2, p. 34)

el planeta: planet (C1, p. 4)

la plata: silver (C4, p. 84)

la plata: money (*Latin American slang*) (C5*, p. 119)

platicar: to talk/chat (*in Mexico and Guatemala*) (C5, p. 109)

el plazo: period (*of time*) (C6*, p. 156)

la población: population (C1, p. 4)

los pobres: the poor (people) (C4, p. 84)

la pobreza: poverty (C4, p. 84)

el poder; poderoso/a: power; powerful (C6, p. 141)

la política (de salud reproductiva): policy (of reproductive health) (C8, p. 202)

el (la) pollero/a: guide for illegal immigrants to USA (*Mexican slang*) (C5, p. 109)

el polvo: dust (C4, p. 84)

poner en riesgo: to endanger; to put at risk (C1, p. 4)

portarse (bien): to behave (well) (C2, p. 34)

la postal: postcard (C1*, p. 16)

el prejuicio: prejudice (C5, p. 109)

el premio: prize (C3, p. 57)

la prensa: press; newspaper (C4*, p. 92)

la preservación (preservar): preservation (to preserve) (C1, p. 4)

la presión: pressure (C2, p. 34)

prestar atención (a): to pay attention (to) (C1, p. 5)

la privacidad: privacy (C6*, p. 156)

probarse: to try on (C8*, p. 215)

la profundidad; profundo/a: depth; deep (C4, p. 84)

promover: to promote (C6*, p. 156)

la propiedad: property (C3, p. 57)

la propuesta de ley: bill of law (C8, p. 202)

proteger (protegido/a): to protect (protected) (C1, p. 5)

el pueblo: town (C1*, p. 16)

el puerto: port (C1*, p. 16)

el puesto: stand (*in a market*) (C3, p. 57)

la pulga: flea (C4*, p. 92)

los pulmones: lungs (C4, p. 84)

quebrar: to go bankrupt; to fail (*business*) (C3, p. 57)

quedarse callado/a: to keep quiet (C7, p. 179)

quedarse embarazada: to get pregnant (C8, p. 203)

quejarse (de): to complain, to gripe (about) (C8*, p. 215)

qué rollo: what a bore/drag (*colloquial*) (C8*, p. 215)

el racimo: bunch, cluster (*of fruit*) (C3*, p. 67)

el racismo: racism (C5, p. 109)

realizar: to achieve; to accomplish (C4, p. 84)

la receta: recipe (C3, p. 57)

reciclar: to recycle (C1, p. 5)

el reclutamiento (reclutar): recluitment (to recruit) (C6, p. 141)

el recorrido: route; journey, tour (C1*, p. 16)

el recuerdo: memory (*specific recollection*) (C3, p. 57)

el recurso (natural): (natural) resource (C1, p. 5)

la red: net (C1*, p. 16)

reducir: to reduce (C1, p. 5)

el refugio (refugiar[se]): refuge (to give refuge to; to take refuge [*reflex.*]) (C6, p. 141)

la regla: rule (C4, p. 84)

el reino: kingdom (C5*, p. 119)

la remesa: remittance (*of money*) (C5, p. 109)

repartir: to distribute (C8, p. 203)

repatriar: to repatriate; send a cadaver back to home country (C5, p. 109)

repleto/a (de): filled (with) (C1*, p. 16)

el reto: challenge (C8, p. 203)

la reunificación familiar: family reunification (C5, p. 109)

(re)utilizar: to (re)use (C1, p. 5)

reventar: to explode (C4, p. 84)

rezar: to pray (C4, p. 84)

rico/a: delicious, tasty (C3, p. 57)

el riesgo: risk (C2*, p. 41)

riesgoso/a: risky (C7, p. 179)

la riqueza: wealth, abundance (C1, p. 5)

rodar: to roll (C3*, p. 67)

rodeado/a (de): surrounded (by) (C7*, p. 186)

el rol: role (C8, p. 203)

la rueda: wheel, tire (C5, p. 109)

saber: to taste, to have a flavor (C3, p. 57)

sabio/a: wise (C3*, p. 67)

el sabor (saborear): taste, flavor (to savor; to taste) (C3, p. 57)

el sacerdote: priest (C4, p. 84)

el sacrificio: sacrifice (C4, p. 84)

el salario mínimo: minimum wage (C8, p. 203)

salir adelante: to move forward; to get ahead (*job, money*) (C7, p. 179)

salir bien/mal: to go well/badly (C2, p. 34)

salvar: to save (C1, p. 5)

la sangre: blood (C3*, p. 67)

Satanás: Satan (C4, p. 84)

el secuestro; el (la) secuestrador(a); secuestrado/a (secuestrar): kidnapping; kidnapper; kidnapped (to kidnap) (C5, p. 110)

la seguridad: safety (C1, p. 5)

la selva: rainforest, jungle (C1, p. 5)

sembrar (semillas): to sow/spread (seeds) (C1, p. 5)

el sendero: path, trail (C1*, p. 16)

señalar: to point (at, out); to signal (C8, p. 203)

sepultar: to bury (C3*, p. 67)

la servidumbre: servitude (*literal*); slavery (*figurative*) (C6*, p. 156)

el sexismo: sexism (C8, p. 203)

la siembra: planting, sowing (C3, p. 57)

la sierra: (mountain) range (C1, p. 5)

el sindicato; el (la) sindicalista: labor union; union member (C6, p. 141)

sin fines de lucro: nonprofit (C7*, p. 186)

sin papeles: undocumented (C5, p. 110)

la sobrevivencia; el (la) sobreviviente: survival; survivor (C6, p. 141)

sobrevivir: to survive (C7, p. 179)

el (la) soldado: soldier (C7, p. 179)

sollozar: to sob (C5*, p. 119)

someter(se): to submit (oneself) (C8, p. 203)

la sospecha; el (la) sospechoso/a (sospechar): suspicion; suspect (to suspect) (C6, p. 141)

la sostenibilidad; sostenible(mente) (sostener): sustainability; sustainable (sustainably) (to support; to sustain; to maintain) (C1, p. 5)

la subcontratación: outsourcing (C3, p. 57)

suceder: to happen (C2, p. 34)

el sueño: dream (C4, p. 84)

la sumisión; sumiso/a: submission; submissive (C8, p. 203)

superar: to overcome (C7*, p. 186)

la superestrella: superstar (C2, p. 34)

la supervivencia: survival (C1, p. 5)

sustentable(mente) (sustentar): sustainable (sustainably) (to support; to sustain; to maintain) (C1, p. 5)

el tacón: heel (of a shoe) (C8*, p. 215)

el talento; talentoso/a: talent; talented (C2, p. 34)

el taller: workshop (C7*, p. 186)

tener en cuenta: to keep in mind; to consider (C8, p. 203)

el terreno: land, property (C3, p. 57)

el tesoro: treasure (C4*, p. 92)

tirar: to throw (C2, p. 34)

el tiro: gunshot (C7, p. 179)

tomar conciencia (de): to become aware (of) (C8, p. 203)

tomar una (buena/mala) decisión: to make a (good/bad) decision (C2*, p. 41)

la tormenta: storm (C1, p. 5)

la torpeza; torpe: clumsiness; clumsy (C3, p. 57)

la tortura; el (la) torturado/a; el (la) torturador(a) (torturar): torture; torture victim; torturer (to torture) (C6, p. 141)

trabajar fuerte: to work hard (C2, p. 34)

tragar: to swallow (C4, p. 84)

el tratado de libre comercio: free trade agreement (C3, p. 57)

el turismo; turístico/a: tourism; tourist (*adj.*) (C1, p. 5)

el uniforme: uniform (C2, p. 34)

urbanizado/a (urbanizar[se]): developed, built-up (to urbanize; to develop) (C1, p. 5)

vacío/a: empty (C8*, p. 215)

el valor (valorar): value (C3, p. 57); courage (C7, p. 179); (to value) (C3, p. 57)

el varón: male (C8, p. 203)

un vato: guy (*Mexican slang*) (C5, p. 110)

vencido/a (vencer): defeated (to beat, to defeat) (C6, p. 141)

venidero/a: coming, future (C6*, p. 156)

las vías del tren: train tracks (C5, p. 110)

el vicio: drugs (*slang*) (C7, p. 179)

la violación (violar): rape (to rape) (C5, p. 110)

el visado / la visa: visa (C5, p. 110)

el (la) viudo/a: widower/widow (C7, p. 179)

la vivienda: housing (C6*, p. 156)

el volcán: volcano (C1*, p. 16)

la voluntad: will, wish (C5, p. 110)

zurdo/a: left-handed (C2, p. 34)

zumbar: to buzz (C3*, p. 67)

Image Credits

CHAPTER 4

CHAPTER 5

CHAPTER 6

CHAPTER 7

CHAPTER 8

Text Credits

CHAPTER 1

A. Polvorinos, "El Lago Atitlán y los monos araña," from *El País* 15 November 2009. Reprinted by permission of the author. © A. Polvorinos.

CHAPTER 2

"Dopaje." A publication of UNESCO. www.unesco.org/es/antidoping.

CHAPTER 3

"La United Fruit Co." Pablo Neruda. Reprinted by permission of Agencia Literaria Carmen Balcells, Barcelona, España.

CHAPTER 4

Eduardo Galeano, "Los nadies," from *El libro de los abrazos*, (Siglo XXI, España Editores, S. A.) 1993. Reprinted by permission.

Roberto Sosa, "Los pobres," Reprinted by permission of Lidia Ortiz.

CHAPTER 5

Carlos Rubio (author) and Sandra Lavandeíra (illustrator), "Las mazorcas prodigiosas de Candelaria Soledad." Reprinted by permission of the author and Libros para Niños.

CHAPTER 6

"Los derechos humanos: ¿Cómo se definen y qué papel desempeña las Naciones Unidas?" Reprinted by permission of United for Human Rights.

CHAPTER 7

La pobreza en Estados Unidos: Reacciones. Fuentes: https://www.dosomething.org/us /facts/11-facts-about-education-and-poverty-america; http://feedingamerica.org/hunger-in -america/hunger-facts/hunger-and-poverty-statistics.aspx; http://www.worldhunger.org /articles/Learn/us_hunger_facts.htm

Isabelle Schaefer, "Colombia: Un viejo conflicto que se ensaña con los más jóvenes." Reprinted by permission of Carlos Molina, World Bank.

CHAPTER 8

Receta para guiso feminista. Modified from: http://www.180.com.uy/articulo/38825_ La-recta-del-guiso-feminista.

"La Cenicienta que no quería comer perdices" de Nunila López Salamero y Myriam Cameros Sierra (Ilustraciones). Reprinted by permission.